Comte A. DE PONTBRIANT

GUERRES DE RELIGION

LE CAPITAINE MERLE

BARON DE LAGORCE, GENTILHOMME DU ROY DE NAVARRE

ET

SES DESCENDANTS

AVEC

LETTRES ET DOCUMENTS INÉDITS

d'Henry, roy de Navarre ; d'Henry, prince de Condé ;
de François, duc d'Alençon et d'Anjou, etc., etc. (1574-1582) ;
d'Henry, duc de Rohan (1622-1628) ;
lettres patentes d'Henry III, d'Henry IV, de Louis XIII.

PARIS
ALPHONSE PICARD, ÉDITEUR
LIBRAIRE DES ARCHIVES NATIONALES ET DE LA SOCIÉTÉ DE L'ÉCOLE DES CHARTES
82, rue Bonaparte, 82
1886

LE CAPITAINE MERLE

AVIGNON, IMPRIMERIE SEGUIN FRÈRES.

Comte *A. DE PONTBRIANT*

GUERRES DE RELIGION

LE CAPITAINE MERLE

Baron de Lagorce, Gentilhomme du Roy de Navarre

ET

SES DESCENDANTS

AVEC

LETTRES ET DOCUMENTS INÉDITS

d'Henry, roy de Navarre ; d'Henry, prince de Condé ;
de François, duc d'Alençon et d'Anjou, etc., etc. (1574-1582) ;
d'Henry, duc de Rohan (1622-1628) ;
lettres patentes d'Henry III, d'Henry IV, de Louis XIII.

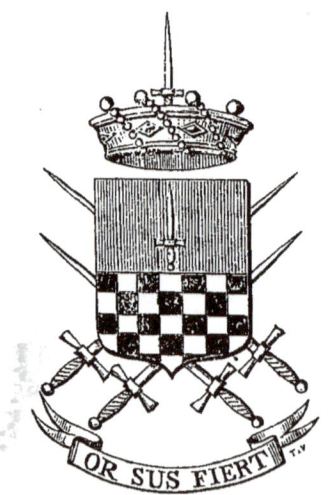

PARIS
ALPHONSE PICARD, ÉDITEUR
LIBRAIRE DES ARCHIVES NATIONALES ET DE LA SOCIÉTÉ DE L'ÉCOLE DES CHARTES
82, rue Bonaparte, 82
1886

INTRODUCTION

Montaigne, dans ses *Essais* (livre II, chap. XII), a dit :

« Ce fut alors que les nouvelletés de Luther
« commenceoient d'entrer en crédit et esbranler en
« beaucoup de lieux nostre ancienne créance, en quoy
« il (le père de Montaigne) avoit un très bon advis,
« prévoyant bien, par discours de raison que ce com-
« mencement de maladie déclineroit aysément en un exé-
« crable athéïsme ; car le vulgaire n'ayant pas la faculté
« de juger des choses par elles-mesmes, se laissant
« emporter à la fortune et aux apparences, après qu'on
« luy a mis en main la hardiesse de mespriser et con-
« trooller les opinions, qu'il avoit eues avec extrême
« révérence, comme sont celles, où il va de son salut,
« et qu'on a mis aulcuns articles de sa religion en
« doubte et à la balance ; il jette tantost après aysément
« en pareille incertitude toutes les aultres pièces de sa
« créance, qui n'avoient pas chez lui plus d'auctorité
« ny de fondement que celles qu'on luy a esbranlées,

« et secoue comme un joug tyrannique toutes les « impressions qu'il avoit reçues par l'auctorité des lois « ou révérence de l'ancien usage,

« Nam cupide conculcatur nimis ante metutum,

« entreprenant dez lors en avant de ne recepvoir rien, « à quoy il n'ayt interposé son décret et presté particu- « lier consentement. »

Révolte de la raison humaine contre toute autorité, tel est le protestantisme.

La conséquence politique en France a été : la révolte contre l'autorité royale, de longues et sanglantes guerres civiles, avec de fréquents appels à l'étranger, et finalement la Révolution, qui vise à la destruction de l'édifice chrétien, en prenant pour devise : Ni Dieu, ni maître.

C'est le caractère des guerres civiles d'être acharnées et implacables ; quand les passions surexcitées ont atteint assez de violence pour mettre en présence, les armes à la main, des hommes unis par des liens de société, d'amitié ou de famille, il ne faut pas s'étonner si elles font oublier les sentiments de générosité et d'humanité.

Les deux partis, en présence à la fin du XVIe siècle, en donnèrent de trop nombreuses preuves. On vit catholiques et protestants rivaliser de férocité; les chefs donnaient l'exemple. Le duc de Guise conduisait lui-même les assassins de Coligny, et repaissait sa haine de la vue de son cadavre, qu'il abandonnait ensuite aux insultes de la populace. En même temps le duc de Montpensier, le maréchal de Thavannes et beaucoup d'autres chefs catholiques présidaient aux massacres de la Saint-Barthélemy par les ordres et sous les yeux du roi.

A la reprise d'Issoire par l'armée catholique en 1577, la ville fut saccagée, pillée et brûlée ; les habitants furent massacrés avec une fureur qui dépasse tout ce que l'imagination peut concevoir, et qui laissa bien loin en arrière les violences commises par le capitaine Merle au moment où il prit Issoire, en 1575. Cependant l'armée catholique était commandée par Monsieur, duc d'Anjou, ayant sous ses ordres les ducs de Guise, de Nevers, de Mercœur.

Les chefs huguenots n'étaient pas moins cruels ; le baron des Adrets faisait sauter du haut des murs les plus élevés les soldats des garnisons catholiques, ou faisait précipiter les moines dans un puits, comme il le fit à Bollène. Briquemaut, rapporte M. de Thou, prenait plaisir à mutiler les prêtres qu'il avait massacrés ; Jacques de Crussol, baron d'Acier, avait pour enseigne une cornette de taffetas vert, sur laquelle on voyait une hydre, dont les têtes étaient diversement coiffées en cardinaux, en évêques et en moines, qu'il exterminait sous la figure d'un Hercule. Cette enseigne, déployée devant des soldats fanatiques, les encourageait à se signaler par des violences contre tout ce qui tenait à l'Eglise romaine ; aussi les monastères, les églises, les religieux et les prêtres étaient fréquemment victimes de leur rage.

Faut-il s'étonner si le capitaine Merle, élevé à pareille école, sous les ordres de d'Acier, fit la guerre avec la rigueur que déployaient tous ses contemporains ?

Mais, si la vérité nous oblige à rappeler des excès

attristants commis de part et d'autre pendant ces lamentables guerres, c'est un devoir pour nous de repousser les légendes qui font de Merle un bandit à la tête d'une troupe de brigands, commettant de sang-froid les plus horribles cruautés.

Les annales d'Issoire et l'*Intendit,* ou procès-verbal sur la prise de Mende fourni par le syndic du clergé de cette ville, ont été écrits avec une partialité qui les rend suspects (1).

M. Imberdis s'est inspiré de ces exagérations (2); ainsi, il raconte qu'après la prise d'Ambert, Merle fit de sang-froid tirer par ses arquebusiers sur des bourgeois de la ville, qui hésitaient à payer une trop forte rançon, et cela malgré les observations de M. de Chavagnac. Si le fait était véritable, ce serait un acte de cruauté réfléchi, qui laisserait une tache sur la mémoire de Merle. Mais ce récit, dramatisé dans un style emphatique, est formellement démenti par les documents originaux; il résulte en effet des nombreux témoignages qui furent entendus dans l'enquête faite par les catholiques à Ambert le 15 juillet 1577, que vingt-cinq à trente personnes furent tuées à la première rencontre, dans la chaleur de l'action et pendant la prise de la ville, mais qu'après les désordres inévitables dans les premiers moments, on mit les habitants à rançon et à contribution selon les usages de la guerre à pareille époque.

Que penser des récits de M. Imberdis, quand il ac-

---

(1) Nous ne citerons pas parmi nos documents l'*Intendit* fourni en 1581 par le syndic du clergé de Mende, que nous récusons comme juge et partie ; on s'explique l'animosité et le ressentiment dont il fait preuve par les souffrances et les pertes que le clergé éprouva réellement.

(2) *Histoire des guerres religieuses en Auvergne.*

cueille de véritables contes de bonnes femmes, et dit que Merle mourut en tirant une langue toute sèche et noire ? C'est bien le cas de joindre ces légendes avec celles qui faisaient de Merle le fils d'un cardeur de laines, et qui prétendaient qu'il ne savait pas écrire.

En somme, il résulte des documents originaux que Merle faisait la guerre comme on la faisait de son temps, ne se distinguant des autres que par la hardiesse et le succès de ses entreprises; s'il prenait une ville, elle était saccagée, pillée, puis mise à rançon et forcée d'entretenir les troupes victorieuses (1). Dans le feu de l'action on tuait ceux qui se présentaient, et particulièrement ceux que signalait un costume religieux. Que des soldats, échauffés par le carnage, aient en pareil cas commis des excès, cela doit être ; mais qu'après l'action Merle ait commis ou toléré des actes de cruauté, c'est ce qui n'est nullement justifié ; au contraire, dans la relation de la prise du Malzieu par Me Chantal, notaire, qui assurément ne saurait être suspectée de partialité en faveur de Merle, nous voyons que les choses se passèrent comme nous l'avons indiqué plus haut. Quand l'ordre fut rétabli, il fit écarteler un de ses soldats pour avoir usé de violence sur une jeune fille.

Toutes les lettres écrites à Merle par le roi de Navarre (depuis Henry IV), Condé et ses autres chefs, contiennent les témoignages d'approbation les plus flatteurs pour sa conduite.

---

(1) A la prise de Cahors, en juin 1580, les choses se passèrent de même :
« La ville entière fut pillée, ma bonne fortune fit tomber entre mes mains,
« une petite boîte de fer où je trouvois quatre mille écus d'or. » (*Mémoires de Sully*, livre 1er, page 123, édition de Londres, 1778).

Le roi de Navarre fit à Merle l'honneur de l'admettre parmi les gentilshommes de sa Chambre en 1578 ; dans toutes ses lettres il l'appelait « son amy » (1) ; le prince de Condé l'appelait de même, il le traitait avec une bienveillance et une considération particulières, l'assurant de tout son désir de le servir et de lui être utile. Est-ce ainsi que l'on traite un chef de bandits et un méprisable aventurier ? Enfin, le comte de Montréal, l'un des principaux chefs des catholiques du Vivarais, le représentant de cette illustre et antique race des Balazuc, dont un membre, Pons de Balazuc, figurait à la première croisade, et en avait écrit l'histoire avec Raymond d'Agiles, ne craignit pas de donner sa fille à Hérail, fils de Mathieu de Merle. L'aurait-il fait si l'honneur eût réprouvé les actes et la conduite du père ?

(1) « Qualité qu'il ne donnoit pas volontiers à ceux qu'il n'en croyoit pas « dignes. » (Sully, tome V, page 226).

CHAPITRE I

Mathieu de Merle, connu sous le nom de capitaine Merle, naquit à Uzès en 1548. Son père, Anthoine de Merle, écuyer, testa le 20 mars 1555 à Uzès ; sa mère, Marguerite de Virgile, appartenait à une famille d'une noblesse distinguée du Languedoc. Son frère aîné, Anthoine, combattit souvent auprès de lui pendant ses expéditions aventureuses ; il fut après lui gouverneur du Malzieu. Son autre frère, François, est peu connu ; il commandait dans le château de Quézac au moment de la reddition de Mende.

Mathieu de Merle avait vingt ans en 1568, quand il débuta dans la carrière des armes ; il entra dans la compagnie d'ordonnance de Jacques de Crussol, baron d'Acier, l'un des principaux chefs de la religion réformée. Beaucoup de gentilshommes débutaient de cette manière ; ils apprenaient ainsi la guerre à l'école de chefs habiles et expérimentés, et, en se trouvant sous leurs yeux, ils pouvaient se faire connaître et apprécier. Le connétable de Lesdiguières avait débuté en portant l'arquebuse dans la compagnie de M. de Gordes, gouverneur du Dauphiné. Le maréchal de Montluc était, à dix-sept ans, archer dans la compagnie du maréchal de Foix, et avait en cette qualité assisté au combat de la Bicoque.

Les circonstances devaient permettre à Mathieu de Merle d'acquérir promptement une expérience consommée de la guerre. Tout se préparait pour une campagne où les batailles, les sièges se succédèrent sans interruption ; nous en ferons le récit rapide, parce que Merle y prit part comme soldat, et que ce récit servira de préambule et d'explication aux événements postérieurs, où il fut mêlé d'une manière considérable.

Les édits protecteurs des réformés venaient d'être révoqués ; le prince de Condé et Coligny s'étaient réfugiés à la Rochelle, où ils avaient été rejoints par la reine de Navarre et son jeune fils. Ils avaient donné le signal d'une prise d'armes, et, non contents de faire un appel à tous les réformés de France, ils avaient demandé du secours à l'Allemagne ; le baron d'Acier avait reçu l'ordre de lever une armée en Languedoc, en Provence et en Dauphiné ; en conséquence il donna des ordres à Mouvans, chef des réformés en Provence, et à Montbrun, leur chef en Dauphiné, pour qu'ils réunissent le plus de troupes possible, et vinssent le rejoindre à Uzès. Son dessein était qu'ils fissent route ensemble, pour aller trouver les princes en Poitou.

Il assembla lui-même les forces du Languedoc ; elles se composaient de trente-cinq compagnies d'infanterie sous les ordres de Galliot, baron de Beaudiné, son frère ; de quatre cornettes de cavalerie, celle de d'Acier, celle de Bouilhargues, celle d'Ambre, et celle de Spondeillan ; de dix-huit compagnies levées dans le Vivarais et le Rouergue, commandées par Barjac de Pierregourde, et enfin d'un corps de cavalerie sous les ordres de Thoiras (1).

Les Provençaux, sous les ordres de Mouvans, ne purent franchir le Rhône au Pont-St-Esprit, où se trouvaient, avec des forces catholiques imposantes, le comte de Tende, gouverneur de Provence, et le vicomte de Joyeuse, lieutenant-général en Languedoc ; ils rejoignirent Montbrun et les huguenots du Dauphiné à Loriol, où ils se retranchèrent, cherchant le moyen de franchir le Rhône. Leurs troupes se composaient des régiments de Montbrun, d'Ancône, de St-Romain, de Virieu, de Blacons (Mirabel), de Cheylard et d'Orose. De leur côté, les catholiques, sous les ordres de Gordes, gouverneur du Dauphiné, et de Suze, général des troupes du Pape dans le Comtat, voulaient mettre obstacle à leur passage ; mais, pendant qu'ils demandaient des secours à Lyon et au comte de Tende, les réformés purent franchir le Rhône avec des barques ; ils traversèrent le Vivarais et le Gévaudan, donnant rendez-vous à d'Acier en Rouergue ; en route ils pillèrent Pradelle et Langogne.

D'Acier partit d'Uzès le 23 septembre 1568 ; il passa à Anduze, dont les murailles furent démolies ; ses troupes pillèrent Millau, en Rouergue ; n'osant attaquer Rodez, elles se déployèrent en bataille devant la ville, mais tout se borna à cette bravade.

Arrivés à Valady, d'Acier opéra sa jonction avec Montbrun et Mouvans ; le lendemain ils traversèrent le Lot à Capdenac.

---

(1) D'Aubais, pièces fugitives.

Sur les bords de la Dordogne ils rencontrèrent Montluc à la tête des catholiques; Montluc hésita à défendre le passage, mais, ayant reconnu qu'on pouvait franchir la rivière à gué et qu'il avait affaire à des forces supérieures, il s'éloigna. Les réformés franchirent la Dordogne à Souillac, ils traversèrent le Périgord, et le 21 octobre ils étaient près de St-Astier. L'armée catholique, sous les ordres des ducs de Montpensier, de Guise et de Brissac, fut signalée ; elle s'avançait en bataille le long de la rivière, et avait gagné le pont, se disposant à attaquer l'arrière-garde ; on entendit crier tout à coup : « Armes ! armes ! tourne visage ! prions Dieu ! » Les huguenots firent halte, les troupes se rangèrent, et Grenade, ministre d'Uchaux, fit la prière. Beaudiné s'élança pour appuyer l'arrière-garde et repousser l'attaque ; en chargeant, il reçut au bras un coup d'arquebuse, qui ne ralentit pas son ardeur. D'Acier survint avec sa cavalerie, et fit une charge si vive que le duc de Montpensier fut repoussé ; Antraigues, lieutenant de d'Acier, fut blessé.

Les catholiques se replièrent sur le corps d'armée, que commandait Mouvans; ils y jetèrent le désordre ; Mouvans fut tué ; il resta plus de six cents huguenots sur le champ de bataille. D'Acier avait gagné Ribeyrac ; en apprenant la défaite de Mouvans, il s'arrêta pour attendre et rallier les Provençaux ; il se dirigea ensuite sur Aubeterre ; après avoir franchi la Drône, il fit camper son armée, et envoya d'Antraigues, son lieutenant, à Jonzac, pour avertir le prince de Condé de son arrivée. Le 1er novembre 1568 le prince passa une revue de cette troupe, composée de cent trente-six enseignes, et constata avec une vive satisfaction l'importance de ce renfort. Quelques jours avant (le 13 octobre), les huguenots s'étaient emparés d'Angoulême après sept assauts ; la situation se présentait dans les conditions les plus favorables : on attendait de puissants secours d'Allemagne ; le prince d'Orange et son frère, Ludovic de Nassau, avaient réuni un corps de reîtres et de réformés français ; le duc de Deux-Ponts en commandait un autre.

Pour faire face à tous ses ennemis, le Roi avait levé trois armées ; la principale était en Poitou, sous les ordres de Monsieur, duc d'Anjou, avec le maréchal de Thavannes pour conseil. Les deux autres, pour s'opposer à l'entrée des Allemands, campaient, l'une à Melun, sous les ordres du duc d'Aumale, l'autre à Roanne, sous les ordres de Jacques de Savoie, duc de Nemours.

Les catholiques du Languedoc, commandés par le vicomte de Joyeuse, rejoignirent Monsieur, près de Lusignan ; ils avaient quatre mille hommes de pied, et douze cents chevaux ; le comte de Tende, à la tête de trois mille Provençaux et Italiens, rejoignit d'un autre côté l'armée de Monsieur. La cavalerie provençale était sous les ordres du marquis de Trans. Deux mille catholiques du Comtat et du Dauphiné, sous les ordres du comte de Suze, rejoignirent le duc de Nemours, à Roanne (1).

Sur ces entrefaites l'hiver survint, si rigoureux, qu'il suspendit toutes les opérations militaires ; plusieurs soldats moururent de froid, ou eurent les pieds gelés ; le

---

(1) D'Aubais.

Rhône et la Durance furent glacés. Quand le temps fut radouci, les armées se remirent en mouvement ; le prince d'Orange, après avoir subi un échec infligé par le duc d'Albe, gouverneur de Flandre, s'était joint au duc de Deux-Ponts. L'armée allemande cherchait à tromper la surveillance des ducs de Nemours et d'Aumale, afin de pénétrer au cœur de la France.

De leur côté, le prince de Condé et l'amiral de Coligny prenaient leurs mesures pour rejoindre les Allemands ; le duc d'Anjou ne leur en donna pas le temps : les deux armées se trouvaient sur les bords de la Charente près de Jarnac ; l'armée catholique, au midi du fleuve, empêchait les secours de Guienne d'arriver, les vicomtes (1), avec douze cents chevaux et trois mille hommes de pied, ne purent arriver jusqu'à l'armée des réformés ; ceux-ci, au nord de la Charente, avaient le champ libre pour gagner la Loire et aller à la rencontre des Allemands ; ils comptaient prendre l'avance, pendant que l'armée royale franchirait le fleuve.

Mais le maréchal de Thavannes fit jeter deux ponts pendant la nuit, avec tant de célérité et de secret que les catholiques avaient franchi la Charente près de Jarnac, avant que leurs ennemis fussent en éveil.

Aussitôt averti, le prince de Condé monta à cheval, et se mit à la tête de sa cavalerie, pour essayer d'arrêter l'ennemi et donner à son infanterie le temps de se ranger en bataille. A ce moment le cheval du comte de la Rochefoucauld casse la jambe du prince d'un coup de pied ; malgré cette douloureuse blessure, Condé donne

---

(1) Les vicomtes étaient : de Comminges, vicomte de Bruniquel, le vicomte de Paulin, le vicomte de Montclar et le vicomte de Caumont.

le signal de charger; mais il est bientôt entouré par des forces supérieures, renversé et fait prisonnier, avec promesse de la vie sauve. Alors arrive Montesquiou, capitaine des gardes du duc d'Anjou, qui s'écrie : « Tuez ! tuez ! », et, s'approchant, lui tire un coup de pistolet dans la tête.

On mit par dérision le corps sur une vieille ânesse, et il fut porté bras et jambes pendants à Jarnac, dans une salle du logis qu'occupait Monsieur. D'autres prisonniers distingués périrent aussi massacrés ; la bataille était perdue pour les réformés. Après des pertes si sérieuses, ils semblaient hors d'état de tenir la campagne ; l'indomptable énergie de Coligny, secondé par Jeanne d'Albret, reine de Navarre, releva les courages abattus ; la reine présenta aux troupes son fils Henry de Navarre et son neveu Henry de Bourbon, fils du prince de Condé. Ces jeunes princes montraient déjà les plus brillantes qualités ; leur attitude, le langage courageux de la reine et de l'amiral ranimèrent le courage des soldats et dissipèrent chez les chefs la jalousie du commandement ; tous consentirent à obéir à Coligny, couvert par l'autorité des jeunes princes. Les débris de leur armée s'étaient réunis à Cognac, où ces dispositions furent prises ; l'amiral résolut de rejoindre les troupes allemandes du duc de Deux-Ponts ; il laissa à Cognac une bonne garnison, sous les ordres de d'Acier, avec ses troupes du Languedoc, pendant que lui-même gagnait Saintes et de là St-Jean-d'Angely.

L'armée royale vint mettre le siège devant Cognac ; l'attaque fut très vive : on amena du gros canon, qui battit la place avec grand dommage ; les assiégés travaillaient nuit et jour à remplacer les défenses détruites par des retranchements variés et redoutables ; ils faisaient de fréquentes sorties, et firent si bien qu'ils lassèrent la patience des catholiques et les forcèrent à lever le siège.

Le duc d'Anjou se consola de cet échec par la prise de quelques petites places.

Voyant qu'il ne se faisait plus rien de sérieux, les Provençaux, sous les ordres du comte de Tende, quittèrent l'armée, ne laissant que six compagnies dans le régiment de Strozzi.

Pendant ce temps le roi, qui était allé à Metz pour surveiller les Allemands, revint à Reims, puis à Paris ; il avait donné ses ordres pour s'opposer au duc de Deux-Ponts, qui venait de franchir la frontière avec vingt mille reîtres environ ; mais sans doute ces ordres furent mal donnés ou mal exécutés, car les Allemands purent gagner le centre de la France. Quoique entourés de forces supérieures, ils ne rencontrèrent aucune résistance sérieuse, ils furent seulement harcelés par les comtes de Retz et de Suze.

Le duc de Nemours était allé à Lyon recevoir quatre mille hommes de pied, et mille chevaux, que le Pape envoyait sous les ordres du comte de Santafiori ; il amena ce secours à Roanne et de là se rendit à Limoges, où le roi était avec les cardinaux de Bourbon et de Lorraine.

Le duc de Deux-Ponts passa sans obstacle la Loire à la Charité ; il s'avançait vers les bords de la Vienne, où devait avoir lieu sa jonction avec l'amiral, quand il mourut à trois lieues de Limoges.

Les Allemands choisirent pour chef le comte de Mansfeld ; ce choix dut froisser le prince d'Orange, car il s'éloigna peu de temps après. Mansfeld parvint à rejoindre Coligny ; grâce à ce puissant renfort, les réformés se trouvaient bien supérieurs aux catholiques. Ils avaient plus de vingt-cinq mille hommes, tandis que le duc d'Anjou en avait à peine vingt mille. Ils cherchèrent la bataille ; elle eut lieu à la Roche-Abeille ; la rencontre ne fut pas décisive, malgré l'acharnement des deux partis ; pendant le fort de l'action survint une pluie torrentielle, qui mit l'infanterie hors d'état de se servir de ses arquebuses. M. de Mouy, qui commandait la cavalerie des réformés, sut utiliser cette circonstance et charger à propos l'infanterie ; le carnage fut grand, les réformés tuaient sans faire quartier ; beaucoup de chefs distingués catholiques périrent dans ce massacre.

Après cette bataille indécise, le duc d'Anjou dissémina son armée dans les différentes places du pays (fin juin 1569).

Les huguenots, trouvant le pays libre, le parcoururent et le mirent à contribution pour payer les Allemands.

Vers le milieu de juillet, Coligny alla mettre le siège devant Poitiers, où le duc de Guise et son frère, le duc de Mayenne, vinrent s'enfermer ; le siège fut meurtrier, les grandes chaleurs de l'été amenèrent des maladies, d'abord parmi les Allemands, qui usaient des fruits sans modération, puis parmi les Français. On éloigna les deux jeunes princes, et l'amiral, atteint lui-même, dut lever le siège, heureux d'avoir le prétexte de porter secours à Chatellerault, que Monsieur venait d'assiéger au commencement de septembre.

Pendant que l'armée des réformés s'affaiblissait par la maladie, par l'abandon ou la mort de bon nombre de soldats, l'armée catholique recevait chaque jour de nouveaux renforts. Les deux armées se trouvèrent en présence le trois octobre à Montcontour ; l'amiral voulut s'éloigner, trouvant qu'avec des forces inégales son intérêt était de temporiser, mais les reîtres imposèrent la bataille ; ils n'étaient pas contents, n'étant pas payés, et ils se flattaient qu'une victoire leur procurerait du butin et de meilleurs quartiers. On perdit du temps à essayer de leur faire entendre raison ; l'armée catholique survint au milieu de ce désordre et en profita si bien que les huguenots furent en quelques instants mis en déroute. Le carnage fut effroyable, les catholiques s'excitaient aux représailles en criant : « La Roche-Abeille ! la Roche-Abeille ! », où les huguenots n'avaient point fait quartier. On ne fit point de prisonniers ; tout ce qui ne put se dérober par une prompte fuite fut impitoyablement massacré ; Coligny, dont la mâchoire était fracassée par un coup de feu, cherchait vainement à rallier les siens ; il fallut abandonner le champ de bataille, les canons, le bagage ; et de vingt mille hommes il ne demeura que cinq ou six mille hommes, qui suivirent les princes à Niort.

D'Acier, fait prisonnier, dut la vie à son frère le duc d'Uzès, qui était dans l'armée catholique ; il ne prit plus part aux événements jusqu'en 1573, époque où il hérita de son frère Antoine du titre de duc et devint catholique.

Montbrun et Mirabel réunirent les débris du Languedoc et du Dauphiné ; ils prirent en toute hâte le chemin de leur pays; ils faisaient des marches forcées à travers le Périgord, franchissant à grand peine les rivières débordées; ils s'arrêtèrent à Souillac afin de passer la Dordogne. Pendant qu'ils cherchaient les moyens de gagner l'autre rive, les catholiques des environs se réunirent et vinrent les assaillir; ils perdirent du monde dans cette rencontre, et durent renoncer à passer la Dordogne à Souillac; ils continuèrent leur route jusqu'à Arpajon et s'emparèrent d'Aurillac, où ils attendirent les événements.

Coligny montra, dans cette fâcheuse rencontre, son énergie habituelle; il combattit avec succès le découragement qui s'était emparé des plus déterminés, et il retint par des promesses les reîtres prêts à le quitter, pour recevoir l'argent que le roi leur faisait proposer, et que Marillac, intendant des finances, avait apporté à Périgueux.

Il laissa de bonnes garnisons à la Rochelle, et dans toutes les places dont les réformés étaient maîtres en ce pays; puis il prit le parti d'emmener sa petite armée dans les provinces méridionales, où il comptait bien se refaire à loisir en levant de nouveaux soldats et des contributions, et en donnant à ses reîtres des quartiers abondants où ils pussent se satisfaire.

L'armée royale se prêta à ce plan; au lieu de poursuivre les huguenots à outrance et de détruire leurs faibles débris, Monsieur alla mettre le siège devant St-Jean-d'Angely, qui reçut le secours de quelques languedociens conduits par St-Séverin (1), le surplus de ce

---

(1) Ferdinand de St-Séverin, prince de Salerne, s'était fait protestant; il avait épousé Françoise de Pluviers, fille d'Antoine de Pluviers et d'Isa-

secours, sous les ordres de Pape de St-Auban, ne put y entrer. St-Jean-d'Angely se rendit le 3 décembre. Pendant ce temps, Coligny et les princes avaient remonté la Dordogne ; ils allèrent la passer près d'Argentac. L'Auvergne se crut menacée ; mais ils se jetèrent dans le Quercy, où ils furent rejoints par Montbrun ; ils traversèrent le Lot à Capdenac et gagnèrent Montauban, où ils purent se reposer en sûreté.

De là les reîtres se répandirent dans les plaines de la Garonne, qu'ils purent piller et rançonner tout à leur aise. L'amiral rétablissait son armée ; il lui arrivait de nombreux renforts ; il se mit en communication avec le comte de Montgomméry et les vicomtes, qui avaient opéré plusieurs expéditions heureuses à Castres et dans le Béarn. Les réformés communiquaient d'une rive à l'autre de la Garonne par le pont d'Aiguilhon, que le maréchal de Montluc parvint à rompre.

Le 12 janvier 1570, Montbrun partit de Montauban avec quatre cents cavaliers du Languedoc et du Dauphiné, pour se jeter dans Nîmes.

Les réformés s'en étaient emparés le 15 novembre 1569 dans les circonstances suivantes : d'Albert, seigneur de St-André, gouverneur d'Aigues-Mortes, était allé à Nîmes, où il commandait pour Sa Majesté. Pendant son séjour, des montagnards des Cévennes, qui venaient chaque année pour aider à enlever les récoltes, formèrent le projet de s'emparer de la ville ; ils s'entendirent avec leurs coreligionnaires ; un serrurier lima la

---

beau de Cambis ; elle avait deux filles d'un premier mariage avec Philippe de Perets ; l'une d'elles épousa Jacques Pape, seigneur de St-Auban, dont est issue Lucrèce Pape de St-Auban, dame de Lagorce.

grille de fer par où s'échappait, près de la porte des Carmes, l'eau de la fontaine. Ils avaient avec eux les réformés bannis de Nîmes, sous les ordres du sieur de Servas, de Nicolas de Calvière, seigneur de St-Cosme, et de Guillaume de Possac ; tous réunis au nombre de cinq cents environ, ils arrivèrent dans la nuit devant Nîmes (1). St-Cosme entra le premier avec trente hommes, ayant de l'eau jusqu'à la ceinture ; après avoir fait main basse sur le corps de garde, il ouvrit la porte de la Couronne, par où les réformés se répandirent dans la ville, dont ils furent bientôt maîtres avec la connivence de quelques habitants. Les prêtres, les religieux et beaucoup de particuliers furent massacrés pendant le désordre des premiers moments ; les principaux catholiques furent emprisonnés pour être mis à rançon.

A la première alarme, St-André voulut se retirer dans le château ; mais, se voyant cerné dans sa maison, il se jeta par une fenêtre dans le fossé. En tombant, il se rompit la cuisse ; il demeura dans cet état toute la nuit ; au jour, il fut reconnu et porté dans la maison de M. de Calvière, seigneur de St-Césaire. Quelques soldats, étant entrés dans cette maison pour la piller, le tuèrent d'un coup de pistolet ; son corps fut jeté par la fenêtre et mis en pièces par la populace.

Il n'y avait à Nîmes que deux compagnies d'infanterie catholique ; elles se défendirent mal. Le capitaine Astoul se jeta dans le château avec une soixantaine de soldats, et s'y maintint longtemps contre deux mille

(1) *Hist. du Languedoc* de dom Vaissette et pièces fugitives du marquis d'Aubais.

réformés sous les ordres de St-Chamond, seigneur de St-Romain.

Aussitôt qu'il eut connaissance de cet événement, le comte de Tende vint à Avignon conférer avec le cardinal d'Armagnac, légat du Pape. Le comte de Suze se trouva à cette réunion ; on résolut de former une armée à Beaucaire. Le comte de Tende avait fait venir des troupes nombreuses de Provence, mais, malgré les renforts qui lui vinrent du Comtat, du Dauphiné et du Languedoc, il n'osa rien entreprendre. La forte garnison de Nîmes, renforcée par Montbrun, l'annonce [de l'arrivée prochaine de Coligny, lui inspirèrent la prudente résolution de se tenir sur la défensive.

Le gouverneur du château de Nîmes, n'ayant plus d'espoir de secours, fut obligé de capituler. Par l'intermédiaire du comte de Tende, il obtint de Saint-Romain et de Montbrun un traité avantageux, en vertu duquel il sortit avec tout son monde, portant armes et bagages.

Le château était miné et prêt à sauter ; Saint-Cosme en fit abattre deux grosses tours (31 janvier 1570).

Montbrun prit alors le chemin du Dauphiné ; il réunit deux mille hommes de pied et cinq cents chevaux ; son intention était de s'emparer du Pouzin, pour s'assurer d'un passage sur le Rhône. La prochaine arrivée de Coligny rendait cette communication très importante pour relier les réformés du Dauphiné à ceux du Languedoc. Montbrun réussit dans son dessein ; maître du Pouzin, il réunit des bateaux, passa sur la rive gauche du Rhône, où il fit établir des retranchements. Pendant qu'il y faisait travailler activement, Gordes arriva avec douze cents hommes de pied, deux cents chevaux et trois pièces de campagne (1).

Il attaqua les huguenots dans leurs retranchements ; ceux-ci chargèrent avec tant d'énergie, qu'ils mirent les catholiques en déroute. Gordes fut renversé sous son cheval ; il allait être pris, quand Rosset, son lieutenant, se jeta au devant de lui pour le couvrir, ce qui lui permit de se relever et de s'échapper. Montbrun demeura maître du champ de bataille ; comme il était blessé au pied d'une plaie fort douloureuse, il ne poursuivit pas l'ennemi, mais se contenta d'assurer sa position. La nouvelle de cet échec, l'approche de l'armée réformée avec l'amiral et les princes jetèrent l'alarme dans la Provence, le Comtat et le Dauphiné. De toutes parts on se hâta de réunir des forces nombreuses, pour border le Rhône depuis Tarascon jusqu'à Valence.

Le comte de Tende ordonna au comte de Carces, son lieutenant, de réunir sept mille hommes de pied à Tarascon. Le cardinal d'Armagnac assembla toutes les forces du Comtat, et les mit sous les ordres du comte de Suze ; Gordes avait réuni des forces encore plus nombreuses à Loriol. Toutes ces forces catholiques vinrent reconnaître les réformés, établis au Pouzin sur les deux rives du Rhône ; mais il fallut renoncer à les forcer, car ils étaient fortement retranchés.

Les chefs catholiques jugèrent qu'il valait mieux ne pas risquer un siège incertain ; ils se retirèrent chacun dans leur province pour y parer au danger prochain. En effet, Coligny se rapprochait, après avoir utilisé les

(1) Il fut rejoint par Vacqueyras, qui était à Bollène avec sa compagnie. (Pérussis).

quartiers d'hiver à refaire ses troupes; il avait rétabli les affaires de son parti d'une manière inespérée ; par La Rochelle il avait reçu d'Angleterre et d'Allemagne des secours d'armes et d'argent ; ses soldats s'étaient reposés ; il avait été rejoint par les vicomtes et par Montgommèry. Dans le courant de janvier 1570, il s'était mis en mouvement; il savait qu'il ne trouverait pas d'obstacles sérieux en Languedoc, parce que le maréchal de Montmorency-Damville, gouverneur de cette province, était secrètement favorable aux réformés, en haine des Guise, ennemis de sa maison, qui dominaient à la cour et l'avaient fait mettre à l'écart. En conséquence, il résolut de traverser le Languedoc, de remonter le Vivarais et le Forez pour regagner la Loire. Il y avait beaucoup de huguenots dans ces provinces, ce qui lui permettait de recruter des hommes et d'augmenter ses ressources. Il arriva près de Toulouse à la fin de janvier. « Il y fit de
« beaux feux et apprit à Messieurs de la ville et surtout
« à Messieurs de la cour de mettre de l'eau dans leur
« vin, et de n'aller si vite en besogne, où leur colère et
« animosité par trop déréglées les conduisoient sans au-
« cune considération ; car quiconque portoit le nom
« huguenot, aussitôt pris, aussitôt pendu, jusques à un
« fort honnête gentilhomme de la religion nommé
« Rapin, qui étoit allé, de la part du roi et du prince de
« Condé, porter l'édit de la paix de Chartres. Ils le
« firent, aussitôt venu, exécuter (1). »

Le Parlement de Toulouse avait aussi fait trancher la tête à Pape, seigneur de St-Auban, pour avoir tardé

---

(1) Brantôme, *Vie de Coligny*.

à rendre Viviers ; en outre ses biens avaient été frappés d'une amende de 60,000 livres.

Par représailles, Coligny permit aux soldats tous les excès ; les environs et les faubourgs de Toulouse furent saccagés, pillés, brûlés ; tout ce qui ne fut pas massacré fut rançonné ; l'armée partit chargée de butin ; elle se dirigea vers Montpellier ; elle se composait alors d'environ douze mille hommes et avait cinq canons.

La crainte que l'on eut à Montpellier de voir assiéger la ville fit qu'on ruina les faubourgs ; l'amiral ne s'arrêta pas, et fit défiler son armée à quelque distance, à travers Lattes et Mauguio. Castelnau, gouverneur de Montpellier, fit sortir pendant la nuit un détachement sous les ordres de son frère ; il surprit le corps de garde de l'armée campée au Crès, et réussit à enlever quatre-vingts chevaux. Après quelques escarmouches, les huguenots s'éloignèrent de Montpellier ; ils saccagèrent bon nombre de villages, et vinrent à Marsillargues (1).

Le maréchal Damville suivait cette armée sans pouvoir ou vouloir l'attaquer sérieusement ; il ravitailla Lunel, que l'Amiral vint assiéger parce qu'il y avait d'abondantes provisions de blé. Cette place était défendue par le commandant de Saint-Christol avec sept cents hommes sous ses ordres ; il fit une résistance si énergique, qu'il força deux fois les assiégeants à se retirer avec des pertes sérieuses ; le comte de Montgommery y fut blessé. Coligny ne fut pas plus heureux devant Aimargues, place appartenant à d'Acier ; le comte de Mansfeld avec ses reîtres occupa Alais ; le prince de Condé, étant tombé malade, entra dans Nîmes.

(1) *Hist. du Languedoc.*

A la fin d'avril, Coligny et les princes réunirent toutes leurs forces et se mirent en mouvement pour gagner la vallée du Rhône. L'inquiétude fut grande à Avignon ; le maréchal Damville s'y rendit et rassura les habitants en leur disant « que le roi lui avoit recommandé la ville « et le Comtat comme la prunelle de ses yeux (1). »

Les garnisons de Bourg-Saint-Andéol et de Pierrelatte, sous les ordres des capitaines de Laval et Olivier, escaladèrent Donzère et défirent trois cents hommes du régiment de Piles, qui s'y trouvaient.

Près de Laudun, l'arrière-garde des huguenots fut assaillie par Mirepoix, la Crozette et Clérac; ils perdirent dans cette rencontre trente-sept charrettes chargées de poudre et quatre cents chevaux. Arrivés au Pont-Saint-Esprit, les réformés se divisèrent ; la plus grande partie de leur infanterie passa le pont, se répandit dans la plaine sur la rive gauche du Rhône et occupa Lapalud, Pierrelatte, Saint-Paul-Trois-Châteaux, Lagarde.

Ces troupes vinrent ensuite assiéger Montélimart ; La Tivollière y commandait ; il se défendit si bien, que les réformés durent lever le siège le 10 mai, après avoir perdu quatre cents hommes.

Pendant ce temps le reste de l'armée passait l'Ardèche, traversait le Bourg-Saint-Andéol et Viviers ; un détachement s'était emparé de Saint-Montant.

Les princes avec les reîtres se rendirent à Aubenas.

L'Amiral alla au Pouzin, puis à la Voulte. Il confia à Ludovic de Nassau le soin de fortifier le Pouzin, pour en faire une place d'où les réformés pussent comman-

(1) Pérussis.

der le Rhône et les communications du Dauphiné et du Vivarais.

L'Amiral demeura quelque temps à la Voulte, en attendant les renforts des pays voisins. Il eut une escarmouche avec le maréchal Damville à Baix-sur-Baix ; un détachement du régiment de Rouvroy fut défait. Damville fut rejoint par le comte de Suze, qui avait laissé le commandement des troupes du Comtat à Torquato Conti.

Enfin, le 22 mai 1570, Coligny quitta la Voulte. Il dirigea son armée vers le Velay ; les princes avaient pris les devants. Suze et Damville les suivirent avec leurs troupes ; mais Damville renonça bientôt à cette poursuite : il était de retour à Avignon le 27 mai.

Suze poussa jusqu'à Argental et Saint-Sauveur en Forez ; il avait eu une affaire à Saint-Didier en Velay avec un corps de quinze cents hommes et cinq cents chevaux. Il aurait volontiers continué à inquiéter la marche de l'armée ennemie ; mais ses soldats refusèrent d'aller plus loin ; ils se rappelaient la pénible campagne de l'année précédente ; Suze dut revenir après avoir franchi le Rhône.

Les réformés continuèrent leur route vers la Loire ; ils furent rejoints par Briquemaut avec quelques troupes de la Charité. Les vicomtes renoncèrent à aller plus avant ; ils retournèrent en Béarn avec quinze cents hommes, et traversèrent le Languedoc, où ils commirent beaucoup de ravages, sans être inquiétés par Damville.

Les troupes royales s'avançaient au devant des huguenots sous les ordres du maréchal de Cossé-Connor ; elles étaient, au milieu de juin, à Moulins ; elles se composaient de treize mille hommes de pied et de quatre mille chevaux.

L'amiral tomba si gravement malade que son armée faillit se séparer, effrayée de lutter sans ce chef habile et expérimenté. Il se rétablit et entra en Bourgogne. Les deux armées se rencontrèrent à Arnay-le-Duc ; les huguenots étaient inférieurs en nombre et affaiblis par une longue route et les maladies ; mais les dispositions de leur chef furent si heureuses que l'avantage leur resta.

Ils continuèrent leur marche et se rapprochèrent de Paris.

La cour effrayée songea à la paix. Des deux côtés on était las de la guerre, et il ne fut pas difficile d'amener une entente. La paix fut conclue à Saint-Germain-en-Laye où était le roi. (2 août 1570.)

CHAPITRE II

Une campagne où l'on compte quatre grandes batailles rangées, des sièges soutenus avec acharnement, plusieurs rencontres hasardeuses, et une retraite qui peut être regardée comme un chef-d'œuvre du genre, avait en bien peu de temps fourni à Mathieu de Merle des occasions de développer les facultés extraordinaires qu'il avait pour la guerre.

Son premier chef, Jacques de Crussol, bien que retiré de la lutte, n'avait pas perdu le souvenir de ce jeune homme, qui alliait à un courage téméraire le sang-froid et le coup-d'œil, gages de succès assuré, pour les entreprises si hardies qu'il exécuta plus tard. Il le recommanda au comte de Peyre, son beau-frère (1). Ce seigneur, l'un des premiers barons du Gévaudan, avait embrassé avec ardeur les doctrines de l'Eglise réformée ; il avait donné asile à Théodore de Bèze,

(1) Le comte de Peyre avait épousé Marie de Crussol, fille de Charles de Crussol, comte d'Uzès, et de dame d'Acier.

après le colloque de Poissy, et avait puisé à ce contact un zèle ardent pour le calvinisme. Pendant ses nombreuses absences, soit pour aller à la cour, soit pour organiser le protestantisme dans les Cévennes et le Gévaudan, il avait besoin d'un lieutenant, capable pour laisser sous sa garde ce qu'il avait de plus précieux : sa femme, ses enfants, ses places-fortes et ses seigneuries.

Le choix, pour ce rôle, d'un jeune homme de vingt-deux ans, dit assez le cas qu'il en faisait. Voilà donc Merle gouverneur du château de Peyre et représentant, dans la ville de Marvéjols, du comte de Peyre, co-seigneur avec le roi.

Le château de Peyre était la vieille forteresse féodale, que son assiette sur des rochers escarpés, avec des chemins presque impraticables, rendait un asile assuré contre des attaques ordinaires. Si plus tard l'amiral de Joyeuse parvint à s'en emparer, c'est qu'il y conduisit une véritable armée, et qu'à grand peine et par des moyens imprévus, il y amena de l'artillerie.

Marvéjols, qu'on appelait aussi Maruèges, est une petite ville du Gévaudan dans le voisinage du château de Peyre. La plupart des habitants s'étaient laissé gagner par les prédications de Théodore de Bèze et par les suggestions du seigneur de Peyre. Dans leur prosélytisme récent ils étaient prêts à servir les desseins du parti calviniste, en lui fournissant des hommes et des munitions.

Les événements allaient bientôt donner à Merle l'occasion d'utiliser les forces qui venaient de lui être confiées, et de rendre au parti de la Réforme les services les plus signalés.

La cour de France n'avait conclu la paix avec les protestants en août 1570 que sous l'empire de la contrainte et de la lassitude: catholiques et huguenots se reposaient comme deux lutteurs épuisés, mais aucun des deux partis n'était disposé à céder. On n'attendait de part et d'autre qu'une occasion de recommencer la lutte. La reine Catherine et les Guise, par un détestable calcul, s'imaginèrent, que n'ayant pu abattre les réformés par la force, ils en viendraient plus aisément à bout par la ruse et par la trahison, et qu'en supprimant les chefs, ils auraient bon marché de la foule. Il fut donc décidé que les principaux d'entre eux seraient attirés à Paris, sous le prétexte d'assister aux noces du roi de Navarre et du prince de Condé; quelques-uns se méfièrent d'un piège et refusèrent cette invitation; mais le plus grand nombre alla se ranger autour des deux princes leurs chefs. De ce nombre fut le comte de Peyre : il s'y rendit bien accompagné, autant pour sa sécurité que pour faire montre de son importance féodale ; toutefois il ne put échapper au massacre du 24 août 1572. On a tout lieu de supposer que Merle se trouvait alors à Paris auprès de son maître, car M. de St-Chamond, dans une lettre qu'il lui adressait le 8 janvier 1576, faisait sûrement allusion à cette circonstance, quand il lui disait : « Té-
« moing en est le grand danger où Dieu vous sortit si
« miraculeusement, lorsque feu M. de Peyre, vostre-
« maistre, fust tué (1). » Si l'on considère que le maréchal de Montmorency-Damville, gouverneur du Languedoc, ménageait les réformés, et n'exécuta pas dans sa province

---

(1) Voir aux pièces la lettre de St-Chamond.

les ordres de la cour, il paraît bien évident, que c'est à côté du comte de Peyre que Merle échappa au danger auquel M. de St-Chamond fait allusion.

Ce massacre funeste remplit bien mal les vues de ceux qui l'avaient ordonné. C'est avec raison que le Pape, s'il n'osa pas publiquement désavouer cette cruauté, put dire : « Hélas ! hélas ! je pleure la façon
« dont le roi a usé, par trop illicite et défendue de Dieu,
« pour faire une telle punition, et je crains qu'il en tom-
« bera une sur lui, et ne la fera guère longue désormais ;
« je pleure aussi parce que parmi tant de gens morts il
« n'en soit mort aussi bien des innocents que des cou-
« pables ; possible qu'à plusieurs de ces morts Dieu eût
« fait la grâce du repentir et de retourner au bon che-
« min, ainsi qu'on a vu arriver à force en pareil
« cas (1). »

Ce langage du chef de l'Église est consolant pour ceux qui veulent distinguer entre la religion catholique et les fanatiques, qui abusèrent de son nom pour servir leur ambition et leurs passions les plus exécrables.

En tous temps les gens de bien doivent protester avec indignation contre les cruautés et les massacres, surtout quand ils sont commis de sang-froid.

On peut aisément se figurer l'explosion de rage et la soif de vengeance que provoqua chez les réformés cette épouvantable exécution. Le sang appelle du sang. Que de crimes, que de cruautés vont se commettre par re-présailles de cette affreuse journée !

Que de prêtres, que de religieux, que de catholiques

---

(1) Brantôme, *Vie de Coligny*.

innocents périront victimes de la rage des soldats huguenots ; ils croiront ces immolations légitimes pour venger un ami, un parent, un chef.

Après le premier moment de stupeur en présence d'un coup qui semblait avoir décapité leur parti, les protestants se concentrèrent dans leurs places fortes, particulièrement à La Rochelle, à Nîmes, à Montauban ; là ils se préparèrent à une lutte désespérée, attendant que les circonstances leur permissent de former de nouvelles entreprises. Leurs espérances ne furent pas déçues ; tout sembla concourir pour leur venir en aide.

Le roi de Navarre et le prince de Condé avaient été épargnés à cause de leur sang royal et de leur jeunesse; on s'était flatté de les gagner par toutes les séductions d'une cour galante; on avait espéré que leur abjuration, sous le poignard des assassins, pourrait être sincère et durable ; mais dans le cas où ces moyens pacifiques n'auraient pas suffi pour les maintenir dans le respect et l'obéissance de la cour, on avait pris toutes les précautions pour les surveiller et les empêcher de rejoindre leurs anciens amis ; dans ces conditions on ne les croyait pas redoutables. Pendant cette captivité déguisée, s'ils ne pouvaient pas agir personnellement, leurs représentants agissaient pour eux ; leur nom servait de ralliement, et les réformés savaient bien que le jour où ils pourraient s'échapper de la cour, ils viendraient se mettre à leur tête.

En outre, il se formait un nouveau parti, que l'on désigna sous le nom des politiques ; il se composait de tous les mécontents et de tous les ennemis de la prépondérance excessive de la maison de Guise ; de ce nombre était le maréchal de Montmorency-Damville, gouverneur du Languedoc. La rivalité de sa maison contre les Guise, de mauvais traitements de la cour, l'avaient disposé à s'appuyer sur les réformés, et, s'il n'osait pas encore s'allier ouvertement à eux, il les soutenait sous main, ou tout au moins fermait les yeux sur leurs agissements ; il était tout-puissant dans son gouvernement, et grâce à sa connivence, ils purent s'organiser.

Ils nommèrent général des églises du bas Languedoc (1) Jean de St-Chamond, seigneur de St-Romain. Ce renégat avait quitté la crosse et la mitre, étant archevêque d'Aix, pour épouser la belle Claude de Fay (2) ; sa passion avait triomphé de ses devoirs, lui avait fait oublier les serments qu'il avait prononcés au pied des autels, et rompre les liens qui l'attachaient à l'Eglise catholique ; il s'était nécessairement jeté dans le parti de la réforme, dont il avait accepté la direction dans le bas Languedoc, pendant que son frère aîné commandait les catholiques dans le Vivarais (3).

Pendant ce temps Merle était au château de Peyre ; Marie de Crussol le pressait ardemment de venger la mort de son mari ; elle mit à sa disposition toutes ses ressources ; aussi rien ne lui manqua pour organiser une troupe d'hommes solides et déterminés ; Marvéjols, Uzès, toutes les Cévennes lui offraient un choix de soldats éprouvés.

---

(1) L'assemblée des églises réformées à Nîmes représentait les églises du bas Languedoc, des Cévennes, du Vivarais, du Gévaudan et du Velay.
(2) D'Aubais.
(3) *Guerres civiles du Haut-Vivarais*, d'Aubais.

Les Cévennes, le Gévaudan et l'Auvergne méridionale offrent, par leur configuration montagneuse, un théâtre des plus favorables pour la guerre de partisan; des gens du pays, connaissant tous les passages et toutes les retraites, pouvaient avec succès y tenir tête à des forces bien supérieures. Merle sut tirer parti de ces avantages, et, pendant dix années, il sut s'y maintenir en maître, sans que personne osât l'en débusquer (1).

Il débuta par une entreprise sur le Malzieu, petite place au nord du château de Peyre, vers les confins du Gévaudan et de l'Auvergne, dépendant du duché de Mercœur (2).

Dans la nuit du 17 novembre 1573, les habitants du Malzieu furent réveillés par un grand bruit dans leurs rues; des cris, des coups de feu, des cliquetis d'armures, les pas des chevaux, le son strident des trompettes, jetèrent la terreur partout. Dans l'émotion de ce réveil, on s'était flatté d'abord que ces soldats appartenaient à une troupe catholique, qu'on avait cinq jours auparavant refusé de recevoir dans la ville; mais l'illusion avait été de courte durée : c'était bien les huguenots, les soldats de Merle, qui avaient franchi les murailles près de la tour de Talher, et forcé les portes. On entendait leurs cris de triomphe mêlés aux gémissements des blessés et des mourants ; malheur à ceux qui se hasardaient hors de leurs maisons ! malheur surtout à ceux qui portaient le costume religieux ! On entendait aussi

(1) Le duc de Rohan et Cavalier surent plus tard tirer le même parti des avantages stratégiques des Cévennes.

(2) Le duc de Mercœur était alors Philippe-Emmanuel de Lorraine, gouverneur de Bretagne, ligueur zélé.

les blasphèmes de ces forcenés : « Que fera, disaient-ils, « la Mère de Dieu pour le Malzieu ? » Un grand feu avait été allumé sur la principale place ; tous les objets du culte trouvés par les soldats pendant le pillage y étaient jetés avec des chants et des moqueries ; toute la nuit se passa dans les horreurs d'une ville prise d'assaut, où une soldatesque féroce donne carrière à ses instincts cruels et cupides.

Le lendemain Merle arrêta le pillage, et rétablit l'ordre parmi ses soldats ; vingt-deux notables furent saisis, et conduits en prison dans la grande tour, pour y demeurer jusqu'au moment où leur rançon serait réglée. Parmi eux se trouvait maître Chantal, notaire, auteur d'une relation de la prise du Malzieu (1). Il s'exprime ainsi : « Je me renfoursis dans ma maison, et
« fermis si bien les portes, que de toute la nuict per-
« sonne n'y entra et jusques le lendemain matin neuf
« heures que le dict cappitaine Merle accompaigné
« comme dyct est, vint heurter à la porte tenant les
« épées nues à la main ; espérant alors finir mes jours,
« je vais ouvrir la porte ; icelle ouverte, ledict cappitaine
« Merle me dict : Pourquoy je ne ouvrois ma porte ;
« je fis response que je avois obéy, et de soubdain me
« commanda de le suivre, et me admena prisonnier
« dans la grande tour, et pour me donner plus de
« frayeur me faisoit passer tout auprès de ceulx qui
« avoient été massacrés ; mesme au devant de la mai-
« son de Jacques Brugeyron, merchant, me falut passer

---

(1) *Relation de Maître Chantal,* archives de Mende ; voir aux pièces justificatives.

« pardessus Mᵉ Jehan Treucalit, prebtre, massacré,
« estant estendu au travers de la rue, etc... »

Peu de jours après, M. de Chavagnac, gentilhomme d'Auvergne, qui avait autorité dans cette région sur le parti réformé, arriva au Malzieu. Il se fit rendre compte de tout ce qui s'était passé; il reçut les plaintes des notables sur l'exagération de leur rançon, et décida que la question serait soumise à une commission composée de deux protestants et de deux catholiques : Jaussendy, dit Lescure, avec Jehan Prieur, pour les premiers, et Pierre, seigneur de Rauzière, avec Mᵉ Chantal pour les seconds. Cette commission réduisit à trois mille livres la somme à payer comme rançon par les habitants du Malzieu, sans préjudice des lourdes charges que leur imposait l'obligation de nourrir et de défrayer dans chaque maison un nombre considérable de soldats pendant un séjour qui fut long.

M. de Chavagnac ayant appris que l'usage était de proclamer les consuls le 5 janvier, voulut montrer qu'il n'entendait rien changer à la police habituelle de la cité, et donna des ordres pour que tout se passât selon la coutume. On procéda aux élections de ces magistrats; on élut MM. Guillaume Sainct-Lagier, Antoine Asatgier et Pagès, qui prêtèrent serment entre ses mains (5 janvier 1574).

Quelques jours après, les pouvoirs de M. de Chavagnac expirèrent par l'effet d'une commission qui nommait Merle gouverneur du Malzieu; elle était donnée par Jehan de St-Chamond, seigneur de St-Romain, général des églises réformées du bas Languedoc; elle autorisait Merle à lever tel nombre de gens de guerre, tant de pied que de cheval, qu'il jugerait convenable, en les faisant vivre aux dépens des habitants du Malzieu et des lieux circonvoisins. Cette commission est datée de Nîmes, du 15 janvier. En conséquence, Merle établit un ordre rigoureux dans la ville et y tint la main avec l'énergie qui le caractérisait ; un soldat originaire de Marvejols, nommé Marquou, ayant fait violence à une fille du Malzieu, nommée Tiercette, qui succomba, fut condamné à mort par le prévôt, pendu et mis en quatre quartiers.

Il étendit dans tous les lieux environnants son autorité qui fut promptement respectée ; des expéditions conduites avec vigueur imprimèrent la terreur de son nom ; il traita avec ménagements tous ceux qui se soumirent et consentirent à payer des sauvegardes ; au contraire, il harcelait et maltraitait tous ceux qui essayaient de s'y soustraire (1). Grâce aux ressources qu'il put ainsi se procurer, il leva de nouvelles recrues; il manda à Antoine, son frère aîné, de venir le rejoindre, et faisant appel à tous ses amis des Cévennes, il augmenta sa troupe de trois cents hommes ; il les arma et les équipa avec le plus grand soin, et parvint même à les mettre presque tous à cheval. Toutefois les levées se faisaient avec ordre et selon les lois de la guerre ; le récit de M⁰ Chantal nous prouve que les chevaux n'étaient pas réquisitionnés violemment :

« Ce fust à la fin du moys de may, audict an 1574,
« que ung souldat de Cévènes estant longé à ma mai-
« son voulust achapter une jounnent, que l'on luy vou-

---

(1) *Exploits du capitaine Merle*, par Gondin.

« loict vendre à Verdezun, me pria y aler avec luy, et
« que le dict jour estoit de guarde à la porte ung souldat
« de son pays que nous laisseroit sourtir, de quoy en
« avoys bonne envie, ce que nous fîmes, Dieu grâces,
« que personne ne dict rien et tous deux alames à Ver-
« dezun, on ne fust point d'accort de la dicte jument,
« et moy, estimant m'en aler plus avant, fis tant que
« acheminis le dict souldat à ma mecterie de Chaulhac,
« et la pris congé du dict souldat... »

Pendant ce temps les réformés résistaient partout, et même organisaient des plans d'attaque. Dès le mois de février 1573, La Rochelle avait fermé ses portes à une armée catholique, qui venait l'assièger sous les ordres d'Henry, duc d'Anjou. Après quelques mois d'efforts inutiles, ce prince, pressé d'aller recevoir la couronne de Pologne, avait abandonné ce siège. Le prince de Condé s'était échappé de la cour, et retiré en Allemagne, il y préparait, par ses démarches auprès des princes protestants, une puissante diversion. Il avait fui au moment où eut lieu la tentative pour tirer les Princes de la cour. François, duc d'Alençon, mécontent de son lot, jaloux de ses frères, qui portaient chacun une couronne, avait promis de se joindre aux confédérés politiques et réformés, pour se mettre à leur tête ; ses hésitations firent échouer l'entreprise, elles coûtèrent la tête à La Môle et à Coconnas, et la liberté aux maréchaux de Montmorency et de Cossé.

Le maréchal de Damville, effrayé du sort que lui présageait l'emprisonnement de son frère, se rapprocha des réformés ; avant de s'engager tout à fait avec eux, il alla rejoindre à Turin Henry III, qui revenait de Pologne pour prendre la couronne de France. S'étant assuré qu'il ne pourrait jamais compter sur sa confiance et sa faveur, il revint dans son gouvernement, et signa la confédération de Milhau, où les réformés le reconnurent pour leur chef en Languedoc.

Merle profita immédiatement de ce rapprochement : il reçut du maréchal l'agrément d'acheter le gouvernement de Marvejols ; en fait, il s'y trouvait déjà le maître comme représentant de la maison de Peyre auprès d'une population toute dévouée à la Réforme ; mais cette acquisition légitimait ses pouvoirs, et le débarrassait d'une autorité parallèle à la sienne, qui aurait pu entraver son action. Cette vente fut faite le 3 juillet 1575 par Aymar de Calvisson, baron de St-Alban, bailli et gouverneur pour le roi des villes de Marvejols, Chirac, Grèzes, etc., moyennant le prix de douze cents écus d'or (1).

La coalition des réformés et des politiques était complète ; les secours d'Allemagne allaient arriver. Le duc d'Alençon, trouvant les conjonctures favorables à ses desseins, s'échappa de la cour pour aller se mettre à la tête des forces que réunissaient les confédérés. De son côté, le roi de Navarre, tout en paraissant endormi au milieu des voluptés de la cour, se disposait à fuir ; il ne tarda pas à exécuter son dessein, et se retira dans son gouvernement de Guyenne.

Le plan des confédérés était de réunir une puissante armée au centre de la France, afin d'y concentrer les forces que pouvaient fournir les diverses provinces où

---

(1) L'acte fut passé devant M⁰ Jean Barrau, notaire royal à Marvejols.

ils avaient des adhérents. Moulins parut un lieu convenable à l'exécution de ce dessein ; le duc d'Alençon s'y rendit, et forma un camp où il attendit tous les renforts qui lui étaient annoncés. Les Allemands étaient en route pour le rejoindre, ils étaient commandés par le prince Casimir, accompagné par le prince de Condé ; Monsieur de Montmorency-Thoré, frère du maréchal de Damville, amenait de son côté un détachement de reîtres.

Afin de faciliter l'exécution de ce plan, en ce qui concernait le Languedoc, le maréchal de Damville donna des instructions à Merle pour avancer vers la basse Auvergne, de manière à établir, par la vallée de l'Allier, les communications de sa province avec le camp de Moulins. Merle fit une reconnaissance, et s'assura que la possession d'Issoire, ville importante sur l'Allier, remplirait les vues du maréchal ; il constata que la ville pouvait être surprise par une escalade, il se mit en relation avec quelques réformés d'Issoire, dont les principaux étaient Étienne Bonnet et Prieur. Ils lui donnèrent tous les renseignements de nature à faciliter son projet, et la promesse, s'il le réalisait, de l'aider avec deux cents coreligionnaires de la ville (1).

Merle, ayant mûri ce projet et l'ayant reconnu praticable, envoya Montredon, l'un de ses officiers, au maréchal de Damville pour le lui soumettre ; il reçut une complète approbation ; mais, en revenant d'accomplir sa mission, Montredon, s'étant arrêté chez le baron de St-Alban, eut l'imprudence de lui faire connaître les projets formés sur Issoire. St-Alban en informa aussitôt

(1) Annales d'Issoire.

le gouverneur d'Auvergne, M. de St-Hérem, qui s'empressa de transmettre cet avis à Lecourt, gouverneur d'Issoire. Par un aveuglement fâcheux, Lecourt refusa obstinément de croire cet avis; il était entretenu dans une trompeuse sécurité par les conjurés de la ville. Prieur, l'un d'eux, qui avait su gagner sa confiance, lui persuadait que tout était tranquille, que les réformés étaient bien éloignés des projets qu'on leur prêtait; en même temps il faisait passer à Merle tous les avis favorables à son entreprise. Cependant les bourgeois d'Issoire, effrayés des rumeurs qui circulaient, vinrent trouver Lecourt, et le supplièrent de prendre certaines précautions, de faire faire des rondes fréquentes, d'augmenter les corps de garde, de multiplier les sentinelles. Lecourt sourit de leurs appréhensions, et leur répondit avec mépris : « Bonnes gens, retirez-vous, et n'ayez
« nul souci, je sais ce que j'ai à faire ; ce ne sont qu'ar-
« tifices de M. de St-Hérem, qui veut avoir prétexte
« pour nous faire prendre une forte garnison et manger
« notre bien. »

Merle, informé avec soin de cette incurie, qui lui livrait la ville presque sans défense, se mit en marche avec tant de promptitude et de secret qu'il arriva devant Issoire sans qu'on eût dans la ville le moindre soupçon de sa marche (15 octobre 1575). Au moment où il mit pied à terre devant les murs, il était dix heures du soir. Il prit position auprès d'un moulin à côté du pont de Charras; là, caché aux regards tant de ceux de la place que de ceux qui suivaient la route, il entendit un messager, qui arrivait hors d'haleine et criait à la sentinelle : « Holà! gardien, tiens-toi éveillé: le capitaine Merle est en campagne ! » Plusieurs feux qu'il aperçut sur les hauteurs environnantes lui inspirèrent un instant d'hésitation ; mais, ayant attendu un certain temps, il ne remarqua rien de nature à l'arrêter dans son entreprise. Tout au contraire, il constata que le caporal, dont l'attention avait été éveillée par l'avis du messager, s'était retiré dans son corps de garde. Merle descendit alors dans le fossé, il fit dresser contre le mur deux échelles, et monta le premier. Au sommet du rempart, il trouva la sentinelle, qui criait : Aux armes ! et cherchait avec sa pique à le renverser. Merle détourne la pique, tire deux coups de pistolet, tue la sentinelle, et s'élance sur le rempart, suivi de tous les siens ; il ne trouva pas d'autre résistance. Le juge Cisterne, lieutenant de Lecourt, avait à la hâte abandonné le corps de garde, et s'était lâchement enfui chez lui.

Merle divisa sa troupe en deux colonnes ; l'une descendit les degrés de l'église St-Paul, l'autre s'engagea dans la ville par la porte Berbiziale, de manière à occuper toutes les positions importantes. Le tocsin réveillait les habitants, glacés de terreur par le tumulte ; on entendait les cris d'alarme et tous les bruits sinistres qui accompagnent la lutte. Quelques hommes courageux étaient descendus dans la rue, et s'étaient groupés sous les ordres du sieur d'Hauterive ; ils s'élancent au devant de l'ennemi ; mais une décharge bien nourrie tue d'Hauterive, et disperse les survivants. D'autres habitants armés crient dans l'obscurité : Qui vive ! aux assaillants ; ceux-ci répondent par le mot d'ordre : Damville ; les premiers entendent *la ville* et se croient en face des leurs ; ils sont promptement désabusés par une attaque subite qui les disperse après des pertes sérieuses. Toute résistance avait cessé ; Merle était maître d'Issoire. Étienne Bonnel le rejoignit alors, et le conduisit chez Cisterne, le consul, qui lui remit les clefs de la ville. Au jour, Merle fit ouvrir les portes et fit entrer ses chevaux. Pendant ce temps la ville était livrée au pillage ; les soldats commettaient tous les excès habituels en pareille circonstance. Dans leur haine contre tout ce qui tenait au culte catholique, ils s'acharnaient contre les prêtres et les religieux ; les églises et les chapelles étaient saccagées ; les tableaux, les statues, les vitraux étaient brisés et détruits comme des objets d'idolâtrie ; de grands feux étaient allumés et entretenus avec les boiseries de l'église et les ornements sacerdotaux.

Issoire a encore une très curieuse église dédiée à saint Austremoine ; elle est un des plus précieux souvenirs de l'architecture romane ; ces forcenés entreprirent de la renverser, ils coupèrent des piliers pour entraîner la chute de l'édifice, mais la puissante masse résista à leurs efforts ; la crainte, en poursuivant cette œuvre de destruction, que tout ne s'écroulât sur leurs têtes arrêta les démolisseurs.

Le pillage ayant cessé, toutes choses étant rentrées dans l'ordre, Merle convoqua les notables pour fixer la rançon de la ville. Ils furent introduits dans une salle, où Merle se trouvait entouré de l'appareil militaire le plus capable de terrifier les esprits. Il leur parla en ces termes :
« Messieurs, vous savez tous les massacres de Paris,
« Lyon, Toulouse et autres lieux du royaume ; on a
« fait mourir femmes, enfants, vieillards ; j'ai le droit
« d'en faire autant et de même ici, pour venger devant

« Dieu et devant les hommes tous les innocents qui ont
« péri ; je ne le veux point si vous faites ce que j'or-
« donnerai ; sans quoi vous passerez mal votre temps ;
« j'ai amené ici beaucoup de gentilshommes, capitaines
« et soldats, qui n'ont pas butiné ; l'honneur de vos
« femmes et de vos filles a été conservé ; il faut que je
« récompense ces gens d'honneur qui m'ont assisté ; je
« désire que vous me donniez cinquante mille livres,
« et j'entends que ceux qui se sont rendus papistes pour
« éviter le massacre ou la prison ne soient pas compris
« dans cette imposition. Mes ordres, je les intime avec
« mon épée, elle est plus sûre que la colombe qui ins-
« pire les mandements de vos papistes (1). » Lecourt
voulut répondre que les habitants, déjà pillés par les
soldats, ne pourraient jamais payer une si forte rançon.
« Vous en avez menti par la gorge, s'écria Merle, mes
« soldats sont plus gens de bien que vous. » Se tour-
nant alors vers ses arquebusiers : « En prison, ces pa-
« pistes, en prison ! » On les enferma dans l'abbaye ;
la nuit porta conseil ; la terreur s'empara de ces malheureux, ils demandèrent à traiter. Merle consentit à
réduire ses prétentions ; ils furent mis en liberté après
s'être engagés à payer vingt-deux mille livres.

Merle avait donné avis de sa conquête au maréchal
de Damville, qui lui répondit le 24 octobre en le félici-
tant *de la grâce que Dieu lui avait faite* d'avoir si bien
réussi dans son entreprise sur Issoire ; il lui recommandait
d'établir une bonne police, de veiller à ce que la ville
restât bien peuplée, et à ce que tous les intérêts fussent

(1) Annales d'Issoire.

sauvegardés par l'administration d'une bonne et prompte justice. Il lui disait de respecter les biens ecclésiastiques dans Issoire et aux environs, de les faire administrer par des personnes qui en rendissent bon compte, afin de se conformer aux intentions de M. le duc d'Alençon et à la sienne, qui étaient de conserver tous ces biens pour l'exercice de la religion catholique et en même temps de la religion réformée ; il ajoutait que l'exercice des deux religions devait avoir lieu en toute liberté ; c'était, disait-il, la voie qu'il fallait tenir pour attirer tout le monde à ce parti. Il lui prescrivait, en outre, de s'adjoindre un conseil de gens expérimentés et capables, d'établir une bonne police ; il lui demandait enfin de lui donner souvent de ses nouvelles. Les affaires générales ne faisaient pas oublier au maréchal ses affaires personnelles ; il lui recommandait de veiller avec le plus grand soin à la sauvegarde de sa terre de St-Ciergues, en y mettant quelques soldats fidèles, pour que personne ne s'emparât de sa maison ; il le priait d'aller dans ses villages et d'ordonner à ses rentiers de ne pas payer ses rentes à d'autres qu'à lui (1).

A cette lettre était jointe une commission nommant Merle gouverneur d'Issoire, et l'autorisant à lever quatre cents hommes de pied. Dans ces lettres patentes, la fin du protocole est conçue dans des termes singuliers qu'il convient de signaler : « Henry de Montmorency, « seigneur de Damville, maréchal de France, gouver- « neur et lieutenant-général pour le roy au pays de « Languedoc, et commandant généralement en tout

---

(1) Voir aux pièces justificatives, lettre du 24 octobre 1575.

« son royaume, pays, terres et seigneuries de son obéis-
« sance, en l'absence de Monseigneur son frère et de
« Monseigneur le prince de Condé, *pour le service de*
« *Sa Majesté, bien, repos, sinon tranquillité et stabi-*
« *lité publique de ses sujets.* »

Quelque temps après, le maréchal de Damville (1) répondit aux capitaines sous les ordres de Merle à Issoire, qu'il les félicitait de leur conduite passée, de leur obéissance à leur chef, et les encourageait à continuer de même.

En exécution des ordres du maréchal, Merle leva des troupes, fit établir des ordres de contribution, nomma des receveurs (2). Les impositions rentraient avec la plus grande exactitude, car on savait que la moindre hésitation serait rigoureusement punie. S'il trouvait quelque résistance, Merle envoyait aux récalcitrants une lettre dont les coins étaient brûlés ; c'était un avis du sort qui attendait le village ou les maisons de ceux qui tardaient à obéir.

Tout en augmentant et consolidant ses troupes, il poussait activement les travaux pour rendre les fortifications d'Issoire plus inabordables. Les maisons touchant au rempart furent abattues et remplacées par des fortins placés de distance en distance ; les fossés furent approfondis, élargis et bordés d'une haute contrescarpe ; les faubourgs où l'ennemi eût pu se loger à l'abri furent démolis, les arbres arrachés ; des pierres, des décom-

---

(1) Lettre du maréchal de Damville du 5 décembre 1575.

(2) Commission signée « *de Merle* » du 7 avril 1576, nommant Bernard Dumas receveur.

bres furent amoncelés pour barrer tous les accès, à la réserve de ceux qui étaient indispensables (1).

Aussitôt qu'il eut assuré sa position par toutes ces mesures, il entreprit une série d'expéditions dans les environs ; il s'empara de plusieurs châteaux ; à son titre de gouverneur d'Issoire, il ajouta celui de gouverneur de St-Diéry, Varenne, Novacelle et autres lieux et places d'Auvergne (2) ; il s'avança jusqu'aux portes de Clermont, il battit la compagnie des gens d'armes de St-Hérem, gouverneur d'Auvergne. A Pontgibaud, il s'empara de soixante chevaux, dont il monta autant de ses gens de pied.

Les catholiques, effrayés de ce terrible voisinage, et ne voyant pas les moyens de réunir des forces suffisantes pour lui arracher ses conquêtes, essayèrent de le gagner par des offres si avantageuses que, s'il n'eût consulté que son intérêt, il aurait pu être tenté de les accepter. Il agit comme l'honneur le lui prescrivait, et faisant passer l'intérêt de son parti avant le sien, il communiqua immédiatement les propositions qui lui étaient adressées au maréchal de Damville et à Saint-Romain, général des églises, auxquels il envoya le capitaine Montredon. La nouvelle de ces propositions arriva à St-Romain avant les dépêches et l'envoyé de Merle ; on peut juger des appréhensions que lui donna cette nouvelle par la hâte qu'il mit à lui écrire avant l'arrivée de ce message, et le soin qu'il eut de lui envoyer un exprès.

(1) Annales d'Issoire.
(2) Protocole de la commission citée ci-dessus.

CHAPITRE II

« Considérez, lui disait-il, le grand honneur et bonne
« réputation que vous avez acquis par la vertu qui vous
« faict aymer des grands, honorer et respecter des aul-
« tres de nostre party, craindre et redoubter de tous
« ceulx qui sont du party contre, pareillement le bien et
« l'advantaige que la conqueste qu'avez faicte de ladicte
« ville apporte non seulement aux églises d'Auvergne
« en particulier mais bien de toute la France en général,
« lesquelles tiennent vous et ladicte ville comme l'ung
« des principaux coings et piliers de leurs basti-
« ment, etc... (1). »

Il poursuivait en lui recommandant de ne rendre Issoire à aucun prix, de considérer qu'il lui importait de conserver l'estime et la faveur du prince de Condé, du maréchal et d'autres grands seigneurs qui sauraient bien le récompenser un jour : « Ne vous fiez pas, lui « disait-il, à ceux qui sous la bonne viande qu'ils vous « offrent cachent le venin pour vous empoisonner. » Il lui représentait, qu'il n'avait rien à redouter de l'effort des catholiques : ils avaient bien assez à faire pour tenir tête, d'un côté aux forces réunies à Moulins sous les ordres du duc d'Alençon, aux reîtres qu'amenaient d'Allemagne le prince Casimir et le prince de Condé, et d'un autre côté aux cinq ou six mille hommes que le maréchal de Damville employait pour réduire Béziers et Pézénas.

Si, malgré cela, et contre toute attente, les catholiques venaient à tenter un effort sérieux sur Issoire, Merle devait être assuré qu'il ne serait pas abandonné à ses

(1) Lettre de St-Romain (8 janvier 1576).

seules forces, car le parti confédéré sentait trop bien l'importance de cette place, pour ne pas distraire les troupes nécessaires afin de lui venir en aide. Le maréchal s'y emploierait sûrement ; St-Romain s'engageait à aller lui-même le secourir.

Merle, après cette lettre, rompit toutes négociations pour la reddition d'Issoire ; il s'occupa de se fortifier toujours davantage ; il fit fondre des cloches pour en faire des canons ; cette opération fut mal faite, ces pièces furent inutiles, elles éclatèrent, et blessèrent les servants.

Quelques détachements, conduits par le marquis de Canillac et le marquis de la Guiche, vinrent s'embusquer près d'Issoire, dans une ferme, pour essayer de surprendre Merle à sa première sortie. Celui-ci, averti par des espions, resta dans la ville ; il envoya un laquais porter du vin et des cartes à ses adversaires, en leur faisant dire qu'il leur envoyait ces présents pour qu'ils ne s'ennuyassent pas à l'attendre. Canillac et la Guiche, piqués de cette bravade, firent tant de défis et de provocations, que Merle finit par accepter le combat. Mal leur en prit : il les chargea si rudement, qu'ils furent battus, dispersés et réduits à fuir, mais pas assez vite cependant pour que M. de la Guiche pût s'échapper ; fait prisonnier, il fut relâché peu de temps après, sans payer de rançon, sur la prière du roi de Navarre (1).

La noblesse d'Auvergne ne réussit pas mieux dans une tentative pour reprendre le château de Malet, où Merle avait mis une garnison ; le capitaine, averti que les catholiques assiégeaient cette place, arrive avec deux

---

(1) Annales d'Issoire. — Gondin, *Exploits du capitaine Merle.*

cents cuirasses et bon nombre d'arquebusiers ; il tombe à l'improviste sur les assiégeants, et les met en déroute ; ceux-ci jettent un canon dans la rivière, pour qu'il ne tombe pas entre ses mains, mais il fut aisément retiré (1).

Par ces fréquentes et heureuses expéditions, Merle tenait ses soldats en haleine et ses ennemis en crainte. Il avait de continuelles relations avec le camp de Moulins, comme le témoignent les lettres que lui adressaient François, duc d'Alençon, et le prince de Condé (2). Pendant les mois de février, mars et avril 1576, ces princes lui écrivirent plusieurs fois, pour lui demander des sauvegardes en faveur de diverses personnes qu'ils voulaient protéger (3). Toutes ces lettres expriment la bienveillance, l'estime, et celles du prince de Condé, l'amitié. Le 15 avril, le duc d'Alençon confirma le gouvernement d'Issoire entre les mains de Merle : « Après « avoir entendu ce que m'a esté remonstré pour vostre « faict et gouvernement de la ville d'Issoire tant de la « part de mon cousin, le maréchal de Damville, que « des églises réformées, et la preuve que leurs députés « m'ont rendue de votre valleur, j'ay résolu que vous « ne bougeriez de ladicte ville. Mais à fin que le païs « d'Auvergne demeure soulagé de tout ce qui se pourra, « vous vous y gouvernerez selon l'estat et réglement, « qui vous y sera dressé par les commissaires de mon « dit cousin...... »

(1) Gondin.

(2) Une lettre du prince de Condé du 7 mars 1576 indique que le frère de Merle était alors gouverneur du Malzieu.

(3) Madame d'Ailly, la veuve Antoine Réalle et ses trois filles, Dufour, secrétaire du prince de Condé, et ses frères, le marquis de Cureton (de Chabannes), le sieur d'Apchon, le sieur du Chier, le vicomte de Canillac.

Le maréchal de Damville désigna pour commissaire à Issoire son frère Guillaume de Montmorency, seigneur de Thoré. Ce dernier venait de tenter une entreprise dont le succès avait été malheureux; après la captivité de son frère aîné, le maréchal duc de Montmorency, il s'était enfui en Allemagne; là, avec l'argent de sa mère, Madame la connétable, il avait levé un corps d'environ deux mille reîtres, avec lesquels il était rentré en France. Il cherchait à rejoindre les confédérés, quand en route il rencontra le duc de Guise sur les bords de la Marne ; une rencontre eut lieu, les reîtres furent mis en pièces ; dans la chasse ardente que leur fit le duc de Guise, il reçut dans la figure un coup de poitrinal, qui lui laissa la glorieuse blessure, dont il garda le surnom de *balafré* (1). Thoré n'échappa qu'à grand peine avec quelques réfugiés français, et parvint à rejoindre son frère le maréchal de Damville ; battu, sans soldats, on l'envoya à Issoire, où il arriva presque en même temps que la lettre du duc d'Alençon, puisque le 24 avril il publiait un règlement pour mettre d'accord les catholiques et les protestants de cette ville. Dans des temps si troublés, après des spoliations, des meurtres, des vengeances, en présence de haines irréconciliables, ce n'était pas chose facile que de réaliser le programme des politiques, qui, à l'exemple de Montmorency, voulaient tenir la balance égale entre les deux religions.

Thoré écouta les plaintes des deux partis, et l'on peut supposer sans peine qu'elles furent amères de la part des catholiques foulés et opprimés. Il essaya de les

---

(1) Brantôme, *Hommes illustres*, vie de Thoré.

concilier et d'amener un rapprochement, qui rendît tolérable la vie en commun ; c'est dans ce but qu'il créa un conseil politique de douze personnes composé moitié de catholiques, moitié de réformés. Ce conseil devait être élu par les habitants et choisi parmi les gens les plus notables ; sa mission était d'apaiser les différends, d'égaliser les charges entre tous les citoyens et de veiller au maintien d'une bonne police.

Les tribunaux judiciaires devaient se recruter dans le même esprit, de préférence parmi les gradués en droit, et juger selon les règles de la justice ordinaire. Enfin les contributions devaient se lever avec tous les contrôles qui pouvaient en assurer la bonne et juste répartition ; les biens du clergé étaient affectés pour huit dixièmes au paiement des troupes, et tous les traitements subissaient une retenue d'un dixième pour le paiement des reîtres sous les ordres du prince Casimir.

Le paiement des soldats étant régulièrement assuré, il leur était enjoint de payer exactement tout ce qui leur serait fourni en dehors du coucher et de la place au foyer.

Les violences qui avaient eu lieu au moment de la prise et du sac d'Issoire motivaient un avertissement sévère de respecter les églises et les autels, et surtout la vie des pauvres prêtres, sur lesquels le soldat huguenot courait sus comme sur des fauves. Défense était faite, sous les peines les plus rigoureuses, de commettre ces violences, à moins que les prêtres ne fussent armés, ou au milieu de gens armés ; les chefs étaient rendus responsables de ces actes criminels. Thoré terminait ce règlement par un ordre donné à Merle de remettre le château de Novacelle entre les mains du vicomte de Turenne, et de retirer ses soldats du château de Lespmau (1). Merle ne devait pas longtemps encore appliquer ce règlement à Issoire, car les évènements qui se préparaient allaient l'en faire sortir.

Le duc d'Alençon, au moment où tout semblait prêt entre ses mains pour frapper un grand coup, se laissa gagner par les propositions avantageuses de la cour. Le roi, la reine-mère avaient vu avec effroi se former l'orage ; les forces des confédérés s'élevaient à environ trente mille hommes ; le roi de Navarre était maître de la Gascogne et de la Guyenne, le maréchal de Damville du Languedoc ; dans ces conditions le roi et la religion catholique étaient en péril.

Le duc d'Alençon était trop près de la couronne et trop bon catholique pour souhaiter des résultats extrêmes ; ce qu'il voulait, il allait l'obtenir : il avait voulu se faire craindre et compter, il avait atteint son but. En effet, la reine-mère arriva à Moulins accompagnée de la reine Marguerite, dont elle connaissait l'empire sur son frère, et des dames les plus aimables de la cour. Outre ces séductions, elle apportait des dignités, des gouvernements, de l'argent, tout ce qui pouvait décider le duc d'Alençon et ses conseillers à conclure la paix. Le duc d'Alençon, ayant obtenu le duché d'Anjou et tous les avantages solides et honorifiques qu'il pouvait souhaiter, se déclara satisfait.

Les confédérés, après cette défection, cherchèrent chacun à se tirer d'affaire le mieux qu'ils purent. Dam-

---

(1) Ordonnance de Montmorency-Thoré du 24 avril 1576. (Voir aux pièces justificatives.)

ville fit sa paix, et obtint de garder son gouvernement de Languedoc ; s'il n'arriva pas à se faire aimer de la cour, il parvint à se faire craindre. Le roi de Navarre se cantonna en Guyenne, le prince de Condé à St-Jean-d'Angely, et le prince Casimir s'en fut avec ses Allemands, plus riche de promesses que d'argent (mai 1576).

Les églises réformées, se voyant abandonnées par leurs alliés catholiques, et hors d'état pour le moment de soutenir seules une lutte, envoyèrent des députés à la cour ; le 14 mai, le roi leur accorda un nouvel édit de pacification, dont le principal bénéfice était l'acquisition d'Issoire comme place de sûreté pour les réformés. Merle eut donc l'honneur, en cette circonstance, de procurer à son parti cet important avantage, mais le profit fut pour un autre ; il reçut l'ordre de remettre Issoire entre les mains de M. de Chavagnac, ce qu'il fit dans le courant de juin.

Il n'avait pas lieu d'être satisfait : il avait, pendant plus de trois ans, mis au service des réformés son intelligence, son intrépidité, une activité infatigable ; il avait réussi au delà de toute espérance ; grâce à lui les églises réformées avaient acquis au centre de la France une place importante, qui plus tard ne put être reprise que par l'effort d'une armée entière. Mais, s'il ne retira aucune récompense (1), il acquit une grande réputation militaire, une situation prépondérante auprès de ses

---

(1) Il ne put pas être payé de la rançon de l'abbé d'Issoire, qu'il avait dû relâcher à la paix, ni des avances qu'il avait faites pour les troupes et pour les munitions ; les attestations de Chavagnac, les ordres de Thoré ne purent assurer ce paiement, dont il ne fut remboursé que quatre ans plus tard à Mende, par les ordres du roi de Navarre. (Lettres du 7 septembre 1576 et du 23 juillet 1580.)

coreligionnaires, l'estime et la bienveillante amitié du roi de Navarre et du prince de Condé. Il dut en outre remettre le Malzieu aux mains des catholiques. Il profita des loisirs que la paix lui faisait pour épouser dans la haute Auvergne Françoise d'Auzolles, fille de Guyot d'Auzolles, seigneur de Serre (1), et de Françoise de la Rochette. Le contrat est du 20 octobre 1576 à Roffiac (2); Merle y est qualifié de gouverneur de Marvejols; il avait alors vingt-huit ans. Voici le portrait qui en a été transmis : il était de taille moyenne, avec un corps épais et renforcé ; sa barbe et ses cheveux étaient d'un blond vif ; il portait de grandes moustaches retroussées ; ses yeux gris et vifs étaient cachés sous d'épais sourcils ; ses traits exprimaient à la fois la finesse et l'énergie ; une ancienne blessure le faisait boiter légèrement ; il était d'une force prodigieuse et supportait des fatigues extraordinaires, toujours le premier à l'assaut et au combat, et conservant dans les situations les plus périlleuses une présence d'esprit et un coup-d'œil extraordinaires.

---

(1) La maison d'Auzolles, d'une ancienne noblesse d'épée, a possédé les seigneuries d'Auzolles, de Roffiac, de Moissat, de la Peyre, à une faible distance aux environs de St-Flour. (Communication due à l'obligeance de M. A. Vernière, avocat à Brioude, qui a collaboré à une généalogie de la maison d'Auzolles.)

(2) L'acte fut passé devant M° Anthoine Chayrat, en présence de Raymond de la Trémolière, d'Aureilles, comte et *chanoine* de Brioude, de Chavagnac, seigneur d'Aubepeyre, etc. L'acte *est signé* de Merle ; on ne peut nier cette preuve notariée.

CHAPITRE III

Henri III ouvrit les États-généraux à Blois. La Ligue, qui se préparait depuis quelque temps sous l'inspiration des Guise et du roi d'Espagne, s'y déclara ouvertement; Henri III, effrayé de l'influence que la direction d'un si grand parti allait donner aux Guise, se fit lui-même déclarer chef de la Ligue. Il fut décidé que la religion catholique serait la seule du royaume et qu'on ferait un suprême effort pour soumettre les réformés.

On convint d'envoyer des députés au roi de Navarre en Guyenne et au prince de Condé à la Rochelle, pour les mettre en demeure de renoncer à la religion réformée; on espérait les ébranler par la persuasion ou par la crainte, mais ce fut inutilement. On fit également des propositions au maréchal de Damville, pour tenter de le détacher de l'alliance des réformés; on lui proposa la cession du marquisat de Saluces (1).

Mais les confédérés n'avaient pas attendu l'arrivée de

(1) *Histoire du Languedoc.*

ces députés pour se mettre en défense ; aussitôt qu'ils avaient eu connaissance des dispositions hostiles des États de Blois, ils s'étaient préparés à la lutte ; ils répondirent aux députés qu'ils demandaient seulement la paix et l'observation des derniers édits.

Merle reçut l'ordre de reprendre la campagne ; il quitta Marvejols avec une troupe nombreuse composée de soldats choisis et déjà éprouvés ; officiers et soldats avaient en leur chef une confiance aveugle, justifiée par ses succès antérieurs ; c'était une condition bien favorable pour de nouveaux succès. Il se dirigea vers le Malzieu, qu'il reprit par un coup de main ; il s'y arrêta peu de temps. Il était en Auvergne au commencement de février 1577 ; revenu dans Issoire, où commandait Chavagnac, il se concerta avec lui pour faire une entreprise qui étendît dans ce pays la puissance des réformés. Ils jetèrent les yeux sur Ambert, place aux confins de l'Auvergne et du Forez, où les circonstances leur permettaient d'espérer de se rendre les maîtres (1).

A une lieue environ d'Ambert, le seigneur du Lac possédait un château fort où il avait recueilli des soldats huguenots, à la tête desquels il inquiétait les catholiques du voisinage ; il protégeait les réformés d'Ambert ; par ces motifs il s'était attiré la haine des habitants de cette ville. Ils résolurent de faire une tentative pour se débarrasser de ce voisin incommode ; à cet effet ils demandèrent des secours à Jacques de Ste-Colombe, syndic de la noblesse du Forez. Ils se procurèrent du canon, ils

---

(1) Le récit de la prise et du siège d'Ambert est fait d'après l'enquête du 15 juillet 1577, dont une partie est citée aux pièces justificatives et d'après Villebois (*Rerum in Arvernia*).

armèrent tous les gens valides, et avec ces forces ils allèrent assiéger le château du Lac, dont ils s'emparèrent. Le seigneur du Lac réussit à s'échapper et à gagner Issoire, où, animé par la soif de la vengeance, il alla trouver Chavagnac et Merle, et leur soumit un projet pour s'emparer d'Ambert. Cette ville était une proie tentante par les richesses qu'elle contenait ; ses habitants se livraient à un commerce très étendu, ils avaient de nombreuses manufactures où l'on fabriquait des draps et du papier ; de plus, le moment était propice, car les principaux marchands étaient absents à cause des foires de Lyon et de Clermont-Ferrand où les avait appelés leur négoce.

Toutes ces circonstances étaient faites pour tenter Merle, qui cherchait une occasion de se signaler par quelque entreprise importante ; il accepta donc les propositions de du Lac et décida Chavagnac à le seconder. On donna à du Lac quelques soldats, avec lesquels il put reprendre son château et celui de Novacelle, qui en était voisin. Peu de jours après, quand tous les préparatifs furent terminés, Merle partit pour Ambert, il y arriva dans la nuit du 15 février ; le temps noir, obscur et pluvieux favorisait cette entreprise, en permettant aux huguenots de dissimuler leur approche. Ils se rangèrent dans les fossés avec leurs échelles, prêts à escalader les murs au premier signal ; mais la garnison, ayant entendu quelque bruit, fit des démonstrations, qui obligèrent à différer l'attaque. Pendant plusieurs heures les assaillants demeurèrent immobiles et glacés sous une pluie pénétrante. Enfin, quand Merle jugea la garnison sans méfiance et les habitants endormis, il fit dresser des échelles et put arriver sur les remparts. La résistance ne fut pas très sérieuse, car les soldats se réfugièrent dans le château, pendant que quelques habitants essayaient vainement de lutter ; vingt-cinq ou trente d'entre eux furent tués dans cette rencontre (1). Merle y perdit aussi quelques-uns des siens, et parmi eux un de ses lieutenants.

Restait à forcer le château ; cette entreprise aurait demandé du temps, et offrait du danger; il valait mieux parlementer. Merle choisit un soldat prisonnier, et l'envoya vers ses camarades, en lui promettant pour lui une récompense s'il réussissait, la mort s'il échouait ; pour ses camarades une capitulation honorable, les laissant sortir avec armes et bagages, et en cas de refus l'assaut et toute la garnison passée au fil de l'épée. Les assiégés effrayés ne purent ou n'osèrent résister et acceptèrent cette capitulation, qui laissa Merle complètement maître de la ville.

Ambert fut alors livré au pillage, les habitants riches furent rançonnés, les absents ne furent pas épargnés, leurs femmes et leurs enfants furent gardés en ôtage, jusqu'au paiement de leur rançon. Si les prêtres de la communauté, qui desservaient la basilique de St-Jean, ne furent pas victimes de la brutalité du soldat, c'est qu'ils parvinrent à s'enfuir ; mais la fureur de ces bandes licencieuses s'exerça sur les églises et les objets

---

(1) Il est dit dans l'enquête que ces vingt-cinq ou trente habitants furent tués dans la première rencontre ; mais aucune des nombreuses dépositions ne fait mention d'habitants tués plus tard de sang-froid, par ordre de Merle, sur un refus de payer rançon, comme l'affirme M. Imberdis dans son *Histoire des guerres religieuses en Auvergne*.

du culte : regardant comme des monuments d'idolâtrie tous les ornements des églises, ils brisèrent les autels, les statues, les tableaux, les vitraux, ils saccagèrent tout avec frénésie.

Merle, avec son activité ordinaire, songea à faire aux alentours des expéditions pour étendre son autorité, ravitailler sa troupe, et se faire redouter de ses ennemis. Olliergues, petite place à une faible distance d'Ambert, lui fut signalée comme un point où s'étaient rassemblées quelques forces catholiques (1). Il y envoya Montbrun, un de ses lieutenants ; dans la nuit les réformés pénètrent dans la place ; les habitants, appuyés par les soldats de la garnison, se précipitent sur les assaillants, qui hésitent. Merle n'est pas là pour relever leur courage ; ces attaques nocturnes réussissent au capitaine, parce qu'il y apporte une prudence, un courage, un sang-froid extraordinaires ; mais elles ne réussissent pas à tous comme à lui.

Dans une ville où l'on ne connaît pas les rues, les détours, les retraites, on craint d'être cerné, d'être pris à revers ; c'est ce qui arriva aux huguenots dans cette circonstance : ils s'effraient, se replient, laissant quinze morts et Montbrun prisonnier, qui fut massacré par des ennemis avides de vengeance. L'incendie, allumé pendant la lutte et favorisé par le vent, consuma un tiers d'Olliergues. Ceux des réformés qui avaient pu s'échapper cherchèrent à regagner Ambert ; mais sans chef, découragés par un échec, ils furent harcelés et presque détruits par les paysans du voisinage dans un lieu dit du Brugéron.

---

(1) Imberdis : *Guerres religieuses en Auvergne*.

La noblesse des environs d'Ambert s'était réunie sous les ordres de Ruffé, seigneur de Riols, pour combattre les huguenots ; des renforts avaient été demandés au gouverneur d'Auvergne, M. de Saint-Hérem. En attendant ces renforts, Ruffé voulut faire une reconnaissance ; à son approche Merle fit une sortie, et le repoussa si rudement, qu'il n'échappa que par une prompte fuite.

Saint-Hérem avait fait des préparatifs considérables pour venir au secours des catholiques et reprendre Ambert ; il avait fixé le rendez-vous à Marsac, petite ville près de là ; on y amenait tout le matériel nécessaire pour un siège, et les troupes commençaient à y arriver. Merle résolut de ne pas donner à ses ennemis le temps de compléter leurs préparatifs ; il se mit à la tête d'une forte colonne pour enlever Marsac ; mais au moment où il entrait dans les faubourgs de cette place, Chavagnac lui fit passer l'avis que Saint-Hérem approchait avec des forces supérieures. Sur cet avis Merle rentra dans Ambert ; il attendit du secours, que Chavagnac lui amena, et le douze mars il reprit son projet sur Marsac. Arrivé dès l'aube, il surprit d'abord les postes avancés, et franchit les premières défenses ; une action des plus chaudes s'engagea dans les rues, et paraissait devoir tourner à l'avantage des réformés ; mais Chavagnac, se flattant de cerner les catholiques, envoya de la cavalerie pour fermer les issues qui pouvaient leur permettre la fuite. Ce fut une faute : quand les catholiques virent que leur retraite était barrée, ils combattirent avec un redoublement d'énergie, qui changea la face du combat. Merle, à la tête des siens, faisait des prodiges de valeur ; tout fut inutile, il fallut ordonner la retraite, et l'effectuer à grand'peine, car la cavalerie de St-Hérem avait dispersé celle des huguenots et faisait sur l'infanterie les charges les plus vives. Le désastre eût été complet sans l'énergie et le sang-froid de Merle : quoique blessé au bras, il animait et encourageait ses soldats, les formant en rang serrés, et aucun effort ne put les entamer. De temps en temps, quand il était serré de trop près, il faisait volte-face, et la tête nue, car il avait perdu son casque dans la lutte, il s'élançait sur les plus téméraires et, quoique blessé, il leur faisait ressentir le poids de sa redoutable épée ; son cheval, épuisé par une blessure et par la fatigue, fléchissait à chaque pas. Merle put cependant atteindre Ambert ; cette retraite lui fit autant d'honneur qu'une victoire. Chavagnac fut encore plus mal traité ; il ne put rallier ses gens, et n'échappa lui-même que grâce à la rapidité de son cheval. La cavalerie catholique massacra un grand nombre de fuyards, et un officier fut fait prisonnier ; les réformés eurent environ deux cents hommes tués dans cette affaire.

Cet échec ne put décourager Merle, et quoique ses forces fussent réduites presque de moitié, il ne songea pas un instant à évacuer Ambert ; il fit au contraire tous les préparatifs nécessaires pour soutenir un siège ; il prit les mesures les plus énergiques pour débarrasser les murs et les bastions de tout ce qui pouvait nuire à la défense (1). Les faubourgs furent abattus ; on démolit, au grand regret des habitants, les fabriques et manufac-

---

(1) Enquête sur la prise de la ville d'Ambert.

tures nombreuses qui faisaient la richesse de ce pays ; on ne se contenta pas de renverser les maisons, on coupa tous les arbres, dont on fit des abattis pour barrer tous les accès, de telle sorte que l'ennemi ne pût trouver un seul point pour se mettre à l'abri des feux de la place. Tous les habitants d'Ambert, même les femmes, furent contraints de travailler aux retranchements ; les témoignages qu'ils produisirent après le siège, pour obtenir du roi un soulagement à leur misère, font connaître leurs souffrances et leurs angoisses, pendant qu'ils voyaient périr leurs biens, et qu'ils étaient réduits à des travaux continuels et pénibles, dont le résultat allait prolonger les horreurs d'un siège qui allait mettre leur ville à feu et à sang (1).

St-Hérem, encouragé par l'heureux résultat de son affaire de Marsac, résolut de presser le siège ; il demanda au roi des secours et de l'artillerie, qu'il obtint. Mandelot, gouverneur de Lyon, reçut l'ordre d'envoyer quatre canons et le régiment du comte Zara Martinengo. D'un autre côté, St-Vidal, gouverneur du Velay, amena cinq cents hommes ; avec ces renforts, l'armée catholique s'élevait à deux mille fantassins et un millier de cavaliers. Ces forces, comparées à celles dont Merle pouvait disposer, faisaient supposer que la lutte ne serait pas longue, et que toute résistance serait inutile. Merle montra que, s'il savait prendre les villes avec une poignée d'hommes, il savait de même les défendre.

St-Hérem commença par se débarrasser d'un ennemi qui pouvait gêner le siège : il amena du canon devant

---

(1) Enquête sur la prise de la ville d'Ambert.

le château, où le seigneur du Lac s'était retranché avec une vingtaine d'hommes ; cent coups de canon firent une large brèche et permirent l'assaut, qui fut repoussé ; mais la place n'était plus tenable. Du Lac s'échappa à la faveur de la nuit, et parvint avec sa petite garnison à s'enfermer dans Ambert (7 avril). St-Hérem rejoignit alors le comte Martinengo, qui avait déjà dressé une batterie du côté de la porte de Lyon, sur un plateau qui commande la ville. L'armée catholique, en prenant ses quartiers, acheva de détruire tout ce que les réformés avaient laissé ; ses déprédations furent grandes, et le pauvre paysan foulé se trouva ruiné par les deux partis (1). L'attaque fut complétée par l'établissement d'une autre batterie placée sur la rive gauche de la Dore. Battue des deux côtés, la ville n'avait que bien peu de défenseurs : la garnison se trouvait réduite à trois cents hommes, accrus de quatre-vingts hommes amenés de Chaudes-Aigues par le capitaine La Roche, qui parvint à forcer le blocus. Mais la résistance était dirigée avec tant d'énergie et de capacité, que les assiégeants avaient épuisé leurs munitions, ayant tiré quinze cents coups de canon, sans obtenir un résultat qui leur permît de tenter l'assaut ; ils durent envoyer à Lyon chercher de la poudre et des boulets. L'interruption des feux de l'artillerie ne suspendit pas la fusillade. Les assiégés imaginèrent de placer sur les remparts des statues arrachées aux églises ; leurs têtes, recouvertes de la coiffure du soldat, se montraient à travers les créneaux et servaient de cible aux assiégeants, qui brûlèrent beaucoup

---

(1) Enquête sur la prise de la ville d'Ambert.

de poudre contre ces images. Les assiégés n'avaient que des fauconneaux et des carabines de siège, mais ils avaient de bons pointeurs, et avec ces engins ils firent éprouver des pertes sensibles aux catholiques.

La garnison employait son temps, soit à diriger les réparations exécutées aux remparts par les habitants, soit à faire de vives et fréquentes sorties, dont le résultat fut très favorable ; pour les repousser, les catholiques durent se concentrer et renoncer à un blocus complet ; cela permit aux réformés de se ravitailler. Dans ces sorties plusieurs chefs catholiques furent blessés ; les plus marquants furent le marquis de Chattes, Ruffé, atteint au cou, St-Vidal, dont la cuisse fut traversée d'un coup de pique, et qui perdit sa bannière ; elle fut emportée et promenée dans les rues de la ville comme un glorieux trophée. Pendant l'action où cette bannière fut enlevée, les deux chefs, Merle et La Roche, se surpassèrent ; Merle électrisait ses compagnons par son audace, et sa lourde épée portait la terreur et la mort parmi les catholiques.

Quand les munitions furent arrivées de Lyon, l'artillerie recommença à battre les murailles et fit une brèche large de trois cents pas ; à mesure que le mur était abattu, on creusait derrière un fossé bordé par des pieux, puis on accumulait les matériaux propres à former des barricades. « Les habitants, grandement opprimés,
« étoient contraincts par leur propre personne et sans
« exception de s'employer aux bresches, qui se fai-
« soient par l'artillerie des catholiques, de faire des
« remparts, retranchements, fascinades et aultres forti-
« fications, ez quelles ils étoient contraincts de besoigner

« jour et nuict, au grand péril et hazard de la vie,
« mesmes aulcuns et en grand nombre auroient été
« emportés par les ruines de l'artillerie des catholiques,
« comme aussi de prendre balles de laine appartenant
« ez dits habitants, lits, papiers et aultres choses pour
« arrester le coup de la dite artillerie (1). »

Les catholiques se rendaient bien compte de la difficulté qu'il y aurait à donner assaut, et à franchir des obstacles d'un abord si difficile ; de plus, les soldats en tant de circonstances avaient éprouvé la vaillance de leurs ennemis, qu'ils ne pouvaient se décider à les attaquer à découvert et dans des conditions qui leur paraissaient si défavorables. St-Hérem se trouvait fort embarrassé, en présence de l'hésitation de ses soldats ; il eût recours à des troupes fraîches : il fit venir de Montbrison une compagnie de deux cent cinquante Picards, il leur promit double paie et le pillage, et les décida ainsi à marcher les premiers à l'assaut. Les autres soldats, stimulés par cet exemple, par des gratifications et des promesses, consentent enfin à les suivre, et l'assaut est décidé pour le 23 avril.

Ce jour-là les Picards s'élancent les premiers sur la brèche, défendue par les barricades improvisées ; mais à peine ont-ils essayé de les franchir que la voix de Merle retentit, donnant le signal d'une résistance furieuse. Les assaillants sont accueillis par une grêle de projectiles, pierres, grenades, huile et poix bouillantes ; la brèche est promptement encombrée de cadavres ; les survivants terrifiés reculent en désordre et

(1) Déposition de Damien Fage à l'enquête.

regagnent le camp sans que rien puisse les décider à revenir à la charge.

Deux autres attaques dirigées, l'une au midi, où commandait Chavagnac, l'autre au nord, où commandait le capitaine La Roche, n'eurent pas un meilleur succès; les assiégés se battirent en désespérés et les catholiques furent obligés de se replier après avoir éprouvé des pertes très sérieuses. Le colonel de Martinengo fut si grièvement blessé, qu'il mourut quelques jours après à la Charité, où se trouvait l'armée royale.

St-Hérem, découragé par cette résistance opiniâtre, par le mauvais vouloir de ses soldats rebutés, dut se résigner à lever le siège le 25 avril, après trois semaines d'efforts incessants et infructueux. Il laissa tout ce malheureux pays ravagé et dépouillé, dans un état de désolation indescriptible; l'intérieur de la ville offrait un aspect lamentable : tout portait la trace de la destruction, des murailles abattues, des maisons en ruines, des habitants sans ressources.

Merle, ayant reçu l'avis que l'armée royale allait arriver, jugea qu'il n'y avait pas moyen de tenir plus longtemps dans une ville épuisée et démantelée ; il se décida à l'abandonner. Il y laissa une petite garnison sous les ordres de Montredon, l'un de ses lieutenants.

Le capitaine La Roche était retourné à Chaudesaigues et Chavagnac était rentré dans son gouvernement d'Issoire, emmenant tous les hommes disponibles, afin de renforcer sa garnison. Ce n'était pas une précaution inutile, car il devait bientôt soutenir un siège terrible, assailli par toutes les forces catholiques sous les ordres du duc d'Anjou. Merle se dirigea vers le

Malzieu et Marvejols, y conduisant ceux de ses soldats qui avaient besoin de repos. Dans ces lieux, où il était le maître, il allait bientôt combler les vides que tant de combats avaient faits dans sa troupe, et attendre les événements, pour porter ses forces au point où elles pouvaient être le plus utiles.

A sa sortie d'Ambert, il traversa Olliergues et tenta de passer la Dore sur un vieux pont appelé le Pont-du-Diable ; mais il y rencontra une résistance inattendue : le seigneur de la Barge, chevalier des ordres du roi (1), possédait auprès de là le château de Meymont qui dominait le pays ; il était venu se poster avec ses gens d'armes auprès de ce pont, de manière à en rendre l'accès très périlleux. Outre le danger qu'il y avait à forcer ce passage, il était à craindre de s'engager la nuit dans une forêt qui couvrait la montagne de Tours : on pouvait y être surpris et taillé en pièces par les gens du pays, auxquels le tocsin donnait l'alarme du haut des tours de Meymont. Merle, d'un coup d'œil, reconnut ces obstacles, et renonça à franchir le pont ; il fit ranger sa colonne en bon ordre, puis se replia vers Gourpières et de là à Tours dont les habitants furent rançonnés.

Pendant ce temps, St-Hérem, humilié de son échec devant Ambert, faisait auprès du roi et du duc d'Anjou les démarches les plus pressantes pour que l'armée réunie à la Charité vînt venger les catholiques ; sa prière fut exaucée. On décida le siège d'Issoire : cette malheureuse ville, que Merle avait prise en une nuit, allait soutenir l'effort d'une puissante armée forte de quinze

---

(1) De la Barge, gouverneur du Vivarais, en remplacement de St-Chamond, frère aîné de St-Romain. (D'Aubais, *Guerres du Vivarais*.)

mille hommes, renforcée par trois mille hommes levés en Auvergne ; elle était commandée par le duc d'Anjou et, sous ses ordres, par les chefs les plus renommés du parti catholique, le duc de Guise, le duc de Nevers, le duc de Mercœur. L'avant-garde arriva le 20 mai 1577 devant la ville avec douze mille suisses ; le lendemain la ville fut sommée de se rendre ; Chavagnac répondit que les habitants étaient résolus à tout souffrir, plutôt que de rendre une place dont les édits avaient garanti la possession aux églises réformées.

L'attaque fut poussée avec une extrême vivacité, la défense fut soutenue avec acharnement (1); le siège se prolongea jusqu'au 13 juin, jour où la ville fut prise et saccagée. Il s'y commit des atrocités, qui surpassèrent toutes celles qui avaient été commises depuis le commencement des guerres civiles : les soldats, non contents de piller et d'incendier, massacrèrent inhumainement tout ce qui tomba sous leurs mains, sans épargner ni les enfants, ni les vieillards ; les femmes furent tuées après avoir été outragées ; les chefs et les ministres huguenots furent réservés pour être pendus, et Chavagnac n'échappa que par miracle. La ville fut détruite ; une colonne fut élevée sur ses ruines, sur laquelle on pouvait lire : « Ici fut Issoire. »

Hélas ! ces cruautés devaient plus tard amener des représailles cruelles ; les habitants de Mende en subirent malheureusement les conséquences.

Pendant ce siège, Merle, retiré au Malzieu, puis à Marvejols, avait rassemblé des forces assez importan-

(1) Voir pour les détails les *Annales d'Issoire* et les *Guerres religieuses en Auvergne*.

tes, mais bien insuffisantes pour secourir efficacement Issoire. Qu'aurait-il pu avec cinq ou six cents hommes, dont il disposait, contre une armée de près de vingt mille hommes ? Il resta immobile, la rage dans le cœur, en apprenant les traitements atroces infligés à ses amis, et recueillit ceux d'entre eux qui avaient pu s'échapper ; Montredon fut du nombre.

En Languedoc, le maréchal Damville, fatigué des exigences des réformés, choqué des prétentions des églises, prêta l'oreille aux propositions de la cour et rompit l'union (1). Thoré, son frère, que les églises avaient choisi pour leur général, chercha vainement à le dissuader ; il lui fit observer le peu de confiance que méritaient des avances faites par les ennemis de sa maison ; il lui montra le dessein arrêté de le dépouiller de son gouvernement, et de partager ses dépouilles entre le vicomte de Joyeuse et le maréchal de Bellegarde, le premier lieutenant-général de la province, le second que le roi avait envoyé en Languedoc pour y commander une partie des troupes et diminuer ainsi l'influence du gouverneur. Toutes ces observations demeurèrent sans effet, Damville persista dans sa résolution. Aussi les réformés prirent leurs mesures en conséquence : Saint-Romain se rendit maître d'Aiguesmortes ; Châtillon (2), gouverneur de Montpellier, en expulsa la maréchale de Damville ainsi que les principaux catholiques. Damville irrité, vint assiéger Montpellier, mais ses troupes étaient peu nombreuses ; il demanda du secours au maréchal

---

(1) *Histoire du Languedoc*, tome IX.

(2) François de Coligny, comte de Châtillon, fils aîné de l'amiral de Coligny.

de Bellegarde, qui ravageait les environs de Nîmes, et il n'en put rien obtenir; il eut plus à se louer du vicomte de Joyeuse, qui lui amena des renforts.

Pendant tout le mois de juillet 1577, Châtillon soutint le siège, puis il pensa être plus utile aux assiégés en allant lui-même chercher du secours. Il employa si bien son temps, qu'au bout d'un mois il avait réuni une armée de quatre mille hommes de pied et de cinq cents chevaux ; il avait avec lui Thoré, général des réformés du bas Languedoc, Henri de Bourbon-Malause, vicomte de Lavedan, avec les contingents de la haute Auvergne, et Merle avec six cents hommes des Cévennes. Le 24 septembre 1577, ils arrivèrent près de Montpellier au village de Mauguio. Le lendemain, les réformés se mirent en bataille ; Thoré, pour ne pas combattre son frère, fut invité à se retirer. L'avant-garde était commandée par Châtillon avec Merle sous ses ordres ; ils s'avancèrent vers le Lez pour franchir la rivière sur le pont Castelnau. Damville, qui était campé auprès, avait mis une partie de son artillerie au Crès, lieu situé sur une petite montagne de rochers rompus, et sa cavalerie légère dans le vallon ; il fallait forcer l'armée catholique pour passer le pont. Châtillon détache aussitôt quelque infanterie pour attaquer l'infanterie catholique, qui repousse d'abord vigoureusement l'attaque. Merle est là, il excite l'ardeur de ses soldats, les entraîne par son exemple et force les catholiques à lâcher pied et à rejoindre le gros de l'armée. Au bout d'un instant ceux-ci reviennent à la charge pour reprendre l'importante position du Crès ; Châtillon accourt pour appuyer les siens, qui combattaient près du Lez ; deux fois les catholiques reprirent et perdirent cette position. Enfin, après un combat de quatre heures où il périt bien du monde des deux côtés, et où Merle fut grièvement blessé d'une arquebusade, Châtillon resta maître du terrain et força les catholiques à se replier en désordre sur le pont de Castelnau ; les réformés se précipitèrent à leur poursuite et franchirent le pont après eux. Châtillon put pénétrer dans la ville et y faire entrer des approvisionnements. Le lendemain les deux armées étaient en présence, prêtes à recommencer la lutte, quand La Noue arriva fort à propos avec l'édit de paix conclu à Bergerac en Périgord le dix septembre 1577 (1).

Par cet édit, les réformés gagnèrent de nouvelles places de sûreté, des chambres de justice mixtes et un plus ample exercice de leur religion. Montpellier leur resta avec Châtillon pour gouverneur, ainsi qu'Aygues-Mortes, qui fut confiée à St-Romain.

Cette paix ne fut qu'une trève armée et fort mal observée, car elle était à peine conclue, que déjà les deux partis y portaient atteinte par des actes de violence et par des entreprises de toutes sortes.

Merle, après la bataille de Montpellier, avait repris le chemin des Cévennes et s'était rendu à Uzès chez son frère aîné pour s'y faire soigner de sa blessure ; il y passa une quinzaine de jours (2).

Le 28 avril 1578, le roi de Navarre voulut témoigner

---

(1) *Histoire du Languedoc*, tome IX.

(2) Ce séjour à Uzès est constaté dans un acte contenant une obligation de trois cents livres souscrite le 8 octobre 1577 par Mathieu de Merle à son frère Antoine, afin de le dédommager de la dépense faite pour lui, ses valets et ses chevaux, pendant ce séjour. — Acte passé devant Guillaume Rossière, notaire royal à Uzès. (Nos archives).

à Merle sa satisfaction pour les services qu'il lui avait rendus, en même temps qu'à la cause des réformés : il l'admit au nombre des gentilshommes de sa maison (1). Cette distinction était l'aveu de la conduite et des actes de Merle ; personne ne pouvait regarder comme un aventurier celui que le prince rangeait au nombre de ses serviteurs et admettait dans l'intimité de sa maison.

Ce n'était pas pour lui donner la tâche oisive des chambellans, mais bien pour se servir activement de son épée : il lui donna des ordres « pour s'emparer de quelques places et villes fortes (2). »

Merle mit à exécution un projet formé avec le vicomte de Lavedan (3), de faire dans la haute Auvergne un établissement important, afin de se ménager un facile accès dans la vallée de la Dordogne, et de mettre par là en communication les réformés des Cévennes et d'Auvergne avec la Guyenne, où Henry de Navarre était le maître. Merle connaissait parfaitement ce pays-là, car Auzolles, où il s'était marié, était à une faible distance à l'ouest de St-Flour, et Chaudes-Aigues, où commandait La Roche, n'était guère plus éloigné au midi.

---

(1) Voir aux pièces le brevet de cette charge.

(2) Lettre de Merle du 23 juillet 1580, faisant allusion à ces ordres.

(3) Le vicomte de Lavedan était issu d'une branche illégitime de la maison de Bourbon ; il avait pendant les guerres précédentes étendu son autorité sur Vic, Chaudes-Aigues, Mauriac. Il avait soutenu un long siège dans sa forteresse de Miremont, où l'on avait admiré les prouesses de sa belle-mère, Madeleine de St-Nectaire. Cette héroïne, semblable à celles du Tasse, combattait couverte d'une armure et croisait le fer avec les plus braves chevaliers. Ses exploits firent dire à Henry de Navarre : « Si je n'étais pas roi, je voudrais être Magdeleine de St-Nectaire. » (*Guerres religieuses en Auvergne*).

Vic-sur-Cère, point intermédiaire entre St-Flour et Aurillac, avait paru un lieu favorable pour y amasser les munitions de guerre et de bouche nécessaires à la réalisation de tous ces desseins. Merle y fit conduire un convoi, qu'il escortait lui-même avec quelques cavaliers. Les catholiques, sous les ordres de Neyrebrousse, ayant été avertis, s'embusquèrent dans un défilé et couronnèrent les hauteurs. Quand le convoi fut engagé dans ce passage difficile, un feu nourri de mousqueterie arrêta les huguenots; impossible de faire reculer le convoi. Merle prend rapidement son parti, il donne l'ordre de couper les traits, afin de permettre aux mulets de s'échapper ; il commande à ses cavaliers de tourner bride, de faire feu de leurs pistolets, en visant de préférence les chevaux de leurs ennemis, puis de se faire jour au galop. Ses ordres sont exécutés ; quoique repoussés deux fois, les réformés finissent par faire une trouée, et se sauvent à toute bride, en laissant une vingtaine des leurs sur le carreau.

La poursuite ne fut pas longue, car les catholiques avaient hâte de s'emparer du convoi ; en vain Neyrebrousse veut les entraîner, pour compléter sa victoire ; les soldats ne l'écoutent pas, ils sont pressés d'aller faire du butin et tournent bride. Merle devine leurs projets, il s'arrête, rallie ses cavaliers, leur communique ses intentions ; il veut reprendre son convoi, il suppose avec raison que ses ennemis, occupés à piller et à boire, sont en désordre, qu'ils ne sont point sur leurs gardes, et qu'il sera aisé de les surprendre. Ces prévisions étaient justes ; les catholiques ayant trouvé des liquides sur les chariots se sont gorgés de vin et d'eau-de-vie, ils sont désarmés. Merle arrive au galop, ne leur donne pas le temps de se reconnaître ; ses cavaliers sabrent tout ; Merle tue de sa main Neyrebrousse qui, avec quelques gentilshommes, essayait de se défendre ; le plus grand nombre est massacré et le reste est fait prisonnier (1).

Quelque temps après, dans la nuit du 9 au 10 août 1578, Merle tenta de surprendre St-Flour, ville épiscopale située dans une position très forte, grâce à l'escarpement de la montagne ; le côté accessible était défendu par deux enceintes de murailles et par une forte tour. A la faveur d'une nuit obscure, il fait appliquer des échelles contre les murs, et parvient dans la ville, dont il se croit déjà maître ; mais l'alarme est donnée. Le consul Brisson Chaumette accourt et fait preuve d'un grand sang-froid et d'un grand courage ; il fait sonner le tocsin, il appelle aux armes, il anime les citoyens qui se présentent, il se met à leur tête et charge l'ennemi qu'il tient en échec ; pendant ce temps le reste des habitants vient fortifier la résistance. Le danger devient menaçant pour les réformés ; Merle d'un coup d'œil voit qu'il est impossible de poursuivre son entreprise, il donne l'ordre de la retraite. Il eut grand'peine à regagner ses échelles ; son frère aîné, dit le Rouan, ne put les atteindre et dut sauter du haut des murs dans le fossé. Cette entreprise malheureuse mit un terme à sa campagne dans la haute Auvergne. Il retourna dans son gouvernement de Marvejols, où il dut rester plus d'une année au repos, car aucun acte de guerre ne signale sa vie depuis l'attaque de St-Flour jusqu'à la prise de Mende.

(1) Villebois.

Si Merle resta au repos, ce fut assurément par l'effet des ordres du roi de Navarre, car, de lui-même, il ne demandait qu'assauts et batailles ; mais la reine-mère, Catherine de Médicis, avait résolu de faire exécuter l'édit de Poitiers, et d'amener une pacification réelle. Pour cela, elle avait entrepris un voyage en Guyenne et en Languedoc, afin de conférer avec son gendre et de l'amener à embrasser le parti du roi. Elle arriva à Bordeaux au milieu d'août 1578 ; le roi de Navarre la reçut magnifiquement, mais refusa de traiter sans l'assentiment des églises réformées, qui furent convoquées à Montauban ; on ne put s'y entendre. Tous ces pourparlers, toutes ces menaces de guerre prochaine étaient entremêlés de fêtes, de chasses, de bals, de festins. Selon son habitude, la reine-mère avait amené avec elle les plus jolies femmes de la cour, et les seigneurs huguenots, à l'exemple de leur maître, quittaient l'air austère que leur imposait la rigueur de leurs fanatiques coreligionnaires, pour prendre l'humeur galante de la cour. On fit une autre convocation à Lille en Jourdain pour le mois de novembre (1).

Les églises du bas Languedoc se réunirent à Sommières le 18 novembre pour nommer des députés : ce furent le seigneur de Pourcairès, gentilhomme du roi de Navarre, des Vignolles, conseiller au siège présidial de Montpellier, et de la Place, ministre à Montpellier. Elles donnèrent à ces députés des instructions où l'on retrouve bien définies les prétentions d'un parti qui voulait être un Etat dans l'Etat et substituer l'état républicain à l'état monarchique.

---

(1) *Histoire du Languedoc*, tom. IX, pag. 145.

Les assemblées des églises n'avaient assurément rien de théologique : c'était de véritables assemblées politiques, usurpant hardiment tous les attributs de l'autorité souveraine ; elles choisissaient les généraux, levaient des troupes, appelaient des mercenaires étrangers, inondant la France de reîtres pillards et féroces ; elles levaient des impôts, forçaient le roi à leur donner des places fortes, où elles bravaient son autorité ; elles réclamaient des magistrats et des tribunaux spéciaux, et dans les lieux où elles dominaient elles maltraitaient les catholiques.

On peut voir par le mémoire des églises réunies à Sommières que les magistrats catholiques avaient dû quitter leurs sièges à Montpellier, à Nîmes et à Marvejols, où les réformés étaient les maîtres ; ceux de Montpellier étaient allés à Frontignan, ceux de Nîmes à Villeneuve-les-Avignon, ceux de Marvejols à Mende ; mais cet éloignement, en soustrayant ces magistrats à leur oppression, leur déplaisait et elles réclamaient, pour qu'ils fussent contraints de réintégrer leurs sièges. Au milieu de ces multiples exigences des assemblées, apparaissaient les prétentions individuelles des chefs, qui naturellement ne s'oubliaient pas. M. de Thoré se contentait d'une ville forte d'où il pût braver l'autorité royale ; M. de Châtillon ne se trouvait pas suffisamment pourvu avec son gouvernement de Montpellier : il y voulait des troupes plus nombreuses entretenues aux frais du roi, des dédommagements pour la perte de la charge de grand amiral et une foule d'autres compensations.

Après toutes ces réclamations pour se soustraire à

l'autorité du roi, il est vraiment plaisant de voir les églises recommander à leurs députés : « de pourvoir à
« ce que ne soit aucunement esbranlée ou esmeue la
« bonne opinion que le roy, les roynes, Monsieur et
« messeigneurs les princes du sang doibvent avoir d'el-
« les, et particulièrement des principaux de la religion
« réformée, qui ont eu charge et maniement des affaires
« des dites églises ; voulant encore renouveller le bruit
« qui s'estoit faict durant les troubles, qu'*elles tendoient*
« *à se dresser et mettre en république* pour secouer
« le joug de leur naturelle subjection et se soubstraire
« de l'obeyssance de leur prince. Lesdits sieurs de Pour-
« caires, des Vignolles et de la Place sont très expressé-
« ment chargés d'en faire toutes les remonstrances,
« protestations et déclarations et supplications requises
« en cas de telle importance, et comme de ceulx qui
« ont toujours témoigné le contraire en toutes leurs
« paroles, actions, négociations et comportements
« depuis le commencement des troubles et jusques à
« présent ; dire, promettre et asseurer au nom de tous
« ceulx de la religion audit païs en général et en parti-
« culier qu'ils sont résolus de persévérer, vivre et
« mourir en cette légitime vocation, affection saincte et
« obeyssance de vrais et naturels subjects, avec le roy
« leur prince et souverain seigneur et après luy les vrais
« successeurs de cette couronne et tous autres ayant
« pouvoir et autorité de sa Majesté (1). »

Les conférences, commencées à Lille en Jourdain, se terminèrent à Neyrac, où le roi de Navarre tenait ordi-

---

(1) Voir aux pièces Mémoire des églises réunies à Sommières.

nairement sa petite cour ; il y conduisit la reine-mère. Après quelques pourparlers, on y signa une nouvelle paix, le dernier jour de février 1579. Les réformés y gagnèrent onze places de sûreté en Languedoc : Rével, Alet, Briateste, Alais, St-Agrève, Bays-sur-Bays, Bagnols, Lunel, Sommières, Aymargues et Gignac, sans compter Montpellier et Aigues-Mortes, qui leur avaient été accordés par le précédent édit (1).

L'année s'écoula dans des défiances réciproques, qui entraînaient de continuelles infractions à la paix. Le duc de Montmorency (2) leva des troupes pour contenir les réformés en Languedoc et reprendre quelques places dont ils s'étaient emparés. Le roi de Navarre, pour arrêter ces conflits, proposa au maréchal une nouvelle conférence; elle fut acceptée. Le roi y envoya le seigneur de Rambouillet; la réunion eut lieu à Mazères. Mais les affaires, au lieu de s'y arranger, traînèrent en longueur et les pourparlers n'aboutirent qu'à des récriminations et à des protestations qui cachaient l'intention bien arrêtée de recommencer la lutte.

---

(1) *Histoire du Languedoc.*

(2) Damville était devenu duc de Montmorency par la mort de son frère aîné.

CHAPITRE IV

Vers le milieu de décembre 1579, Merle recevait des ordres pour s'emparer de Mende (1); Châtillon fut chargé de surveiller l'exécution de ces ordres, et se rendit à cet effet à Milhau en Rouergue, fuyant en même temps la peste, qui régnait à Montpellier (2).

Bonnicel, troisième consul de Mende, voulant se venger à l'occasion d'un jugement rendu contre lui, proposa à Merle de lui livrer la ville ; Merle accueillit ce traître, examina sa proposition, la reconnut praticable, et prit ses mesures pour l'exécuter.

Le 24 décembre 1579 il partit de Marvejols ; ses lieutenants étaient Rouan, son frère aîné, Pierre d'Auzolles, seigneur de la Peyre, son beau-frère, Montredon, etc., tous gens éprouvés dans de nombreuses rencontres. Il arriva au milieu de la nuit devant les

---

(1) Lettre de Merle au roi de Navarre rappelant ces ordres, avec réponse du roi du 23 juillet 1580.

(2) *Histoire du Languedoc.*

murs de Mende. Une cloche énorme, que les habitants appelaient *la non-pareille*, sonnait à toute volée, pour annoncer la fête de Noël et la messe de minuit ; les soldats, effrayés d'abord de cette sonnerie, se rassurèrent, quand Bonnicel leur eut dit : « Ces idolâtres « sonnent les cloches pour célébrer la nativité de Jésus- « Christ ». Les murailles furent rapidement escaladées ; les réformés pénétrèrent sans obstacle dans la ville. Quelques gens de cœur, ayant à leur tête le bailli de Mende, le seigneur de Boisverdun, tentèrent une résistance courageuse, mais ils furent massacrés ; d'autres habitants, avec Robert de Verdillan, deuxième consul, s'étant retranchés dans une tour, furent forcés et mis à mort ; deux cents personnes environ périrent dans cette première rencontre. La ville fut alors livrée au pillage et aux excès d'une soldatesque effrénée ; la mort de plusieurs prêtres tués avec des raffinements de barbarie servit de représailles aux cruautés commises à Issoire par les catholiques, et vengea la mort des deux ministres, qui y avaient été pendus. On ne peut que gémir sur de pareils excès, mais il est impossible de les juger avec sang-froid et impartialement, sans s'être rendu compte de la surexcitation des esprits et de la violence des passions dans ces temps néfastes. Comme à Issoire le pillage dura trois jours, après lesquels la ville fut mise à rançon (1).

M. de Châtillon arriva de Milhau le cinquième jour, accompagné des seigneurs de Milleron et de Brique-

---

(1) *Intendit* de 1581, archives de Mende ; — M. de Burdin, *Documents historiques du Gévaudan* ; — M. André, archiviste de la Lozère, *Notice* sur le capitaine Merle et son séjour à Mende.

mault(1); la promptitude de cette arrivée indique clairement sa connivence dans la prise de Mende. Bien qu'en arrivant il se donnât le rôle de modérateur, il ne négligea pas ses intérêts : il continua à faire prisonniers tous les ecclésiastiques et les habitants en état de racheter leur liberté.

Parmi tant d'objets qui périrent détruits ou pillés, on doit regretter les richesses inestimables que contenait la cathédrale. Le pape Urbain V (Grimoard), originaire du Gévaudan, l'avait enrichie des dons les plus précieux ; des évêques riches et puissants avaient multiplié à l'infini les richesses des autels et de la sacristie ; reliquaires et joyaux sans prix, calices, ciboires en or enrichis de pierreries, ornements sacerdotaux en drap d'or ou d'argent, en soieries finement brodées, tapisseries de haute lisse et de Turquie, le tout estimé plus tard dans l'enquête dite *Intendit* plus de trente mille écus, tout fut la proie du vainqueur.

On peut aisément se figurer la douleur que ressentit Mgr de Beaune, évêque de Mende et comte du Gévaudan, quand la nouvelle de ce désastre lui parvint ; il était retenu auprès de Monsieur, duc d'Anjou, par ses fonctions de chancelier. Plusieurs lettres, parmi lesquelles on remarque les réponses du prince de Condé à l'évêque et à la princesse de Condé douairière, sa belle-mère (2), témoignent du zèle que ce prélat déploya pour obtenir aide et protection, et délivrer sa ville épiscopale des ennemis qui l'avaient envahie et mutilée.

---

(1) Milleron et Briquemault appartenaient à la maison de Beauvais.

(2) Ces lettres sont reproduites aux pièces justificatives après les documents émanant des archives de la maison de Lagorce.

Ses plaintes au duc d'Anjou et à la cour, ses supplications auprès des chefs réformés n'eurent pas grand succès, et ne lui valurent que des compliments stériles et des protestations illusoires. En paroles on ménageait soigneusement ce prélat, ministre de l'héritier de la couronne, avec lequel il faudrait peut-être compter un jour; mais en réalité, soit impuissance, soit indifférence, soit mauvais vouloir, aucun acte ne répondit aux bonnes paroles dont on le caressait. Le prince de Condé ne craignait pas, pour lui plaire, de désavouer les amis auxquels on va le voir bientôt prodiguer les assurances d'amitié et les offres de service; il est vrai que les circonstances allaient lui rendre leur concours indispensable. En attendant, il assurait l'évêque, qu'ils étaient des séditieux et des coupables, méritant d'être punis selon leur démérite; s'il ne le faisait pas lui-même, c'est que son pouvoir n'allait pas jusque-là; mais il allait écrire à son cousin M. de Châtillon, afin de le prier de tout faire pour être agréable à Monseigneur l'évêque de Mende et lui conseiller de se départir d'une telle compagnie. Du côté de la cour, le prélat ne fut pas plus heureux; on n'avait aucun moyen actuel de le servir efficacement; on se débarrassa de ses plaintes en lui promettant l'archevêché de Bourges, dont il fut pourvu en juillet 1581.

Châtillon chercha en effet à se départir de cette compagnie; ce ne fut pas pour être agréable à l'évêque, mais bien pour servir ses intérêts particuliers : Mende et le Gévaudan excitaient sa convoitise, il eût été bien aise de se les approprier. Pour se dédommager des pertes que sa maison avait essuyées, il forma le dessein de garder pour lui ce que Merle avait conquis à la pointe de son épée, et il l'exécuta par une trahison indigne du nom qu'il avait l'honneur de porter.

Il n'eut pas de peine à décider Merle à sortir de Mende pour guerroyer aux alentours ; une expédition fut résolue contre Balsièges, château appartenant à l'évêque. Châtillon et Merle y conduisirent, dans les premiers jours de février, une grosse troupe soutenue de plusieurs canons ; l'artillerie battit douze jours la place sans succès ; outre ses défenses naturelles elle fut secourue par le capitaine Costeregord, logé à Chanac avec des forces catholiques. Merle alla prendre Chastelnouvel, place appartenant au chapitre de Mende. Pendant ce temps Châtillon, ayant pris prétexte d'aller chercher du renfort, se rendit à Mende ; il intimida ou séduisit la garnison par son titre de général des églises, et intrigua si bien, qu'il obtint d'en faire fermer les portes à Merle (1). Cette trahison ne lui valut pas longtemps le profit qu'il en espérait ; Merle opposa la ruse à la ruse, et lui apprit que, même sur ce terrain, il ne se laissait pas battre. Pour endormir ses défiances et lui laisser supposer qu'il renonçait à tout projet sur Mende, il ne témoigna aucun mécontentement, et alla assiéger le château du Bois, dont il s'empara ; puis, ayant su que Châtillon n'était plus à Mende, il s'approcha de cette ville avec une faible escorte d'une vingtaine de cavaliers. Il avait eu le soin de faire déferrer quelques chevaux ; il demanda aux portes un maréchal pour les ferrer ; il avait si peu de monde qu'on ne prit pas ombrage de sa demande. Non

---

(1) Gondin, *Exploits du capitaine Merle.*

seulement on consentit, mais on lui offrit une collation ; voyant la porte ouverte, il s'élance avec les siens dans les rues ; les soldats crient : Vive Merle ! Ce cri retentit dans le cœur des soldats de la garnison, qu'on avait pu un instant séduire, mais qui étaient restés attachés à leur ancien chef ; ceux qui étaient dans les tours les rendirent, et en quelques instants Merle se retrouva maître de Mende ; il fit saisir les capitaines la Roche et la Garde, qui commandaient en l'absence de M. de Châtillon, et au lieu de leur infliger le supplice dû à des traîtres, il les mit dehors sans excès.

Châtillon et Merle portèrent leurs plaintes au roi de Navarre. En attendant sa décision, Merle s'établit solidement dans la ville ; pour augmenter son artillerie, il fit rompre les cloches de la cathédrale et des différentes églises ; elles étaient nombreuses et fort lourdes, il en tira deux canons et deux couleuvrines avec une grande quantité de boulets ; puis il alla ranger à son obéissance tous les châteaux forts des environs, le château de la Grèze à M. de Fabrèges, les châteaux du Cayla, de Combettes, de Serverette ; et par ce moyen il mit en tel effroi les habitants du Gévaudan, que tout tremblait et pliait sous sa domination. Ces expéditions l'occupèrent tout le printemps de l'année 1580. Pendant ce temps les notables du pays s'étaient réunis à Chanac, pour y convoquer toutes les forces catholiques ; on fit appel à St-Vidal, gouverneur du Velay, pour tenter un effort vigoureux qui débarrassât le pays du joug des réformés.

Merle insistait auprès du roi de Navarre pour avoir l'autorité suffisante et les moyens de résister aux attaques qui se préparaient contre lui. Il eut satisfaction : il reçut le 26 juillet la réponse de ce prince, qui lui donnait amplement raison contre M. de Châtillon ; par des lettres patentes il le nommait gouverneur de Mende, et l'autorisait à lever cent chevau-légers, cinquante arquebusiers et deux cents hommes de pied.

Il n'est pas possible de lire la lettre du roi de Navarre sans se rendre à l'évidence d'une approbation complète pour tout ce que Merle avait fait et d'une invitation à persévérer : « J'ay entendu, lui dit-il, tout ce qui s'est
« passé à la prinse et reprinse de Mende, là ou je désire
« que vous commandiez et soyez obéi, estant très
« raisonnable que vous jouissiez du fruict de vos la-
« beurs et que vous ayez moïen et occasion de con-
« tinuer au service du party, ainsi que vous avez fait
« jusques à cette heure, en quoi faisant vous cognoistrez
« par effect comme j'ay en singulière recommandation
« les personnes de valleur et qui me sont affectionnés
« serviteurs comme je sais que vous estes..... Faites
« estat que je n'oublierai jamais vos bons services.....
« Vostre bon maistre et assuré amy, HENRY (1). »

Merle, en exécution de ces ordres, fit des levées d'hommes et d'argent, afin de se mettre en état de soutenir la lutte contre les catholiques, qui cherchaient à s'organiser pour le combattre, et regagner le terrain qu'ils avaient perdu ; les seigneurs de St-Vidal, gouverneur du Velay, et d'Apchier, un des principaux barons du Gévaudan, les avaient, au mois de juillet, convoqués

---

(1) Voir aux pièces la lettre du roi de Navarre du 26 juillet et les lettres patentes du 25.

à Saugues pour délibérer sur le parti à prendre ; ils réunirent des troupes ; ils firent des levées en argent et en nature, qui achevèrent de ruiner le pays déjà dépouillé par les réformés ; ils amenèrent leurs forces à Chanac, place forte près de Mende ; de là ils envoyèrent un trompette à Merle pour le sommer de se rendre, lui faisant dire que, s'il n'obéissait pas, ils le forceraient et le tailleraient en pièces. Le capitaine, après avoir fait boire le trompette, lui dit de bien noter sa réponse, et de la rapporter exactement : « Les dits seigneurs l'avaient
« souvent menacé de ce siège et de cette belle armée :
« il lui tardait fort de les voir, mais s'ils ne tenaient pas
« parole de le venir chercher, il irait lui-même les
« trouver (1). »

Cette réponse excita la risée et le dédain des catholiques ; mais ils eurent bientôt la preuve qu'elle était sérieuse, et ils l'apprirent à leurs dépens.

En effet, quelques jours après, Merle partit de Mende sur les dix heures du soir avec cent cuirasses à cheval et deux cents arquebusiers pourvus de pétards ; arrivé près de Chanac, il fait mettre pied à terre à une partie de ses cavaliers, laissant le reste pour la garde des chevaux ; avec ses hommes il s'approche, fait donner des coups de pétard à la porte située du côté de Marvejols ; ces pétards firent si grand effet qu'ils blessèrent ou tuèrent beaucoup de catholiques campés dans la rue et formant corps-de-garde ; un grand désordre et une panique s'en suivirent ; ce fut un sauve-qui-peut général, et si

---

(1) De Burdin, *Documents historiques du Gévaudan*. — Gondin, *Exploits du capitaine Merle*.

les gens de Merle ne s'étaient pas amusés à piller et à prendre des chevaux, ils auraient forcé et pris les chefs catholiques dans la ville qui était située entre le château et le faubourg. Merle, voyant le danger qu'il y aurait eu à pousser plus loin son attaque, fit sonner la retraite, content d'emmener deux cents chevaux et d'avoir infligé cette humiliation à ses ennemis.

Cette vigoureuse attaque jeta les catholiques dans de grandes perplexités ; ils hésitaient à assiéger dans Mende le hardi capitaine avec des forces relativement insuffisantes ; St-Vidal n'avait pu oublier le siège d'Ambert, ce qu'il y avait souffert, l'échec subi malgré tant d'efforts inutiles, ni la défense héroïque de Merle contre des forces bien supérieures à celles dont on pouvait disposer en ce moment.

Saint-Vidal, en présence de ces hésitations, résolut d'utiliser ailleurs les troupes qu'il avait sous la main ; le 12 septembre il alla mettre le siège devant St-Agrève en Vivarais, dont il se rendit maître après quinze jours de lutte (1).

Les catholiques du Gévaudan s'étaient ajournés à Saugues pour le mois d'octobre ; réunis de nouveau à cette époque, ils mirent en délibération le parti à prendre ; leurs forces ne s'étaient point accrues, le roi n'avait pu leur envoyer aucun secours, il leur avait même conseillé de remettre le siège de Mende au printemps suivant. Dans ces conditions, il leur parut impossible de former à l'entrée de l'hiver une entreprise qu'ils avaient jugée impraticable pendant la belle saison, d'au-

---

(1) Vinols de Montfleury, *Guerres de religion en Velay*.

tant plus que la troupe de St-Vidal s'était considérablement affaiblie, plusieurs de ses compagnies s'étaient débandées, beaucoup de soldats étaient blessés, et les autres étaient harassés de fatigue. En conséquence, il fut résolu que les sièges de Mende et de Marvejols seraient ajournés au printemps suivant, que l'artillerie et les munitions seraient conduites et renfermées au Puy-en-Velay, comme dans le lieu le plus fort et le plus assuré de ces parages ; que, selon l'intention de Sa Majesté, ces munitions seraient données en garde à un notable personnage du Puy, après un loyal inventaire, et que la partie de ces munitions prise par Saint-Vidal pour le siège de St-Agrève serait promptement remplacée par les habitants du Puy (1). Saint-Vidal fut chargé de maintenir la sécurité dans le Gévaudan, en tenant la campagne avec sa compagnie de gendarmes, deux ou trois cents arquebusiers et les compagnies des capitaines Beauregard et Gibrat, qui se trouvaient à Chanac avec deux cents autres arquebusiers.

Les États de Saugues, outre ces instructions pour les opérations militaires actuelles ou futures, réglèrent tout ce qui avait rapport aux munitions en distinguant soigneusement celles qui devaient être réservées pour les sièges projetés d'avec celles qui devaient servir actuellement.

Malgré les moyens qu'on venait de mettre à sa disposition, St-Vidal ne mit pas grand obstacle aux entreprises de Merle dans le Gévaudan ; il n'intervint que plus tard pendant le siège de Bédouès, et encore ce fut d'une manière inefficace (2).

---

(1) Burdin, *Documents historiques.*
(2) Gondin.

Merle eut donc toute latitude pour soumettre toute la province à sa domination, et s'emparer du gouvernement de tout le Gévaudan ; pendant l'automne il prit et fit démolir les châteaux de Recoulettes, Balsièges et Montialoux.

Il s'empara également des châteaux de la dame de La Vigne, du seigneur de Tournel, du seigneur de Montesquieu et du seigneur de Malevieilhe (1).

La paix s'étant conclue à Fleix le 26 novembre 1580 entre le roi de Navarre et le duc d'Anjou, qui représentait le roi, la reddition de Mende fut l'une des principales conditions de ce traité. Il y a tout lieu de croire que Mgr de Beaune dut insister auprès de son maître pour mettre en première ligne cette restitution ; d'ailleurs le duc d'Anjou, pressé d'en finir pour aller prendre possession du gouvernement des Flandres, avait fait les concessions les plus amples et les plus favorables au roi de Navarre, qui avait, lui aussi, hâte de voir ce traité se réaliser. En conséquence il envoya des instructions à Merle par M. d'Aramon (2), pour le préparer au sacrifice qu'il allait lui demander ; il lui promettait sa faveur, un accueil flatteur auprès de sa personne, et l'aveu complet de tout ce qu'il avait fait à Mende et dans le Gévaudan ; et, comme s'il prévoyait que ces vagues promessses, ces récompenses incertaines ne pouvaient avoir une action bien décisive, il faisait tout de suite entrevoir que le refus d'obéir entraînerait un désaveu pour le passé et pour l'avenir une coalition contre lui :

---

(1) *Intendit.*
(2) Voir aux pièces les instructions du 2 décembre 1580.

« le roy, lui-même, et toutes les églises se banderoient
« contre lui pour avoir intérest dans cette désobéis-
« sance. »

Cependant Merle n'hésita pas à obéir, il répondit au roi de la façon la plus respectueuse, lui disant : « ….. Et
« au surplus considérer de mesme la réussite de l'en-
« treprinse et pour avoir depuis troys mois tenu la
« campagne avec deux canons et dans ce temps pris
« dix-sept villes, chasteaux, places ou forteresses en
« hault et bas païs de Gévauldan, que j'ay réduict
« soubs vostre obéissance, je me suis tellement rendu
« l'ennemy de vos ennemys et avec moy les gentils-
« hommes, cappitaines et soldats, qui m'ont faict tant
« d'honneur que de m'accompagner, qu'il sera mal
« aysé qu'ils nous puissent endurer près d'eulx, si vostre
« Majesté ne nous faict donner quelque lieu d'asseu-
« rance à pouvoir les contenir en respect (1)….. »

Il chargea M. de Lescure, un de ses officiers, de porter cette réponse avec toutes les explications nécessaires.

---

(1) Réponse de Merle aux instructions du roi de Navarre ; voir aux pièces.

CHAPITRE V

Pendant ces pourparlers, survint un incident, qui suspendit les négociations : ce fut l'arrivée à Nîmes du prince de Condé. Mécontent d'être relégué tout à fait au second plan par l'habile politique d'Henry de Navarre, ce prince cherchait à se créer une grande situation indépendante. Un heureux coup de main l'avait rendu maître de La Fère en novembre 1579 ; là il espérait de la faiblesse du roi la mise en possession de son gouvernement de Picardie. La prise d'armes des réformés ayant dérangé ce plan, il forma d'autres projets : il tenta de réunir une armée de reîtres, avec laquelle il aurait pu se faire compter ; il passa dans les Pays-Bas, gagna l'Angleterre, sans trouver de secours dans ces deux pays. Il fut de là en Allemagne, près du prince palatin, toujours prêt à prêter son armée aux protestants français, mais que l'expérience des guerres précédentes avait rendu méfiant pour la solde de ses troupes. Il les promit quand des gages suffisants auraient été mis entre ses mains ; il voulait les lucratives salines du Languedoc avec Aiguesmortes et le fort de Peccais, pour en garantir la possession. Le prince de Condé, pour satisfaire à ces engagements, partit en toute hâte avec Beutterich, le représentant du prince Casimir ; il passa par Genève, déguisé et peu accompagné ; sur le territoire de Savoie il fut arrêté et dépouillé, et arriva en fort mauvais état en Dauphiné, auprès de Lesdiguières, qui le reçut avec honneur et lui fournit argent et équipages (1).

Il utilisa les quelques jours passés en Dauphiné pour réunir à Die (octobre 1580) la noblesse huguenote et le tiers-état des églises de ce pays ; il trouva Lesdiguières et les églises extrêmement irrités des arrangements du traité de Fleix, qui accordait au roi de Navarre tous les avantages, tandis qu'il les contraignait à rendre Gap, Die, Livron et Puymore. Ils se montrèrent fort disposés à seconder tous les desseins qui pourraient faire obstacle à des concessions si fâcheuses pour eux.

Le prince fut très satisfait des dispositions qu'on lui témoigna, et surtout de l'empressement avec lequel on lui promit des hommes et de l'argent.

Il parvint à calmer les dissentiments qui existaient entre Lesdiguières et les gentilshommes du bas Dauphiné. Enfin, ayant tout disposé pour le succès de ses projets, il partit de Die, accompagné jusqu'à Livron par quatre cents gentilshommes bien montés et bien armés; il y fut bien reçu par M. de Blacons, le gouverneur, qu'il caressa beaucoup avec une arrière-pensée avouée plus tard. Puis il passa le Rhône au Pouzin, traversa le

---

(1) Voir dans les *Mémoires* de La Huguerye les curieux détails de ce voyage et du séjour en Dauphiné (tome II).

CHAPITRE V

Vivarais, franchit l'Ardèche à Salavas, et arriva à Nîmes, à la fin de novembre, où M. de Châtillon le reçut avec les plus grands honneurs ; il fit aussi grand accueil à Beutterich, l'envoyé du duc Casimir. Le prince de Condé descendit dans la maison de M. de Rosel, procureur général.(1).

Il trouva les églises du bas Languedoc et Merle très mécontents du traité de Fleix, qui leur enlevait sans compensation Mende et le Gévaudan, et les arrêtait dans une période de succès et d'agrandissement ; il n'eut pas de peine à leur faire accepter ses desseins, et à leur persuader de continuer la guerre.

Les églises le reconnurent comme leur chef, et lui accordèrent les pouvoirs les plus étendus.

Le prince de Condé, en rompant avec son cousin, le roi de Navarre, était poussé par deux puissants mobiles : le dépit et l'ambition. Voici en quels termes il exhalait à La Huguerye, son confident, son dépit contre Jeanne d'Albret et son fils : « Elle appréhendoit
« la grandeur de feu M. le prince, mon père, par les
« armées qu'elle luy voyoit ordinairement en la main,
« la créance qu'il acquéroit tous les jours entre ceulx
« du party, la grande suite et la faveur de la noblesse
« de France, avec telle expérience aux armes, qu'il
« estoit le premier capitaine de France de sa qualité,
« de sorte qu'il se pourroit ung jour prévaloir de tant
« d'advantages l'occasion s'offrant, au préjudice dud.
« seigneur roy, son fils ; pour quoy elle et sond. fils

---

(1) Ce magistrat était le beau-frère de Jacques de Beauvoir ; ils avaient épousé tous deux les filles de M. de Sautel, seigneur de La Bastide Virac, près de Barjac.

« entrèrent au party, l'an 1569, à la male heure, car
« elle ny son fils n'ont depuis tant désiré que d'abaisser
« l'authorité de mon père, et, luy tost après sa mort,
« à la rencontre de Jarnac dont elle receut une mer-
« veilleuse joye au cueur, me supprimer entièrement et
« tirer à luy toute l'authorité. Mays la mémoire fraische
« et sanglante des mérites de mon père eut tant de
« force au cueur de la noblesse, que contre l'espérance
« de la mère et du fils, il fut résolu que j'aurois part
« au commandement de l'armée et aux affaires esgale
« avec son fils. Selon laquelle résolution on commença
« à nommer l'armée des princes et nous deux signions
« toutes les despesches..... et le dit seigneur roy de
« Navarre n'avoit depuis rien plus soigneusement re-
« cherché, que de luy oster tout crédit, authorité et
« maniement des affaires, tant dedans que dehors le
« royaume, affin de luy lever tout moyen de s'en pré-
« valoir en temps et lieu à son préjudice. Saichant bien,
« me deist led. seigneur prince en termes couverts,
« qu'il est et quelle estoit sa mère ; mays j'espère, qu'il
« ne prouffitera rien par ce moyen là, et si l'occasion
« s'offre, nous verrons qui aura plus belle amye. Et je
« vous veux bien tant fier de mon secret, La Hugue-
« rye, que de vous déclarer que je dresse mon affaire
« au contraire ; et me servirai de vostre fidélité gran-
« dement en ce dessein là ; et que c'est ce qui me faict
« rechercher le mariage de sa sœur et faire la meilleure
« mine que je puis, voyant qu'il n'a point d'enfans et
« peu d'espérance d'en avoir de ceste femme ; et qu'aul-
« trement sa sœur porteroit tout le bien de nostre
« maison en une famille estrangère, à nostre grand

« dommage. Au contraire, si je puis tant faire que de
« l'espouser, j'en auray de l'authorité, espérance et
« moyens plus grands et qui me feront plus suivre et
« rechercher de la noblesse et de tous les estats de
« France (1). »

Animé par ces ressentiments, il n'hésita pas à adopter un plan, qui séparait sa cause de celle d'Henry de Navarre, et qui, s'il avait réussi, lui aurait constitué un vaste apanage avec une puissance égale à celle des anciens grands vassaux de la couronne.

Il s'agissait de mettre à profit les bonnes dispositions en sa faveur des églises du Dauphiné, du Languedoc, de Provence, et des deux vaillants chefs militaires, Lesdiguières et Merle, pour s'établir fortement dans ces trois provinces ; au milieu se trouvait la principauté d'Orange et le Comtat. Une négociation avec Blacons, maître d'Orange, puis un arrangement avec le prince d'Orange lui permettraient de s'y établir, après quoi la conquête du Comtat ne serait qu'un jeu.

Ce projet grandiose était exécutable avec le solide appui du duc Casimir, du duc de Savoie, des Suisses et avec la faiblesse du dernier des Valois. Mais il eût fallu qu'à une imagination prompte et entreprenante le prince de Condé eût joint un caractère ferme et une résolution inébranlable, deux choses qui lui manquaient absolument.

Cependant, ce projet eut un commencement d'exécution par une négociation avec Blacons et par l'ordre

---

(1) La Huguerye ajoute que ce discours *avoit beaucoup de traitz d'apparence et de vérisimilitude.*

donné à Lesdiguières et à Merle de reprendre les hostilités.

Blacons s'était emparé d'Orange en expulsant le sieur de Barchon, gentilhomme liégeois, gouverneur de la principauté pour le prince d'Orange ; il accueillit très bien les ouvertures du prince de Condé, disant que sa suprématie sur les trois provinces était le seul moyen de guérir les divisions, et trouvant sans doute son avantage personnel dans un traité qui, avec un bénéfice matériel, le rendrait indépendant de Lesdiguières, qu'il jalousait.

En ordonnant à Merle de reprendre les opérations militaires, il lui envoya pour le renforcer Gondin (1), mestre de camp, avec son régiment, et Pourcairès, gentilhomme du roi de Navarre. En même temps il lui adressait des instructions et des lettres patentes, où Merle est qualifié de gouverneur du Gévaudan, pour lever les taxes nécessaires au paiement des Allemands ; voici dans quels termes il exposait ses desseins : « Ayant
« pleu à Dieu humilier jusques là les dites églises et
« débiliter tellement leurs forces naturelles à cause de
« nos péchés que ne pouvant plus longuement subsister
« en apparence humaine sans se servir des moyens
« extraordinaires qu'il leur a réservés par sa miséri-
« corde entre les mains de leurs amys estrangiers, nous
« avons advisé nous acheminer premièrement au pays
« de Dauphiné et après en ce pays de Languedoc
« comme les deux plus fortes et plus puissantes pro-
« vinces, où il y a églises de ce dit royaume, pour pour-

---

(1) Gondin, l'auteur du récit des exploits du capitaine Merle

« voir au recouvrement de la plus grande et notable
« somme de deniers, qui se pourra cueillir et lever,
pour acheminer les dits moyens extraordinaires au
« secours des dites églises (1). »

Il fut plus aisé d'exécuter les opérations militaires prescrites, que de trouver de l'argent ; les populations étaient déjà accablées et ruinées par les exactions des deux partis ; qu'il s'agît d'emprunter une somme d'argent aux gentilshommes, ou de répartir bon gré mal gré huit mille quintaux de sel aux habitants du diocèse de Mende, on se heurtait partout à une résistance passive et à une impuissance absolue.

Malgré un hiver rigoureux, pendant les derniers jours de décembre et les premiers jours de janvier 1581, Merle conduisit cette petite campagne avec sa prompte décision et son succès habituels. Il rencontra à Molines Gondin et Pourcairès et se concerta avec eux ; Gondin prit les devants et alla mettre le siège devant Ispagnac (2). Merle vint à Mende chercher son artillerie et ses munitions, pendant que Pourcairès allait prendre de la poudre à Meyrueis.

Quatre jours après, Merle arriva devant Ispagnac; la descente de Molines était si escarpée, qu'il semblait impossible que des canons pussent y passer. Merle fit atteler vingt bœufs à l'arrière du canon, pendant que deux bœufs placés en avant le maintenaient et le dirigeaient ; le soir même toutes les pièces étaient en batterie devant Ispagnac, près des maisons du côté de Florac ;

---

(1) Lettre du prince de Condé, du 30 décembre 1580.
(2) Gondin, *Exploits du capitaine Merle*.

7

le jour suivant, on ouvrit le feu ; sur le soir, on put occuper une tour faisant le coin de la ville, et que le canon avait abattue. On attendit le jour suivant pour faire élargir la brèche et donner l'assaut ; mais vers minuit, les soldats de la garnison, au nombre de quatre-vingts ou cent, craignant, non sans raison, d'être forcés, contraignirent M. de Lambrandès, leur gouverneur, à déloger avec eux. Ils passèrent la rivière du Tarn à gué et se mirent à grimper la montagne de Notre-Dame de Quézac ; mais ils furent aperçus et pourchassés, plusieurs furent tués, d'autres furent faits prisonniers, le reste se sauva dans le château de Quézac.

C'était un lieu fortifié en face d'Ispagnac, sur la rive gauche du Tarn ; il appartenait à un chapitre fondé par Urbain V, dans un fief dépendant de sa famille (1). La fondation de ce pape avait pour objet de faire prier pour lui et les siens ; il avait pourvu à l'entretien de ce chapitre par d'amples donations.

Le jour suivant, les réformés franchirent le Tarn, l'artillerie fut le soir même mise en position devant Quézac ; le lendemain, le tir commença. Après deux cents coups de canon, la brèche n'était pas encore praticable ; cependant, les assiégés prirent peur, et le

---

(1) La famille de Grimoard, l'une des plus illustres du Gévaudan.

Urbain V était fils de Guillaume de Grimoard de Grisac et d'Amphélise de Sabran, sœur de St-Elzéar ; son oncle, Hélisaire de Grimoard de Grisac, avait été prieur général de l'ordre des Chartreux et était mort en odeur de sainteté, laissant à la Grande-Chartreuse le nom de bon père. C'est en mémoire de lui qu'Urbain V avait voulu modifier la règle de cet ordre par des adoucissements qui désolèrent tellement les austères religieux, qu'il dut retirer ses nouveaux statuts, dont les Chartreux ne conservèrent que la permission de porter des chapeaux.

Le frère d'Urbain V, le cardinal Angélic de Grimoard, fut archevêque d'Avignon, où il testa en 1388.

deuxième soir, après avoir pratiqué un trou au mur du château par derrière, ils s'enfuirent et gagnèrent la montagne de St-Érémie en Rouergue ; ils abandonnèrent le château sous la garde de quelques soldats, qui se laissèrent surprendre par Merle. Maître de cette place qu'il voulait garder longtemps après, il s'y logea solidement, et y établit une garnison sur laquelle il pouvait compter.

Quelques jours après, Merle et Gondin résolurent d'aller assiéger Bédouès, château appartenant à un autre chapitre fondé par Urbain V, dans le même but et dans les mêmes conditions que Quézac. De très fortes murailles en défendaient l'accès ; la garnison se composait de cent soldats sous les ordres du capitaine Miral, chef solide et plein de courage. Il fallut pour mener les canons devant cette place passer quatre fois le Tarn à gué ; cette opération délicate se faisait par des bœufs souvent contraints de se mettre à la nage ; elle réussit ; on parvint à placer l'artillerie en batterie devant Bédouès, qui essuya deux cents coups de canon sans vouloir se rendre. Les assiégeants avaient épuisé leurs munitions ; il fut décidé que Merle irait chercher à Mende des provisions de bouche et d'artillerie, tandis que Pourcairès retournerait à Meyrueis pour y chercher de la poudre. Gondin s'engagea à demeurer devant la place, malgré la rigueur d'un hiver si froid, qu'il y avait sur la terre plus d'un pied de neige ; on lui promit que huit jours ne s'écouleraient pas sans que des secours lui fussent amenés.

Sur ces entrefaites, St-Vidal s'approcha à deux lieues de Bédouès avec quinze cents hommes de pied et deux cents chevaux, pour tenter de faire lever le siège ; mais à cause des grandes neiges qui couvraient les montagnes situées entre lui et les assiégés, il ne put leur venir en aide autrement que par un secours de vingt hommes, qu'il parvint à faire passer dans le château ; il dut se retirer sans avoir effrayé Gondin, bien retranché dans les faubourgs de Bédouès.

Pourcairès et Merle arrivèrent avec des munitions ; le canon recommença à battre la place, si bien que les assiégés, se voyant sans moyens pour continuer leur défense et sans espoir d'être secourus, durent se rendre à discrétion. Une partie de la garnison fut passée au fil de l'épée, les chanoines furent mis à rançon, et tout le butin fut donné au régiment de Gondin (1). Ce fut la fin de cette courte campagne ; le prince de Condé envoya des ordres pour suspendre les hostilités, il prescrivit à Gondin de ramener son régiment à Nîmes, et Merle retourna à Mende, après avoir déposé ses canons dans le château de Quézac.

Dès que Monsieur et le roi de Navarre avaient eu connaissance de l'attitude prise par le prince de Condé, ils avaient été excessivement troublés et inquiets, le premier voyant son expédition de Flandres ajournée par une nouvelle lutte qui occuperait les forces du royaume contre les protestants, le second redoutant une scission qui détruirait sa suprématie sur son parti, le réduirait à la Guyenne avec ses États héréditaires, et rendrait difficile, sinon impossible, l'accomplissement des projets qu'il concevait déjà pour l'agrandissement de sa fortune et pour le salut de la France.

Aussi envoyèrent-ils coup sur coup plusieurs émis-

---

(1) Gondin.

saires pour sonder les desseins de Condé et les déjouer. Tout d'abord le duc d'Anjou lui adressa M. de La Vergne, capitaine de ses gardes, qu'il savait bien vu du prince, pour avoir été jadis avec lui en Allemagne ; il lui fit remontrer l'intérêt qu'il avait, comme prince du sang, à l'agrandissement de la monarchie par la prise des Pays-Bas, le préjudice qu'il y apporterait par une résistance intempestive, et enfin, pour le tenter, il lui offrit d'y être son lieutenant-général.

De son côté, le roi de Navarre envoya deux de ses gentilhommes, MM. de Beauchamp et de Constans, avec mission de bien connaître ses intentions et de travailler activement auprès de tous les personnages importants du parti, afin de les détacher du prince par des promesses, des menaces et par tous les moyens capables de les influencer. En même temps, pour paralyser la levée des deniers sur les sels de Peccais, il dépêcha un borgne, son tailleur et valet de chambre, nommé Beausemblant, avec de grosses assignations, pour être payé sur ces fonds; en outre, il réclamait six mois d'avance du traitement de mille écus par mois que lui fournissaient les églises.

Le prince de Condé avait envoyé M. de Clairvant, l'un de ses gentilhommes, afin de remercier le duc d'Anjou de ses offres, et de lui porter ses griefs ainsi qu'au roi de Navarre. Il se plaignait que la paix eût été conclue sans qu'on l'eût consulté et sans qu'on eût tenu compte de ses intérêts, pendant qu'il agissait, voyageait et souffrait pour la cause commune ; que, de plus, les églises n'eussent pas été appelées à donner leur avis, et qu'on eût tout fait à leur préjudice. Pendant ces pourparlers, il avait accepté une trêve, qu'il avait notifiée à Merle le 11 janvier ; ce ne fut qu'avec l'arrière-pensée de gagner du temps et avec l'espoir qu'il surviendrait quelque incident favorable. La série des instructions qu'il donna à Merle pendant les mois suivants est la preuve de ses desseins. Il lui prescrivit de faire rentrer l'impôt du sel, de presser le recouvrement de l'emprunt fait à la noblesse, et à cet effet de la convoquer dans une assemblée ; il aurait voulu que Merle vînt lui-même recevoir ses instructions à Nîmes. Pour hâter l'exécution de ses ordres, il envoyait d'abord La Grange, un de ses gentilhommes, et annonçait qu'il enverrait bientôt M. de Molières pour solliciter assidûment la noblesse de fournir les contributions demandées. Ces mesures ne dénotaient sûrement pas des projets pacifiques. Il ne cacha pas son dépit quand il apprit que, sans égard pour ses commissions, nul ne s'était trouvé à l'assemblée convoquée dans le Gévaudan, les uns se plaignant que la taxe des sels était excessive, les autres alléguant que leurs affaires étaient distinctes des affaires du haut Gévaudan. L'arrivée de M. de Molières n'amena pas de meilleurs résultats.

Les inquiétudes de Monsieur et du roi de Navarre devenaient de plus en plus vives ; ils ne pouvaient se dissimuler que les griefs du prince de Condé étaient sérieux, que le mécontentement des églises était légitime, et qu'il était d'une extrême importance de les calmer par une habile négociation. On décida d'envoyer le vicomte de Turenne, que son savoir-faire et sa parenté avec le duc de Montmorency mettait à même de faire mouvoir tous les ressorts nécessaires pour paralyser les projets du prince de Condé et pour amener la paix. Le prince, ayant appris l'arrivée prochaine du vicomte de Turenne, et craignant que Merle ne fût sollicité par lui de rendre Mende, lui disait : « Que si en attendant « mes commandements vous estiez sommé de recep- « voir et obéyr à la paix, faictes response que vous « estes attendant la dessus nouvelles de la négociation « des depputés de ces provinces sur ce qu'ils pourront « avoir obtenu de plus qu'il n'a esté accordé par l'édit « et les commandements dudict seigneur roy de Na- « varre ou de moy en son absence, et que les ayant « receus vous obéyrez à ce que vous sera ordonné pour « le bien du service du roy et pour le repos et soula- « gement de ses subjects. Mais poursuivez toujours le « faict et exécution des dictes commissions et y em- « ployez vous mesmes vos moyens *le plus largement* « *que vous pourrez*, comme le seul et unique moyen « après Dieu de la délivrance et conservation des égli- « ses et de *pouvoir retenir les places qu'on nous veult* « *faire rendre*...... (1). »

On voit par cette lettre que le prince de Condé n'avait nulle envie que Merle rendît la place de Mende ; il ne dissimule pas dans quel but il presse les contributions de guerre, en commandant d'employer pour les obtenir les *moyens les plus larges*. Merle ne se conforma que trop exactement à ces recommandations : pour obtenir de l'argent, il signifia, dans le courant de février, aux habitants de Mende et au clergé l'ordre de lui remettre à bref délai la somme de quatre mille écus ; faute par eux d'obéir, il allait faire détruire la cathédrale, les

---

(1) Lettre du 11 février 1581.

autres églises ou chapelles et même les maisons des chanoines. La somme n'ayant pas été remise dans le délai prescrit, il n'hésita pas à commettre ce regrettable vandalisme ; il fit donc démolir la cathédrale, l'un des monuments les plus remarquables du Languedoc, les églises des Cordeliers, des Carmes et de St-Gervais. On ne saurait trop blâmer un pareil acte commis de sang-froid. Merle avait dans d'autres circonstances accompli des actes analogues, mais alors il avait eu pour excuse l'entraînement et la fureur qui suivent la lutte dans des villes prises d'assaut et saccagées.

Dans les premiers jours de février le vicomte de Turenne arrivait à Nîmes, après s'être concerté avec son oncle le duc de Montmorency, fort effrayé et fort disposé à seconder les mesures qui le débarrasseraient d'un voisinage si dangereux. La première entrevue avec le prince de Condé fut très orageuse ; après qu'il eut entendu les premières paroles du vicomte de Turenne, le prince fronça le sourcil, et le requit de lui montrer ses pouvoirs et ses instructions ; il lui demanda ce qu'il avait à faire en ce pays et lui ordonna de n'y rien faire à son insu ou à son préjudice. Le vicomte de Turenne s'échauffa en lui répondant ; il lui dit qu'il n'avait pas autre chose à lui communiquer que de se soumettre en obéissant promptement et en acceptant la paix. Le prince le prit de plus haut, disant qu'il n'avait à obéir qu'au Roi et que, si des propos si arrogants venaient du crû du vicomte de Turenne, il saurait en avoir raison. Sur ce, il sortit, ajournant le vicomte pour recevoir sa réponse (1).

(1) La Huguerye.

Sur ces entrefaites M. de Clairvant, gagné par le roi de Navarre, dont il devint bientôt après le serviteur, arriva, rapportant la réponse aux griefs du prince : si l'on avait conclu la paix sans lui, c'est qu'on n'avait pas su où le rejoindre ; si les églises voulaient être consultés, on était disposé à les réunir.

M. de Turenne, de son côté, se radoucit ; il montra ses pouvoirs et les articles du traité ; le prince se les fit lire, et se montra aussi peu satisfait des clauses particulières que de l'ensemble ; il se hâta d'en envoyer des copies à Merle (1) et en Dauphiné.

Cependant, grâce aux manœuvres de MM. de Turenne et de Clairvant, la disposition générale des esprits tendait à la paix ; le prince voyait que les levées se faisaient avec peine, de telle sorte que le secours des Allemands devenait incertain. On lui remontrait qu'en Dauphiné Lesdiguières accepterait difficilement sa suprématie, y étant déjà le maître ; on lui objectait qu'en Languedoc il aurait contre lui MM. de Montmorency et de Châtillon, et enfin qu'il aurait sur les bras les forces réunies du Roi et du roi de Navarre. Il fut ébranlé et résolut de poursuivre les négociations.

En conséquence, il convoqua à Nîmes une réunion des églises pour le 25 février ; il envoya à Merle une invitation de s'y rendre et l'ordre de faire nommer une députation par la noblesse du Gévaudan, pour assister à cette assemblée. Mais la lettre qui contenait ces ordres pressait également l'exécution des commissions pour la levée des taxes ; ce fait indiquait bien que l'es-

---

(1) La Huguerye.

prit du prince n'était pas encore porté à la paix (1).

De son côté, le vicomte de Turenne invitait Merle à venir à cette assemblée; il le préparait par des paroles flatteuses au sacrifice d'une situation acquise par tant de peines et de périls ; toutefois il ne lui offrait comme dédommagement que « la bienveillance de ceulx qui ont authorité sur luy » ; il recommandait d'observer la suspension d'armes, de ne plus raser de maison de gentilshommes, et surtout de ne pas démolir *le temple ;* cette dernière recommandation arriva malheureusement trop tard (2) !

Merle ne se rendit pas à cette assemblée, voulant sans doute éviter l'embarras d'une mise en demeure directe du vicomte de Turenne, pour la reddition de Mende ; il préféra laisser à ses amis le soin de discuter les conditions de cet arrangement, et ne pas s'engager personnellement. L'assemblée ne prit aucune décision définitive à cet égard ; pourtant elle indiqua les dispositions favorables à la paix, en acceptant une suspension d'armes, préliminaire de la publication de la paix.

Le prince de Condé et les églises écrivirent à Merle et lui dépêchèrent M. de Lambert pour lui recommander d'observer exactement cette suspension d'armes, de réduire les garnisons, de maintenir les gens de guerre sous ses ordres dans la plus grande modération, de telle sorte qu'il ne se commît plus de courses ni de démolitions contraires à la trêve. Le prince insistait même pour que la levée des contributions de guerre qu'il avait tant à cœur fût suspendue « expéciallemement à l'en-

---

(1) Lettre du prince de Condé du 13 février 1581.
(2) Lettre de Turenne du 21 février 1581.

« droict de ceulx du contraire party qui pourroient de
« la prendre occasion de plaincte. » Le ton comminatoire de cette lettre contraste avec celui des lettres postérieures ; mais il avait sans doute pour objet de satisfaire en cette circonstance le vicomte de Turenne (1).

Merle ne se contenta pas de ces instructions ; il voulut par lui-même s'assurer des intentions secrètes du prince et des églises, et dans le courant de mars, sachant que M. de Turenne était à Montpellier, il se rendit à Nîmes ; il avait à cœur de ne pas l'y rencontrer pour éviter les instances personnelles trop pressantes.

Le prince de Condé, qui voyait en lui l'homme d'action sur lequel il pouvait le plus compter, l'accueillit à merveille ; dans l'état de pénurie où il se trouvait, il lui sut beaucoup de gré de ses présents, parmi lesquels figuraient six beaux mulets. Il prêta volontiers l'oreille à ses conseils, qui parurent un instant ranimer son courage, et l'arrêter dans la voie des concessions où il se laissait entraîner.

Merle, stimulé par son propre intérêt, lésé par le roi de Navarre, poussé par la volonté des églises, fit entendre au prince que *le monopole* de Coutras (2) était inacceptable, que de toutes parts on criait à l'aide et au meurtre contre ce traité, que le prince n'avait pas à s'effrayer des obstacles, qu'il serait toujours soutenu par les églises des trois provinces, et qu'avec cet appui, même sans les Allemands, il aurait toujours assez d'hommes et d'argent pour soutenir la lutte. Merle ajoutait que

---

(1) Lettre du 5 mars 1581.

(2) On appelait ainsi la conférence chargée de résoudre les difficultés soulevées par le traité de Fleix.

pour son compte il se portait fort, laissant toutes ses places garnies, de le suivre et de le servir partout avec trois mille hommes de pied et quatre cents chevaux (1).

Malgré que le prince l'écoutât avec complaisance, Merle, avec son coup d'œil prompt et perspicace, jugea bien vite qu'il n'y avait pas à se fier à ce caractère faible et irrésolu.

Il s'assura que les dispositions générales tournaient effectivement à la paix, et qu'à moins d'un événement imprévu et peu probable, elle ne tarderait pas à être publiée ; il constata que chacun allait travailler à obtenir les conditions les plus favorables à ses intérêts, comme cela se passait toujours en pareil cas. Il revint à Mende et de là adressa au roi de Navarre une longue supplique, où il lui exposait son désir de lui obéir, ainsi qu'au Roi ; mais il lui faisait observer la triste et dangereuse situation où il allait se trouver avec ses compagnons et leurs familles, s'ils étaient contraints de sortir de Mende sans avoir un asile assuré, où ils pussent se mettre à l'abri des vengeances de tant de catholiques qui avaient souffert pendant la guerre, alors qu'il était notoire que la plupart des maisons et châteaux des gentilshommes de la religion dans ce pays avaient été brûlés et rasés.

Il suppliait le roi de Navarre de pourvoir à leur sûreté, en leur procurant des lieux où ils pussent se retirer à l'abri des atteintes de leurs ennemis. Le même soin de leur sûreté exigeait que le Roi fît ramener dans l'arsenal de Lyon huit ou dix pièces d'artillerie conduites au Puy à la réquisition de MM. de Tournon et de St-Vidal. Enfin, arrivant à parler de ses intérêts particu-

(1) La Huguerye.

liers, il demandait une somme de huit à dix mille écus, pour compenser les avances faites pour l'entretien des troupes, la fonte des canons, les achats de poudre, les récompenses à ses capitaines, et à défaut de moyens assurés pour être remboursé de cette somme, il demandait l'abandon à son profit du château de Quézac avec ses revenus.

Cette supplique fut favorablement accueillie par le roi de Navarre, qui donna à Merle satisfaction sur tous les points : les quatre cents familles réfugiées à Mende devaient être pourvues de lieux de sûreté ; les canons de St-Vidal devaient être réintégrés à Lyon ; Merle était autorisé à se faire rembourser huit à dix mille écus « par la première commodité que se pourra offrir (1) », et à conserver le château de Quézac, dont les chanoines devaient être pourvus sur le prieuré de Bédouès, de telle sorte qu'ayant demandé ou l'argent ou le château, il obtenait l'un et l'autre.

Mais, si le roi de Navarre se montrait disposé à satisfaire les désirs de Merle et des siens, il n'en était que plus pressant pour exiger la reddition de Mende, il la lui prescrivait impérieusement : « Ne vous excusant
« point sur des difficultés ou considérations recherchées,
« car il fault en somme, aultant que vous désirez, vous
« conformer à mon intention, que cela soit exécuté,
« ainsi que j'ay commandé audit sieur Dfollet vous
« faire entendre (2). »

A la même date, le roi de Navarre lui envoyait des

---

(1) C'est en conformité de cet ordre que Merle réclama et obtint des États du Gévaudan la somme qui lui fut accordée à sa sortie de Mende.
(2) Lettre du roi de Navarre du 11 mars 1581.

lettres-patentes pour avouer tous ses actes, en déclarant qu'il avait été gouverneur de la ville de Mende en Gévaudan sous son autorité, en reconnaissant que c'était pour son service, pour le bien des églises réformées, qu'il avait pris Mende, ainsi que d'autres villes et places fortes, et qu'il avait en toutes circonstances agi comme un sage gouverneur, suivant les droits et les devoirs de la guerre (1). Le même jour François, duc d'Alençon, lui envoyait des lettres-patentes d'abolition pour tous les actes d'hostilités, démolitions, etc., commis tant avant qu'après la paix de Fleix; pour les levées des contributions faites à Mende, à Maruèges et au Malzieu; l'abolition était accordée à Merle, à ses lieutenants et à M⁰ Jausiouls, receveur. Son Altesse s'engageait, après la reddition de Mende, à obtenir les ratifications du Roi, son frère. Pour le château de Quézac, il accordait seulement à Merle la faculté de s'y retirer avec sa famille, jusqu'au moment où le Roi, averti, aurait pris une détermination définitive à cet égard. Cette condition restrictive n'assurait pas pour l'avenir cette jouissance à Merle, aussi il avisa de se pourvoir ailleurs, comme on le verra bientôt (2).

Le sieur Dyollet fut envoyé en même temps que ces diverses lettres, pour en presser et assurer l'exécution.

La reddition de Mende fut retardée, malgré ces instances pressantes, par suite des hésitations du prince de Condé et des églises, dont la politique indiquée précédemment retenait ce gage le plus longtemps possible.

---

(1) Lettres-patentes du roi de Navarre du 11 mars 1581.
(2) Lettre du duc d'Anjou, 11 mars 1581.

L'intérêt de Merle y trouvait son compte, car il restait maître de la situation, et pesait sur les États du Gévaudan pour les décider à lui donner la somme concédée par le roi de Navarre, et l'on se rend compte que les États devaient se montrer d'autant plus disposés à des sacrifices, qu'ils avaient une plus grande hâte à le voir partir. D'un autre côté, Merle avait entamé des négociations avec M. d'Apchier pour l'achat de la baronnie de Lagorce. Les mois d'avril, mai et juin, se passèrent à négocier ces différents points.

Après l'entrevue du prince de Condé et de Merle, Turenne, instruit, par les affidés dont il avait entouré le prince, de ses nouvelles dispositions, s'était hâté de retourner de Montpellier à Nîmes, pour faire jouer de nouveaux ressorts et l'arracher d'un lieu où il subissait de si dangereuses influences.

Il sut lui persuader que son intérêt et la grandeur de sa maison lui commandaient de s'allier avec le roi de Navarre, plutôt que de rompre avec lui; il était son héritier puisqu'Henry n'avait pas d'enfant légitime, ni l'espoir d'en avoir de la reine Marguerite; il fallait donc resserrer les liens au lieu de les couper. Pour atteindre ce but, un mariage avec la princesse de Navarre était le meilleur moyen.

Turenne connaissait bien les secrètes dispositions du prince pour cette union, puisqu'il les avait jadis traversées, ayant osé lui-même jeter les yeux sur la princesse. Il ne douta pas du succès de ses ouvertures, et pour les rendre plus attrayantes, il se fit envoyer deux lettres qu'il lui remit. L'une était de la reine Marguerite, qui l'assurait de son amitié, de ses bons offices et du désir où elle était de lui être agréable en toute occasion ; elle espérait en cette circonstance y avoir réussi, puisqu'elle avait disposé le roi, son mari, à seconder les bonnes dispositions témoignées par sa sœur dans une lettre qu'elle était heureuse de lui faire parvenir. En effet, la princesse de Navarre exprimait dans une lettre au prince de Condé son amitié, le désir qu'elle avait de le revoir pour une bonne occasion, louant Dieu de ce qu'il l'avait conservé parmi tant de périls pour une bonne fin ; elle lui faisait entendre en termes voilés, mais intelligibles, qu'il serait satisfait s'il voulait se rapprocher d'elle (1).

Le prince de Condé fut transporté de joie à la lecture de ces deux lettres, il ne voulut plus écouter ceux qui lui montraient le piège. On lui fit vainement observer qu'on voulait l'arracher d'un lieu où il était puissant et redoutable, pour l'attirer en Guyenne où il serait entouré, dominé et annihilé par son habile cousin. La Huguerye, son conseiller intime, insista tant qu'il put pour le retenir, lui disant qu'il obtiendrait bien mieux la main de la princesse en restant dans les trois provinces, où il forcerait de compter avec lui, qu'en allant se mettre entre les mains de ceux qui ne feraient plus cas de lui quand ils n'auraient plus à le craindre.

Turenne, pour donner satisfaction aux églises, lui proposa de les réunir, d'abord à Montpellier, puis à Montauban. Le prince accepta, et comme on le suppliait de ne pas se rendre à Montauban, où il serait captif de ses adversaires, il prétexta de l'indispensable nécessité où il était de s'y trouver pour déjouer les menées du

---

(1) La Huguerye.

roi de Navarre dans cette assemblée. Tout ce qu'on put obtenir de lui ce fut une promesse écrite de revenir.

A la fin de mars, le prince de Condé quitta Nîmes avec le vicomte de Turenne, pour aller à Montpellier présider l'assemblée des églises; c'est de là que, conformément aux décisions de cette assemblée, il envoya à Merle l'ordre de relâcher tous les prisonniers de guerre, sans plus extorquer de rançon, car il avait été convenu que le duc de Montmorency ferait de même du côté des catholiques, de sorte que le premier avril il n'y eût plus de prisonniers dans les deux partis.

Après les décisions de cette assemblée, qui acceptait la paix dans le bas Languedoc et la restitution de Mende « quand on aura receu l'adveu de toutes choses « en telle forme qu'on la demande », le prince de Condé se résigna à la soumission au moins apparente, et résolut définitivement d'aller rejoindre son cousin le roi de Navarre pour lui témoigner sa déférence et pour assister à l'assemblée des églises convoquées à Montauban le vingt-six avril, afin de tout régler et de tout terminer.

Cependant, toute arrière-pensée n'était pas sortie de son esprit; il prétendait garder dans le bas Languedoc et les Cévennes des intelligences secrètes qui sont clairement définies par les recommandations faites à Merle de conserver près de lui son agent La Huguerye, « et « pour qu'en cela et autres affaires de vostre gouver- « nement qui dépendront de mon auctorité, je désire « que vous adressiez particulièrement à luy, selon ce « qu'il vous a faict entendre à vostre partement (*de* « *Nîmes*) et que par son interposition vous me teniez « bien et *secrètement* adverty de toutes choses, qui

« vous sembleront nécessaires à la conservation de vos
« églises (1)...... »

Il n'abandonnait pas non plus son espoir favori de ramasser des sommes d'argent par les taxes du sel et les autres contributions qu'il avait prescrites ; hâtez-vous, lui disait-il, de faire rentrer promptement, même par la contrainte, la taxe du sel, « jusqu'à ce qu'aultre-
« ment vous en soyt ordonné, usant en cela de telle
« dextérité et diligence, que pour cet effect vous n'en
« tombiez en nécessité de faire aucun acte d'hostilité,
« et que le tout soyt faict et prest et les deniers envoyés,
« où je vous ay escript par le dit sieur de Molières
« avant la publication de la paix, qui a été accordée en
« l'assemblée qui est encore en ceste ville (2)... »

A côté de ces recommandations, qui touchaient aux affaires publiques, venaient des instances pressantes pour que Merle lui vînt en aide, et lui fournît des ressources pécuniaires ; on peut juger de sa pénurie par les lignes suivantes : « Je me suis advisé de vous en-
« voyer le sieur de Molières pour en personne *vous*
« *solliciter* de faire tout ce que je vous ai escript, et
« m'apporter en diligence la somme de huit cent escus
« du reste des mille escus que vous m'avez promis
« m'envoyer, affin de ne pas retarder pour cela le
« voyage vers le roy de Navarre qui me semble fort
« nécessaire (3)... » Le 2 avril, le prince de Condé était à Nîmes, d'où il écrivait à Merle pour se plaindre qu'il ne lui eût point envoyé l'argent promis et néces-

---

(1) Lettre du 22 mars 1581.
(2) Lettre du prince datée de Montpellier le dernier mars 1581.
(3) Lettre du prince du 21 mars 1581.

saire pour son voyage ; il lui renvoya M. de Molières pour le retirer, et lui recommander de profiter du délai qui lui restait pour presser la levée publique ; il dut recevoir satisfaction, car il partit peu après pour Montauban.

Pourquoi Merle, gentilhomme et serviteur du roi de Navarre, recevait-il les instructions du prince de Condé contraires aux vues et intentions de son maître ? Les églises du bas Languedoc avaient reconnu le prince pour leur chef ; leur volonté, ainsi qu'il a été dit plus haut, était de continuer la guerre malgré la paix de Fleix et de ne pas rendre Mende et le Gévaudan. Merle, dont l'intérêt personnel était encore plus en jeu que celui des églises, pouvait-il, en cette circonstance, rompre avec elles et protester contre les ordres du prince de Condé ? C'eût été trop lui demander ; dans ce conflit entre son général et le roi de Navarre, on ne peut blâmer Merle d'avoir attendu que ses chefs se soient mis d'accord et que les églises aient prononcé en dernier ressort.

Le 20 avril, de Coutras, le roi de Navarre lui écrivait en lui disant de la manière la plus forte et la plus pressante qu'il n'avait plus aucune raison ni prétexte pour ne pas obéir, puisque toutes les difficultés qui s'étaient opposées à la publication de la paix étaient levées. Les églises du bas Languedoc avaient reçu l'aveu général qu'elles demandaient ; lui-même allait recevoir par M. de La Garde, écuyer du duc d'Anjou, sa décharge et l'aveu particulier du roi ; il lui faisait entendre que toute hésitation et tout retard à obéir auraient les plus fâcheuses conséquences pour le repos de l'État tout entier, et que lui, roi de Navarre, voyait son intérêt particulier et sa réputation compromis par ces lenteurs, qui frustraient la Guyenne de la paix et empêchaient la restitution de plusieurs villes qui lui appartenaient.

Le roi de Navarre s'était bien rendu compte du rôle que le prince de Condé avait joué dans toute cette affaire, et de crainte qu'il ne vînt encore contrarier ses desseins, il ajoutait un postscriptum écrit de sa main où il disait à Merle : « Vous estes à moy et de ma maison, regardez « de m'obéyr plus tôt qu'à d'autres. Autrement il n'est « point d'amy (1). »

Il faisait entrevoir que, faute d'obéir, il emploierait contre lui tous les moyens de rigueur dont il pouvait disposer.

M. de Lambert, qui déjà avait accompli auprès de Merle une première mission, lui fut renvoyé en même temps que cette lettre, de manière à en appuyer l'effet par ses discours et ses exhortations. Il partit avec M. de La Garde, qui, de son côté, portait à Merle une lettre du duc d'Anjou, où ce prince venait, lui aussi, presser la reddition de Mende et ordonnait de remettre la ville entre les mains de M. de Frissonnet. M. de La Garde était également porteur des lettres de décharge et d'abolition du Roi, qu'il devait remettre à Merle aussitôt que la restitution de la ville aurait été opérée. Le duc d'Anjou ne négligeait pas de faire entrevoir les punitions que lui et le roi de Navarre infligeraient à ceux qui hésiteraient à obéir, promettant au contraire repos, faveur

---

(1) Lettre du roi de Navarre du 20 avril 1581.

CHAPITRE V

et protection à ceux qui observeraient les édits (1).

Le prince de Condé était arrivé à Montauban vers le milieu d'avril ; soumis à l'influence d'Henry de Navarre, leurré, joué, berné, réduit à l'impuissance, il avait écrit à Merle : « Vous remettrez la dicte ville de Mende ès « mains de celui que Monseigneur aura commis à la « recevoir des vostres, à ce que le bien de la paix ne « soyt retardé par vous et que le roy de Navarre, les « dictes églises et moy puissions recevoir contentement « de vostre prompte obeyssance et sans dellay aucun.... « en outre assurez-vous que je n'oublierai jamais vos « services..... (2). » Cette lettre indique bien la nouvelle situation que Condé avait subie, et qui allait s'aggraver par les résolutions des églises réunies à Montauban. Dans cette assemblée, les députés des trois provinces qui lui étaient favorables se virent débordés par les nombreuses créatures introduites par Henry de Navarre, sans autres titres que sa volonté. Ce prince, à peine arrivé à Montauban, avait pris ses mesures pour que tout se passât selon ses désirs ; encourageant ses amis, circonvenant ou séduisant ses adversaires, il était redevenu sans contestation le maître absolu du parti. Condé était réduit à sa discrétion, et comme il n'était plus à craindre, il ne fut plus question de lieutenance générale du duc d'Anjou ni de mariage avec la princesse de Navarre. Les prédictions de ses amis à son départ de Nîmes se trouvaient toutes réalisées ; il n'eut plus qu'à obéir à son habile cousin et à écrire tout ce qu'on

---

(1) Lettre de Monsieur, duc d'Anjou, du 22 avril 1581.
(2) Lettre du prince de Condé, 22 avril 1581.

voulut en Languedoc et dans les autres provinces où quelques jours auparavant il était le maître.

C'est le treize mai que les églises du bas Languedoc réunies à Nîmes se décidèrent à donner à Merle l'ordre définitif de remettre Mende; on voit combien cela leur coûtait par les expressions qu'elles emploient : « Nous « n'avons seu moins faire, qu'inclinant au bien de la « paix, de prendre résolution de la reddition de la ville « de Mende, laquelle nous n'avons pu desnier, suyvant « la résolution prise au moys de mars dernier en l'as- « semblée de Montpellier, estant avertys par lettres de « Sa Majesté que ledit adveu est entre ses mains dont « nous en demeurons satisfaits, nous avons voulu faire « la présente pour vous prier incliner et vous conformer « à la dicte résolution..... (1). »

Le même jour, le vicomte de Turenne, après avoir présidé cette assemblée des églises, écrit à Merle qu'il n'y a plus à hésiter et qu'il faut obéir, puisque MM. de La Garde et de Lambert lui portent les dépêches de Mgr le duc d'Anjou et du roi de Navarre avec des ordres précis et formels, et que les délibérations et ordonnances des églises sont conformes à ces ordres (2). Tout refus et toute résistance seraient, en présence de ce concert, un acte de rébellion, qui entraînerait pour son auteur un plein désaveu et les conséquences les plus périlleuses.

Merle le comprit bien, et se disposa à obéir; mais avant de se dessaisir de son gage, il voulait qu'on réa-

(1) Lettre des églises de Nîmes, le 13 mai 1581.
(2) Lettre du vicomte de Turenne du 13 mai 1581.

lisât la promesse faite par Henry de Navarre dans sa réponse du onze mars précédent, quand il l'avait autorisé à se faire assigner comme dédommagement huit à dix mille écus. Il soumit ses prétentions aux États du Gévaudan réunis le quatorze mai à Chanac. Après plusieurs jours de débats et de négociations, les États prirent une décision pour accorder à Merle six mille cinq cents écus, dont il ne se contenta pas, car quelques jours après, malgré bien des tiraillements, les États durent prendre une nouvelle décision (5 juin), par laquelle il fut décidé que le baron d'Apchier aurait à lui vendre Salavas et Lagorce, moyennant un prix dont le pays se rendait solidaire pour huit mille écus (1).

Pendant ces négociations, les instances les plus pressantes arrivaient de tous côtés à Merle, pour en finir et publier la paix.

Le 20 mai, les églises de Montauban l'exhortaient à satisfaire Sa Majesté le roi de Navarre, et à considérer que, s'il agissait autrement, il amènerait pour les églises le renouvellement et la continuation des misères passées. Le 22 mai, c'était le prince de Condé qui revenait à la charge et répétait tous les motifs de nature à le décider à obéir ; il accompagnait ses recommandations des assurances les plus vives de ses bonnes dispositions et du soin qu'il apporterait à entretenir le roi de Navarre

---

(1) Burdin, t. II, p. 26, cite à ce sujet les archives départementales de la Lozère. Ces dédommagements pour rendre une ville sans y être contraint par les armes étaient dans les habitudes du temps. On peut citer, parmi tant d'autres exemples, la reddition du Pouzin en 1626 par le brave Brison, qui remit cette place au connétable de Lesdiguières sur l'ordre du roi, moyennant 40,000 écus comptant, « le roy aimant mieux
« bailler cet argent que d'y engager ses armes et y consommer de grandes
« sommes. » (Soldat du Vivarais.)

dans sa bonne volonté de tenir *la promesse* qu'il avait faite à Merle.

En même temps, le roi de Navarre envoyait aussi par MM. de Lescure et de Lacombe de nouveaux ordres plus pressants pour appuyer les instances des églises de Montauban et du prince de Condé. On doit noter la recommandation faite à MM. de Méausse et de Pourcairès afin de veiller à la sûreté des pauvres familles réformées réfugiées à Mende, et l'ordre donné aux habitants de Marvejols de les recevoir.

Toutes les difficultés étant aplanies, la paix fut publiée le dimanche 11 juin 1581, en présence de MM. François de La Garde, écuyer de Monsieur, frère unique du Roi, et de Jehan de Lambert, écuyer du roi de Navarre, députés de la part de Son Altesse et du roi de Navarre, du sieur Pol Albariès, docteur ès-droit et substitut du procureur du Roi en la cour du bailliage de Mende, sur les réquisitions de ce dernier, et de noble Mathieu de Merle ; elle fut enregistrée par François Dumas, docteur ès-droit (1).

Le 15 juin, Henry de Navarre, n'ayant pas encore l'avis que tout était terminé, et ne voyant pas revenir MM. de Lambert et de Lacombe, ses émissaires, témoignait à Merle son impatience. Dans une nouvelle dépêche portée par M. de Latour, *chevaulcheur* de son écurie (2), et datée de Nérac le 1er juillet, ce prince lui

---

(1) Lesdiguières, qui, à l'instigation du prince de Condé, avait aussi continué la guerre en Dauphiné, malgré la paix de Fleix, fit sa soumission seulement à la fin d'août ; encore fallut-il pour l'y contraindre l'arrivée du duc de Mayenne avec des forces imposantes. (Pasteur Arnaud, *Histoire des protestants du Dauphiné.*)

(2) Lettres d'Henry de Navarre du 15 juin et du 1er juillet.

remontrait qu'il recevait les plaintes de la cour au sujet de tous ces retards, tant de M. le duc d'Anjou que de M. de Bellièvre, ministre du Roi. Ignorant qu'au moment où il écrivait, il était obéi, il témoignait son irritation en disant : « Advisez donc de ne me faire changer « le désir que j'avois à vostre conservacion en vostre « totale ruyne, comme je fairay si bien tost je n'entends « qu'ayez obey. »

D'un autre côté, les églises du bas Languedoc témoignaient combien elles avaient de répugnance pour rendre Mende ; la prise de Réquista par les catholiques leur servit de prétexte pour envoyer à Merle, le 16 juin, une dépêche où elles énuméraient tous leurs griefs : les catholiques s'étaient emparé de Réquista ; ils avaient des troupes sur pied entretenues par des contributions sur le peuple comme au temps de la guerre ; ils ne voulaient pas laisser rentrer dans leurs biens et maisons les réformés réfugiés ; le duc de Mayenne allait assiéger Livron, faire la guerre à leurs frères du Dauphiné, etc. Ils concluaient donc qu'il fallait surseoir à la publication de la paix et à la reddition de Mende (1).

Mais depuis cinq jours la paix était publiée à Mende, et Merle avait pris l'engagement formel de rendre la ville ; les injonctions des églises du bas Languedoc restèrent donc sans effet, et la ville fut remise à M. de Frissonnet, délégué par Monsieur, duc d'Anjou, pour la recevoir.

Le 28 juin, suivant les engagements antérieurs, Jehan d'Apchier, vicomte de Vazeille, chevalier de l'ordre,

---

(1) Lettre des églises du bas Languedoc du 16 juin 1581.

donna procuration à François Pouget, seigneur de Fosses, pour vendre à Mathieu de Merle, gentilhomme-servant du roi de Navarre, la terre et baronnie de Lagorce, le comté d'Ebbo et la châtellenie de Salavas, situés sur les diocèses de Viviers et d'Uzès, moyennant la somme de vingt mille écus d'or. En vertu de cette procuration, donnée au château d'Ance, l'acte définitif fut passé à Marvejols, en présence de Jean Barrau, notaire royal ; des otages furent donnés de part et d'autre pour l'exécution de cet acte (1).

---

(1) La baronnie de Lagorce donnait à son possesseur le droit d'entrée aux États particuliers du Vivarais. (D'Aubais, *Notice sur le haut Vivarais*, et contrat de vente du 28 juin.)

CHAPITRE VI

Au mois de juillet 1581 Merle quitta Mende pour aller prendre possession de sa seigneurie.

On comprend le soulagement qu'éprouvèrent les gens de Mende et les habitants du Gévaudan par suite de son départ. Ils avaient pendant dix-huit mois souffert cruellement sous le joug d'un vainqueur qui avait traité ce pays catholique en pays conquis ; on comprend toutes les plaintes, les unes justes, les autres exagérées, dont sont remplis les documents du temps, écrits sous l'impression de souffrances réelles ; depuis lors, la plupart de ceux qui ont écrit sur Merle s'en sont fait l'écho.

Il ne faut pourtant pas que des plaintes fort naturelles dénaturent la vérité ; Merle fit la guerre par les ordres des églises ou du roi de Navarre, et non pas comme un aventurier sans aveu. Ce prince a constamment avoué les actes de son partisan, comme on a pu le voir par les lettres et les aveux cités précédemment ; il l'a fait non seulement en présence des événements, mais encore longtemps après, alors que devenu Henri IV, et jugeant le passé avec la froide raison, il accordait aux enfants de Merle le 7 septembre 1595, dans des lettres patentes données à Lyon, le plus précieux témoignage : « *Bien mémoratif du pouvoir par nous octroyé audict de Merle et des services qu'ils nous a faicts, voulons favorablement traicter ses dicts héritiers,* etc. (1). »

Il faut espérer que ce témoignage éclatant mettra un terme à des accusations passionnées, et remettra sous leur véritable jour des actes, qui assurément ne cadrent plus avec les habitudes militaires de l'époque actuelle, mais qui étaient conformes aux mœurs de ces temps si profondément troublés par les passions religieuses, par des haines et des représailles implacables.

Parmi les compagnons de Merle, les uns l'accompagnèrent dans sa nouvelle demeure ; d'autres se retirèrent au château de Quézac avec son plus jeune frère, François ; d'autres, au château de Peyre, avec son beau-frère, Pierre d'Auzolles, seigneur de la Peyre ; le reste, avec son frère aîné et ses capitaines, alla occuper le Malzieu et Marvejols.

Quant à lui, après tant d'agitations et de fatigues, il avait bien acquis le droit de jouir quelques moments des douceurs de la paix dans son nouveau domaine, où tout était réuni pour satisfaire ses goûts ; en effet ces places étaient situées dans une position très importante, pour commander les passages de l'Ardèche, sur la principale voie de communication entre le bas Languedoc et le Vivarais. Le grand et fort château de Sala-

---

(1) Lettres patentes d'Henry IV, du 7 septembre 1595.

vas se dressait sur un rocher escarpé à quelques pas de l'Ardèche, sur la rive droite ; la tour du moulin, sur un rocher au milieu de la rivière, était inabordable ; ces deux positions commandaient si fortement le passage, que M. de Rohan dut plus tard en faire le siège en règle avec du canon, pour pouvoir passer.

En aval de la rivière la nature a jeté une arche de rocher qui réunit les deux rives et permettait les communications ; un ancien fort nommé Ebbo, placé sur la rive droite à une faible distance de ce pont, appelé le pont d'Arc, pouvait être réparé et recevoir des défenseurs pour empêcher le passage.

Enfin le bourg de Lagorce, plus éloigné de l'Ardèche et plus au nord sur la rive gauche, muni d'un bon château et de fortes murailles, coupait la route du Vivarais et rendait maître de cette voie de communication.

L'importance stratégique de ces positions n'avait pas échappé à l'œil exercé de Merle ; il avait sûrement calculé tout le parti qu'il pourrait tirer plus tard d'une semblable position ; le bourg de Vallon, qui formait une enclave dans la baronnie (1), était aux mains des réformés, de sorte qu'il offrait un point d'appui plutôt qu'un obstacle. Cependant le vieux château de Vallon, assez éloigné du bourg et perché sur une haute éminence en face du château de Salavas sur la rive opposée, était resté aux mains des catholiques.

Si les préoccupations militaires permettaient au possesseur de ce domaine d'admirer les beautés de la nature, il avait amplement de quoi se satisfaire : sur les hautes

(1) Il n'y fut réuni qu'en 1747.

terrasses qui restent de la forteresse féodale de Salavas, la vue embrasse au loin les cimes des Cévennes, et dans une vallée qui s'élargit vers Vallon, on suit le cours de l'Ardèche, dont l'aspect est des plus gracieux et des plus riants en cet endroit fertile.

La rivière ne tarde pas à changer son cours paisible pour former des rapides, au moment où elle s'engage entre des rochers dressés de chaque côté comme des murs à pic jusqu'au pont d'Arc et bien au delà.

Le premier soin de Merle fut d'augmenter les défenses de ses places par des travaux inspirés par sa grande expérience de la guerre.

Pendant ce temps, les principaux chefs ne l'oubliaient pas, et entretenaient avec lui une correspondance qui témoigne de l'estime qu'ils avaient pour le vaillant et heureux capitaine, et la part considérable qu'ils lui réservaient dans leurs entreprises futures. Mais il ne tarda pas à tomber malade ; sa robuste constitution, qui avait résisté aux fatigues incessantes de treize ans de guerre, où il ne s'était ménagé ni le jour, ni la nuit, s'était tout d'un coup altérée ; le calme de la paix avait amené une réaction, et pour cette nature ardente et inquiète, le repos avait été le signal précurseur de la mort.

Une lettre du prince de Condé, datée de Nîmes le 3 janvier 1582, fait connaître que la maladie de Merle l'avait empêché d'aller le voir : « Monsieur de Merle, « je vous remercie du présent que vous m'avez envoyé, « n'estant besoing d'user d'aulcune raison de m'estre « venu trouver, vous dispensant vostre malladie de « cela. »

Voici pourquoi le prince de Condé se trouvait alors à

Nîmes : après le règlement des affaires du parti protestant dans l'assemblée de Montauban, le prince avait dû suivre le roi de Navarre à Coutras et y faire sa soumission à Monsieur ; puis on l'avait relégué dans son gouvernement de St-Jean-d'Angely, où il vivait à l'écart, sans relations, ne sachant des affaires que ce que son cousin voulait bien lui communiquer.

Il était si bien réduit à l'impuissance, qu'Henry de Navarre ne craignit pas de l'envoyer quelques mois plus tard en Languedoc, pour y étaler l'humiliant spectacle de sa faiblesse, l'employant aux démarches nécessaires pour remettre l'autorité entre les mains de MM. de Montmorency et de Châtillon, ses adversaires.

Le prince se faisait l'illusion de croire que ce séjour en Languedoc pourrait lui permettre de renouer ses traités avec les églises du Dauphiné, de Provence et du Languedoc, pendant qu'il continuait à négocier, par l'entremise de La Huguerye, avec le duc Casimir et les princes allemands (1). Il se flattait qu'il pourrait reprendre ses anciens projets ; il le montrait clairement en écrivant à Merle : « Aussy je fais tel estat de vous que
« je m'asseure que rien cela (la maladie) ne vous pourra
« divertir d'accomplir ce à quoy je vous vouldroys em-
« ployer quand il seroyt nécessaire... »

Mais il avait manqué l'occasion ; ses amis avaient perdu confiance en lui, parce qu'ils l'avaient vu à l'œuvre et avaient pu constater sa légèreté et sa débilité ; ses ennemis avaient pris leurs mesures, bien certains qu'il n'avait plus les moyens de rien entreprendre, et ils le

---

(1) La Huguerye.

traitaient sans considération, se servaient de lui sans même payer ses services, car il était dans le plus extrême dénûment; ne pouvant recouvrer les assignations qu'il avait sur Mende, il était réduit à demander son concours à Merle qui s'y employa volontiers, mais sans succès ; ce fut l'occasion d'une nouvelle lettre, où le prince gémit piteusement de ce qu'il a été mal assigné (1).

C'était pitié, dit La Huguerye, de voir ce pauvre prince se rendant l'instrument de la ruine des affaires qu'il avait eu tant de peine à établir l'année précédente, et dans un état d'autant plus malheureux, qu'il ne reconnaissait pas son malheur. Comme fiche de consolation, Montmorency, en se servant de lui, lui faisait entrevoir l'espérance d'un mariage avec sa nièce, de La Trémouille (2).

Merle avait laissé dans le château de Quézac, avec une garnison sous les ordres de son frère François, deux canons qu'il avait jadis fait fondre à Mende. Soit par crainte que ces canons permissent à Merle de faire des difficultés pour rendre Quézac, clef de la haute vallée du Tarn, soit qu'on ne voulût pas laisser à sa libre disposition des instruments dont on connaissait l'usage qu'il savait en faire, le pays offrit ces canons au roi de Navarre, qui, le 25 janvier 1582, prescrivit à Merle de les remettre à M. de Pourcairès pour les conduire à Marvejols. Il lui disait à ce propos : « Je pense

---

(1) Lettres du 3 et du 18 janvier 1582.

(2) Ce mariage s'exécuta, et le prince n'eut pas à s'en louer, si les accusations portées après sa mort contre sa veuve et le page Belcastel sont exactes. (Le duc d'Aumale, *Histoire des princes de Condé*.)

« que vous ne vouldrez faire aulcune difficulté », d'où l'on peut supposer qu'il avait quelque doute à ce sujet. Merle n'hésita pas cependant à les remettre et ne fit rien pour retenir le château de Quézac, qui fut livré au baron d'Apchier en juin 1582 (1).

En même temps le roi de Navarre commandait à Merle de se réconcilier avec M. de Châtillon. Leur désunion était très préjudiciable à ses intérêts, et il avait grandement à cœur de les réconcilier. Les griefs réciproques étaient considérables : Merle n'avait pas eu à se louer de la conduite de M. de Châtillon, mais il l'avait emporté sur lui, ce qui devait le disposer à oublier son injure. M. de Châtillon devait avoir plus de peine à pardonner : Merle avait eu le gouvernement de Mende malgré lui ; par sa capacité militaire et par ses succès, il avait pris sur les églises du bas Languedoc une telle influence, qu'elle lui faisait ombrage, et menaçait de balancer la sienne. Mais les instances du roi de Navarre et le calcul qu'il avait plus à perdre qu'à gagner à une brouille avec un homme maître des Cévennes et très redoutable ennemi, le disposèrent à une réconciliation, dont on voit la preuve dans la lettre qu'il écrivit à Merle le 5 août 1582.

Il lui proposait de prendre part à une expédition pour secourir Messieurs de Genève, qui avaient déjà adressé une requête à Merle pour lui demander le secours de sa vaillante épée. Le péril était pressant, quatre mille hommes menaçaient Genève ; aussi M. de Châtillon ne donnait que huit jours à Merle pour le rejoindre avec ses

(1) D'Aubais, t. I.

troupes. Il lui annonçait qu'il allait partir avec les forces du bas Languedoc en attendant celles du haut Languedoc, qui ne devaient pas tarder à le rejoindre, sous la conduite de son frère Dandelot ; il l'assurait en terminant qu'il était « *son meilleur et plus asseuré amy* « *à jamais.* » En supposant que cette proposition eût pu tenter Merle, son état ne lui permit pas de l'accepter ; soit par suite de ce refus, soit pour toute autre cause, cette expédition à Genève n'eut pas lieu à cette occasion (1).

Le roi de Navarre amena en même temps une réconciliation bien autrement importante entre Montmorency et Châtillon, brouillés depuis le commencement de l'année 1577, au moment où ce dernier ferma au maréchal les portes de Montpellier et en expulsa la maréchale.

---

(1) Châtillon fit plus tard une expédition dont Gondin, dans son récit des exploits de Merle, dit qu'elle offrit de belles particularités. En voici un aperçu, d'après St-Auban et l'*Histoire des protestants du Dauphiné* : Le 1er août 1587, Châtillon passa le Rhône pour aller à la rencontre des Suisses ; il fut accueilli en Dauphiné et accompagné par Lesdiguières. Les Suisses, au nombre de 3,000 environ, entrés en France par Montmeillan, s'avancèrent jusqu'à la Romanche, près de Vizille. M de la Valette, gouverneur du Dauphiné, dépêcha le colonel d'Ornano pour les reconnaître, tandis que lui-même se mettait en bataille le long de la Romanche, pour empêcher Châtillon et Lesdiguières de franchir cette rivière et de les secourir. Pendant que les Suisses cherchaient un passage, d'Ornano, avec des forces bien inférieures, jugea le moment propice pour les charger avec sa cavalerie ; il les mit en désordre et en fit un carnage affreux. C'est en vain que MM. de Châtillon et de Lesdiguières, témoins du combat, essayèrent de franchir la Romanche pour leur venir en aide, M. de la Valette leur barra le passage. La perte des Suisses fut immense : ils perdirent les deux tiers de leur monde, et presque tout le reste fut fait prisonnier. Châtillon, rejoint par quelques fuyards, continua sa route vers la Savoie par des chemins inpraticables sous la protection de Lesdiguières ; il alla rejoindre l'armée allemande, qui entrait en France pour donner la main à Henry de Navarre. Ce dernier livra sans eux, à Joyeuse, le 24 septembre 1587, la bataille de Coutras.

Les menées du prince de Condé avaient eu pour résultat de les rapprocher ; Montmorency ne voyait pas sans inquiétude un prince du sang cherchant un grand établissement dans son gouvernement. En outre, les progrès menaçants des Guise, ses ennemis, le portaient à s'appuyer de nouveau sur le parti protestant.

Châtillon n'avait pas vu non plus d'un œil indifférent la direction des églises du bas Languedoc lui échapper et passer entre les mains du prince de Condé ; il travaillait à la reprendre, et l'appui du maréchal lui était indispensable.

Ce rapprochement produisit d'un autre côté la rupture de Montmorency avec le vicomte de Joyeuse, son lieutenant-général en Languedoc. Ce personnage ambitieux, soutenu par la faveur de son fils, le duc de Joyeuse, mignon d'Henry III, saisit avec empressement cette occasion de se faire le champion de la Ligue ; il se sépara avec éclat de son bienfaiteur, malgré qu'il dût sa fortune à la maison de Montmorency ; il se cantonna à Narbonne. Ce fut le point de départ d'une rivalité dont on verra plus tard les fâcheuses conséquences, pour les places que Merle laissa entre les mains de ses capitaines et soldats.

Le roi de Navarre sut profiter fort habilement de ces conjonctures pour déjouer les intrigues de son cousin, et pour s'assurer le précieux concours du maréchal, qu'il paya plus tard par l'épée de connétable. Afin de rendre fécond ce rapprochement, il convoqua à Montpellier une assemblée pour le 25 novembre 1582, et comme elle ne put avoir lieu, parce que les délégués n'avaient pas été prévenus à temps pour s'y rendre, il l'ajourna au 15 janvier suivant ; il invita Merle à y assister par une lettre datée de Nérac le 23 décembre 1582.

Le motif apparent de cette réunion était : « Afin « que tant par mes depputés que par ceulx des églises « que sont maintenant près de Monsieur de Mont- « morency, elles puissent estre au vray informées et « esclairées de tout ce qui a esté par eulx traicté et « accordé jusques icy avec le dict sieur de Montmo- « rency et de ce qui a esté effectué pour l'établissement « de la paix et exécution de l'édict. » Les instructions confidentielles étaient sous-entendues quand il ajoutait : « Et pour entendre ce que les sieurs de Clairvant et du « Puy, mon conseiller et secrétaire de mes commande- « ments et finances, vous y diront de ma part, lesquels « je vous prye croire comme moy mesme. »

Montmorency, dans le courant de décembre, s'était, en effet, rendu à Montpellier, et pour bien lui témoigner combien lui et les siens étaient heureux de l'y voir dans cette circonstance, Châtillon l'accueillit avec les plus grands honneurs de manière à bien lui faire oublier comment il en était sorti (1).

Les conséquences de cette entrevue furent telles que l'avait souhaité et prévu le roi de Navarre : Montmorency fut gagné aux intérêts du parti protestant, Châtillon, soutenu par le roi et le maréchal, reprit le généralat des églises dans le bas Languedoc ; et le prince de Condé, qui n'était pas même nommé dans la lettre citée

---

(1) *Histoire de la guerre civile en Languedoc*, par un anonyme, — d'Aubais.

plus haut, passa presque inaperçu à Montpellier, où il vit toutes ses espérances déçues et fut contraint d'abandonner la partie dans cette région.

Merle ne put pas se rendre à cette assemblée ; son état s'était aggravé ; il languit pendant tout le courant de l'année ; sentant sa fin approcher, il testa au château de Salavas, le 6 décembre 1583, et mourut avant la fin de janvier suivant, âgé de trente-cinq ans.

En considérant ce qu'il avait accompli pendant quatorze années de sa jeunesse, on peut se demander ce qu'il aurait fait encore, alors qu'étant dans la force de l'âge, il avait acquis réputation, expérience, confiance de ses coreligionnaires et surtout l'estime d'Henry de Navarre ; et ce qu'il serait devenu si, atteignant les limites moyennes de la vie, il avait pu suivre la fortune de ce prince devenu Henry IV ?

Il laissait deux enfants, un fils, Hérail de Merle, baron de Lagorce, et une fille, Marie de Merle, qui épousa Louis de Barjac, seigneur de Vals (1). Sa veuve, Françoise d'Auzolles, se remaria deux fois : le 28 avril 1585, à Villeneuve-de-Berg, avec Antoine de Beaumont, seigneur de Cinergues (2), dont un des témoins était Olivier

---

(1) Louis de Barjac appartenait à la maison de Châteauneuf-Randon, dont les branches principales étaient :
1° Les comtes de Châteauneuf-Randon, barons du Tournel ;
2° Les comtes d'Apchier ;
3° Les comtes de Barjac de Rochegude ;
4° Les vicomtes et ducs de Joyeuse fondus dans la maison de Lorraine, (Burdin, t. II).

(2) Antoine de Beaumont, seigneur de Cinergues, appartenait à la maison de Beauvoir du Roure, dont la maison de Beaumont était une des branches les plus marquantes ; il était le cousin de Beaumont-Brison, dit « le brave Brison, » et de Beaumont, seigneur de Chabreilles, deux frères qui jouèrent un rôle considérable dans les guerres religieuses.

de Serres seigneur du Pradel, le célèbre agriculteur ; le 24 juillet 1595, au château de Salavas, avec Adam d'Audibert, seigneur de Vendras (1), fils du seigneur de Lussan. La qualité de ces deux seigneurs indique clairement la situation considérable que Merle avait laissée à sa veuve.

La mort de Merle eut un grand retentissement dans les Cévennes. Les siens étaient dans la consternation, comme s'ils pressentaient les malheurs qui les menaçaient : ils comprenaient que la perte de ce chef redoutable était pour eux la fin des entreprises hasardeuses et toujours prospères ; ils voyaient que leur sécurité même était en péril. Leurs ennemis, qu'avait retenus la crainte de ce nom si redouté pendant sa vie, allaient les trouver affaiblis et effrayés.

D'un autre côté, ces ennemis, pleins d'allégresse, se préparaient à la vengeance : contre ses héritiers mineurs et sans défense, par des procès ruineux ; contre ses amis et ses compagnons, par une campagne désastreuse pour eux.

Jean, comte d'Apchier, vendeur de la baronnie de Lagorce, poursuivit la résiliation de la vente (2), et l'évêque de Mende, de concert avec le syndic du chapitre et les consuls de la ville, joignit à cette instance une demande en restitution de 40,000 livres.

(1) Adam d'Audibert appartenait à la maison de Lussan, qui a fourni un archevêque à Bordeaux et un chevalier du Saint-Esprit. La seigneurie de Lussan, gros bourg du diocèse d'Uzès, fut érigée en comté en 1645. (D'Aubais). L'ancien et grand château de Lussan est une des rares demeures féodales qui soit encore debout dans ce pays.

(2) M. d'Apchier réclamait la nullité de la vente de la terre de Lagorce à cause du contrat de mariage de Béraud d'Apchier et d'Anne de Lagorce, du 9 avril 1408, et du testament de cette dernière du 21 mai 1427, qui auraient stipulé la substitution de cette terre et l'auraient rendue inaliénable (Archives de la maison de Lagorce).

Le procès dura jusqu'en 1619 avec des péripéties fort diverses, et fut suspendu deux fois, par la mort sanglante de Jean d'Apchier et de Philibert d'Apchier, son héritier ; ces deux morts tragiques dépeignent bien la violence des passions et des actes pendant ces temps troublés.

Jean d'Apchier, vicomte de Vazeilles, fut tué dans la terre de Vissac par Tristan de Taillac, baron de Margeride, le 24 juin 1586 (1). En 1605, Philibert, comte d'Apchier, fut tué dans l'église de Mende pendant la messe par M. de Villefort, seigneur de Randon (2), à la suite d'une querelle de préséance aux États du Gévaudan. « Le mardy, xviii° jour dudict mois de janvier,
« lesdicts estatz ont différé de s'assambler par tout le
« jour à cause de l'excès qui est survenu le matin en la
« grande église de ladicte ville de Mende, où le sieur
« baron d'Apchier a esté blessé à la mort, et quelques
« gentilzhommes du sieur baron de Randon tués et
« aultres blessés. »

Les héritiers de Merle auraient peut-être succombé sans la puissante intervention d'Henri IV ; Merle avait négligé de faire enregistrer les lettres d'abolition données en 1581 par le roi Henri III et par le roi de Navarre ; ses ennemis se prévalaient de cette négligence, pour que ces lettres demeurassent sans effet, comme étant surannées, et pour réclamer à ses héritiers des sommes

---

(1) D'Aubais.

(2) Armand de Polignac, frère du vicomte de Polignac. Il fut condamné par le parlement de Toulouse à avoir la tête tranchée, « après avoir faict
« le tour par les rues et carrefours accoustumés, monté sur un tombe-
« reau, ayant la hart au col..... » (Burdin).

considérables. Dans ses lettres-patentes du 7 septembre 1595, Henri IV déclare qu'en souvenir des services que Merle lui a rendus, il veut bien traiter ses héritiers, il ordonne qu'ils jouissent pleinement des lettres d'abolition accordées à leur père, et que par conséquent ils ne puissent être recherchés ni poursuivis ; il commande à tous ses gens de cour et de parlement, à tous ses officiers de justice de les vérifier, et dans le cas où les biens de feu le capitaine Merle seraient saisis, d'en faire à ses héritiers pleine et entière délivrance (1).

Enfin le parlement de Toulouse rendit un arrêt, le 13 décembre 1619, tranchant la question en faveur d'Hérail de Merle, baron de Lagorce, contre Christophe, baron d'Apchier (2). Cet arrêt repoussait les prétentions de ce dernier et maintenait la vente de la seigneurie de Lagorce ; il ajournait les prétentions pécuniaires de l'évêque, du syndic du chapitre et des consuls de Mende, les laissant libres d'introduire une autre instance, s'ils le jugeaient convenable (3).

---

(1) Lettres-patentes d'Henri IV, du 7 septembre 1595. Voir aux pièces justificatives.

(2) La paix finit par se faire entre les maisons d'Apchier et de Lagorce, car le petit-fils de Merle, Hérail de Barjac, seigneur de Vals, épousa Jeanne d'Apchier, fille de Philibert, comte d'Apchier.

(3) Cet arrêt est dans nos archives.

CHAPITRE VII

L'orage se formait contre les compagnons de Merle et allait éclater, grâce à l'antagonisme du vicomte de Joyeuse et de Montmorency. Le duc de Joyeuse avait apporté à son père tout le concours que la faveur d'Henri III avait pu lui procurer : il l'avait fait nommer maréchal de France ; il avait procuré à ses frères de hautes situations dans la province du Languedoc, de manière à renforcer l'autorité de leur père : l'un avait été créé coup sur coup archevêque de Narbonne et de Toulouse, puis cardinal ; un autre avait été fait grand prieur de Toulouse. Tout avait été mis en œuvre pour dépouiller Montmorency de son gouvernement ; le roi y eût volontiers consenti, mais il redoutait la puissance de ce seigneur aimé d'une grande partie des catholiques et soutenu par ses liaisons avec les réformés. Le duc de Joyeuse eut l'idée que ces liaisons suspectes pourraient le faire excommunier, et qu'alors il serait facile d'amener sa chute ; dans ce but il fit à Rome un voyage avec le caractère d'ambassadeur ; mais ses efforts furent inutiles. Le vicomte de Joyeuse parut alors renoncer à ses prétentions, il consentit à un accommodement avec son rival, mais il ne fut qu'apparent et de peu de durée. En effet, dans le courant de l'année 1586, l'amiral de Joyeuse obtint du Roi une armée pour aller détruire les réformés dans le Languedoc, espérant du même coup ébranler la puissance de Montmorency.

En prenant congé du Roi au commencement de juin, il lui promit de raser toutes les villes « de ceux de « la religion, et d'en exterminer les habitants, d'aller « ensuite chercher le roi de Navarre et de le lui amener « pieds et poings liés (1). »

L'évêque de Mende et les catholiques du Gévaudan, M. de St-Vidal, gouverneur du Velay, profitèrent de ces dispositions de l'amiral pour le solliciter, avec les instances les plus pressantes, de porter ses forces dans leurs parages afin d'écraser des gens contre lesquels ils avaient avec raison tant de griefs et de rancunes.

L'amiral se trouvait à Moulins dans les premiers jours de juillet, préparant de magnifiques équipages, comme il convenait à un favori voluptueux et fastueux ; il y avait convoqué huit mille fantassins et huit cents chevaux. Pendant que cette petite armée se formait, il alla à Bourbon-l'Archambault pour y prendre les eaux. Là il apprit que Châtillon assiégeait Compeyre, petite place sur le Tarn, près de Milhau en Rouergue ; aussitôt il quitta Bourbon pour faire lever ce siège. L'armée de Châtillon était composée de deux mille hommes de pied et de trois cents chevaux. L'amiral

---

(1) *Histoire du Languedoc.*

réunit en toute hâte les troupes qui se trouvèrent sous sa main ; il se dirigea à grandes journées vers Brioude, où il arriva le 1ᵉʳ août 1586. Le lendemain lui parvint l'avis que le siège de Compeyre était levé. Sa diligence avait été pour les assiégeants le plus puissant des secours, car la renommée, « faisant, comme on le dit, le « loup plus grand qu'il n'était », avait beaucoup accrû les forces qu'il avait tout d'abord emmenées.

Pendant qu'il était encore à Brioude, il fut rejoint par les lansquenets ; St-Vidal lui amena six canons du Puy, qui, ajoutés aux quatre canons amenés de Paris, lui firent une artillerie redoutable (1).

L'amiral résolut d'assiéger le Malzieu. Il envoya, le 3 août, M. de Lavardin, avec sa compagnie et quarante arquebusiers, pour reconnaître la place et l'investir ; il envoya l'ordre au sieur de Drugeac, qu'il avait fait partir en avant avec cinq cents arquebusiers pour secourir Compeyre, de rebrousser chemin, et de venir rejoindre M. de Lavardin devant le Malzieu. Les assiégés, sommés de se rendre et ne voyant que cette faible avant-garde, répondirent par des railleries, disant « que « l'armée de Mgr de Joyeuse était de beurre frais et « estoit fondue par les montagnes » ; mais ils changèrent bientôt de langage. L'amiral arriva avec le reste de ses troupes et son artillerie ; il reconnut la place lui-même, fit faire de nouvelles sommations pour décider les assiégés à se rendre. Un sergent sortit sous otage, venant dire qu'ils accepteraient, si on leur garantissait qu'ils pourraient se retirer avec armes et bagages ; mais

---

(1) *Voyage de l'amiral de Joyeuse en Gévaudan* (d'Aubais).

l'amiral ne voulut aucune capitulation et exigea qu'ils se rendissent à discrétion. La garnison se composait de cent cinquante hommes seulement et d'une vingtaine d'officiers, qui avaient tous pris part avec Merle aux guerres précédentes; ils savaient que le duc de Joyeuse était entouré de gens acharnés à leur perte, et qu'ils avaient à redouter les plus cruels traitements, s'ils se livraient sans condititions; ils résolurent donc de se défendre. Pendant toute une matinée ils tirèrent sur les assiégeants; mais quand ils virent approcher le canon, le cœur leur manqua : ils demandèrent M. de Lavardin pour parlementer. La Garde et Lescure sortirent, apportant les clefs du Malzieu, qu'ils remirent en s'abandonnant à la merci du duc de Joyeuse. Ils n'eurent pas à s'en louer : il avait bien, paraît-il, l'intentention de leur sauver la vie, mais il dut tenir compte des plaintes et obsessions de St-Vidal et des autres catholiques de cette région, qui ne pouvaient se résigner à voir échapper des hommes autrefois leurs maîtres et maintenant leurs prisonniers. Pour les satisfaire, il dut en livrer sept au bourreau : ils furent pendus à une tour, et St-Vidal, si souvent battu par Merle, eut la satisfaction de contenter sa vengeance contre ses lieutenants et d'être le maître du Malzieu, dont l'amiral lui donna le gouvernement.

Joyeuse partit le 10 août pour aller coucher à St-Chély. De là, il envoya reconnaître le château de Peyre, disant hautement qu'il voulait l'assiéger ; cette reconnaissance donna lieu à une escarmouche assez vive, où il y eut de part et d'autre quelques tués et blessés. Cette démonstration devant le château de Peyre avait pour but de tromper la garnison de Marvejols, en lui faisant croire qu'on ne songeait pas au siège de cette ville. La ruse réussit ; les gens de Marvejols négligèrent de se procurer du secours, par crainte de diminuer leurs vivres. Pendant ce temps, l'artillerie était arrivée ; Joyeuse l'amena si hâtivement à Marvejols, que la garnison eut à peine le temps d'élever quelques retranchements avec de la terre, pour renforcer les défenses de la ville. M. de Lavardin reçut l'ordre d'en faire l'investissement avec deux régiments. Les assiégés, pour gêner les approches de leurs ennemis, firent une sortie, qui donna lieu à un combat très vif, où il périt assez de monde. L'avantage resta aux assiégeants, qui se logèrent près du fossé, après avoir repoussé l'ennemi dans la ville. La nouvelle arriva qu'un secours se préparait pour faire lever le siège. Le duc de Joyeuse, afin de reconnaître les forces des huguenots, que l'on disait être vers la Canourgue, envoya le marquis de Canillac et son frère, le grand prieur de Toulouse ; mais Châtillon ne jugea pas à propos d'engager ses troupes, soit qu'il fût bien aise de voir Joyeuse épuiser ses forces dans de petits sièges, soit qu'il redoutât de se mesurer avec lui à cause de l'inégalité de leurs troupes. Quoi qu'il en soit, après avoir levé le siège de Compeyre, pendant toute la durée des sièges du Malzieu, de Marvejols et du château de Peyre, il se tint prudemment à distance, sans tenter aucune diversion. La tentative qu'il aurait peut-être pu faire au début devenait chaque jour plus dangereuse, car Joyeuse avait reçu le reste de son armée, les deux régiments de Courtenai de du Puydufou, et deux mille lansquenets.

Cependant la confiance des assiégés ne paraissait pas

ébranlée; des lettres, écrites par eux, furent interceptées. Elles témoignaient de leur énergique résolution et de leur disposition à soutenir un long siège. Pendant que l'on établissait les batteries dans les positions les plus favorables pour ruiner la place, l'amiral fut légèrement blessé d'une balle à la tempe.

Enfin, le 19, l'artillerie ouvrit son feu, et quelques tours furent abattues ; une enseigne, faite d'une chape d'église, fut prise; la contrescarpe fut gagnée, et le portail de la ville renversé. Le lendemain on ralentit le feu, faute de munitions; mais le 21 douze pièces, placées en trois endroits, ne cessèrent, depuis dix heures du matin jusqu'à cinq heures du soir, de couvrir la ville de projectiles ; on tira seize cents coups de canon. Cette violente attaque ébranla le courage des gens de Marvejols, qui commencèrent à vouloir parlementer. La Roche, qui commandait la garnison, fit dire au marquis de Canillac, vers les dix heures du soir, qu'il était disposé à une composition ; le marquis transmit cette proposition au duc de Joyeuse, qui se montra disposé à l'accepter ; le lendemain, Rodes et Barrau, consuls, sortirent pour traiter. La capitulation fut conclue : on convint que la garnison sortirait la vie sauve, avec l'épée, et les capitaines avec leurs autres armes. Ils sortirent le jour même à deux heures, sous la protection du marquis de Canillac. Cette protection fut peu efficace, car plusieurs gentilshommes, animés contre les réformés par d'anciennes rancunes et par la soif de la vengeance, se jetèrent sur eux pour les frapper ; à cette vue, les lansquenets se ruèrent sur ces malheureux, qui eussent été tous massacrés, si Joyeuse ne fût arrivé et n'eût apaisé le tumulte, en témoignant combien lui étaient désagréables des actes de violence qui le faisaient manquer à sa parole.

La ville fut abandonnée au pillage, « afin que les « soldats eussent meilleur courage pour suivre le duc « de Joyeuse dans ses autres entreprises. » On y commit une infinité de cruautés à l'instigation de St-Vidal, auquel Joyeuse en avait donné le gouvernement, et qui préféra la détruire par haine des habitants ; il y fit mettre le feu, qui en consuma la plus grande partie, en sorte qu'il n'y resta qu'un monceau de ruines ; les murailles furent rasées jusqu'aux fondements, et une colonne de marbre fut élevée au milieu de la place où fut gravée une inscription qui rappelait cette exécution (1).

Joyeuse fit la revue de ses troupes ; il avait environ cinq mille hommes de pied et cinq cents chevaux ; il résolut d'assiéger le château de Peyre. Quoiqu'il en fût très rapproché, il fallut beaucoup de temps pour y conduire tout le matériel nécessaire à un siège ; les abords étaient très difficiles et les chemins peu praticables. Dix à douze jours s'écoulèrent avant de pouvoir amener l'artillerie devant la roche de Peyre, lieu si fort par son assiette naturelle, qu'il était réputé imprenable.

Toutefois, M. le duc de Joyeuse et M. de Lavardin reconnurent les lieux et découvrirent un endroit où, à grand'peine, on put hisser les canons, mais si propice, qu'il fut possible d'y établir une batterie pour foudroyer la place.

Le 4 septembre, elle battit le bas de la forteresse, que

---

(1) *Histoire du Languedoc.*

les soldats abandonnèrent, quoique ce fût la partie la plus forte : ils craignaient que le canon ne rompît un escalier de bois, le seul par où ils pussent monter au donjon sur la haute roche. Les assiégeants entrèrent dans les défenses, qui venaient d'être abandonnées, et se logèrent au pied du roc. Le lendemain, l'artillerie ayant foudroyé le terre-plein et les murailles du haut, Pierre d'Auzolles, seigneur de la Peyre (1), commandant de la place, proposa de se rendre ; il s'était défendu courageusement, puisque le château avait essuyé deux mille deux cents coups de canon, et que le siège durait depuis six jours. Il fut réduit à capituler en s'abandonnant à la merci du duc de Joyeuse, après que Lavardin lui eut donné l'assurance que tous auraient la vie sauve. Cette promesse fut tenue vis-à-vis des soldats, mais, par suite d'une interprétation équivoque, Pierre d'Auzolles fut retenu prisonnier et livré aux gens de Mende ; les soldats, au nombre de cent vingt environ, purent se retirer, après avoir fait la promesse de ne jamais porter les armes contre le Roi.

Pierre d'Auzolles, conduit à Mende, fut traduit devant des juges, auxquels il était bien difficile de conserver l'impartialité ; ils avaient entre leurs mains le beau-frère de Merle, et gardaient le souvenir encore saignant de tous les maux qu'ils avaient endurés ; l'issue de son procès ne pouvait être douteuse ; il fut condamné à avoir la tête tranchée. Il déclara qu'il n'avait jamais rien fait contre les lois de la guerre, et il dit « qu'il louait

---

(1) Pierre d'Auzolles était seigneur *de la Peyre*, dans la haute Auvergne, qu'il ne faut pas confondre avec la seigneurie *de Peyre*, en Gévaudan, où il commandait en cette circonstance.

CHAPITRE VII

« Dieu de tout ce qu'il lui avait donné, mais qu'il n'avait « jamais fait la guerre au bœuf ni à la vache, ni usé « d'aucune trahison. » Ensuite il écrivit à sa femme, qui était à Saint-Jean-du-Gard, lui disant, entre autres choses, de ne pas se remarier, et l'exhortant à prendre en patience toutes les épreuves qu'il plairait à Dieu de lui envoyer ; il pria instamment, que sa lettre lui fût remise, ce qui fut fait ; après il se retira à l'écart pour faire sa prière, et monta sur l'échafaud, où il se contenta de protester contre la trahison de M. de Lavardin, qui ne lui avait pas tenu parole, puis il s'abandonna au bourreau.

Cette expédition, que l'amiral de Joyeuse avait entreprise avec de si grands desseins, n'eut d'autres résultats que de ruiner les places dont Merle avait été le maître jusqu'à sa mort, et de disperser ou d'anéantir tous ceux qui l'avaient fidèlement servi ; car après cela, l'amiral ne fit plus rien d'important.

Il se dirigea vers le Rouergue, où il n'osa rien entreprendre contre Milhau, défendu par St-Auban. Après quelques démonstrations insignifiantes, il conduisit ses troupes auprès d'Alby ; mais bientôt lassé, découragé, voyant son armée décimée par la peste, il partit pour la cour, laissant à Lavardin le soin de licencier cette armée. Il fut encore moins heureux, l'année suivante, à Coutras, où il perdit contre le roi de Navarre la bataille et la vie.

CHAPITRE VIII

Le cadre de ce récit ne permet pas de suivre les réformés pendant la période de leurs plus grands succès, alors qu'attachés à la fortune d'Henry de Navarre, ils pouvaient se flatter de voir un jour la France entière soumise au pouvoir d'un prince de leur religion; ni de raconter leurs mécomptes, quand Henry de Navarre, devenu Henry IV, adopta la religion de la majorité des Français, ni d'examiner l'édit de Nantes accepté par eux faute de mieux ; ni de détailler leurs prétentions, leurs méfiances inquiètes et leur attitude menaçante dans leurs nombreuses assemblées politiques (1) ; ni de suivre les agissements suspects du vicomte de Turenne, devenu, par la faveur de son maître, maréchal de France et époux de l'héritière du duché de Bouillon (2).

Avec Louis XIII les réformés devinrent encore plus défiants et plus inquiets ; ils pressentaient que le fils d'Henry IV n'aurait pas pour eux les ménagements de

---

(1) De 1593 à 1608, outre sept synodes, les protestants français se réunirent dans onze assemblées politiques. (Guizot, *Histoire de France*).

(2) *Mémoires* de Sully.

son père, n'étant pas retenu par le souvenir des services rendus, des dangers partagés et par le respect d'une foi jadis commune. Ils ne se trompaient pas ; Louis XIII, secondé par Richelieu, tout en respectant leur foi religieuse, devait comprimer par la force leur esprit séditieux, les contraindre à respecter les lois et l'autorité royale, en attendant que Louis XIV leur fît expier cruellement tant de révoltes et tant d'appels à l'étranger.

En 1620, au moment où les réformés prirent les armes sous l'empire des méfiances qui viennent d'être signalées, Hérail de Merle, baron de Lagorce, fils et héritier du capitaine Merle, habitait le château de Salavas. Il avait épousé la fille du comte de Montréal, de la maison des Balazuc, l'une des plus antiques et des plus illustres du pays. Ce mariage l'avait amené à se faire catholique ; sa conversion avait exaspéré ses anciens coreligionnaires, les compagnons de son père et ses propres vassaux. Tous nourrissaient contre lui une haine, dont on va bientôt voir l'explosion contre sa personne et ses biens. Il était honoré de la faveur du roi, qui l'avait retenu parmi ses serviteurs, en le nommant gentilhomme de sa chambre.

Les troubles du Vivarais éclatèrent à Privas (1), à l'occasion du projet de mariage de Paule de Chambaud, veuve de M. de la Tour-Gouvernet, avec le vicomte de Cheylane, fils du baron de Hautefort, vicomte de Lestrange. Les vassaux protestants de cette dame, habitants de Privas, se crurent le droit d'intervenir pour empêcher ce mariage avec un zélé catholique, qu'ils redoutaient de voir devenir leur seigneur ; ils prirent si

---

(1) *Commentaires* du soldat du Vivarais.

bien leurs mesures, que le v^te de Cheylane, étant allé dans le château de Privas faire sa cour à sa fiancée, la nuit même, le château fut bloqué ; les amis du vicomte qui croyaient l'avoir accompagné à des noces, se trouvèrent à une tout autre fête. M. de Lestrange, demeuré chez lui et préparé à tout événement pour assister son fils, donna avis de ce qui se passait à messieurs de Montréal, de Rochecolombe (Vogüé), de Lagorce et à tous les autres seigneurs catholiques les plus voisins. Dès le lendemain il y eut près de Privas environ deux mille hommes avec quantité de gentilshommes volontaires. Comme on était sur le point de donner dans les tranchées faites par les assaillants autour du château, M. de Blacons arriva avec des huguenots du Dauphiné et fit un accommodement, par lequel le v^te de Cheylane se retira, et tout rentra dans l'ordre (janvier 1620).

Au mois de mars le vicomte, ayant résolu de renouveler sa poursuite, retourna au château de Privas bien accompagné, et pour éviter des obstacles imprévus, il conclut son mariage immédiatement. Aussitôt que les habitants le surent, ils investirent le château avec quinze cents hommes sous la conduite de M. de Brison, gendre de la mariée et, dit-on, prétendant éconduit par elle.

L'affaire devenait sérieuse ; la noblesse catholique du Vivarais, voyant que les réformés allaient tenter un grand effort, pensa qu'il était nécessaire de demander du secours à M. le duc de Montmorency (1), gouverneur

---

(1) Henri II de Montmorency était fils du duc de Montmorency Damville nommé connétable par Henri IV en 1595 ; il lui avait succédé dans son gouvernement du Languedoc. Nommé amiral de France à l'âge de 17 ans, il avait 25 ans en 1620 ; il eut la tête tranchée à Toulouse, après sa révolte avec Gaston, frère de Louis XIII, en 1632.

du Languedoc. Il était alors à Pézénas et mit une diligence merveilleuse à venir : il arriva le lendemain d'un combat qui avait eu lieu près de Privas. Il regretta beaucoup de ne pas s'être trouvé à cette première rencontre ; il se rendit aussitôt devant Privas, où les habitants du château étaient serrés de fort près et très incommodés par le manque d'eau, si bien que durant dix jours les dames, aussi bien que les hommes, ne burent que du vin pur. La présence de Montmorency amena la soumission des rebelles et la liberté pour le v^{te} de Cheylane, qui put emmener sa femme sans être inquiété (30 avril 1620).

Malheureusement pour eux, car ils l'expièrent cruellement plus tard, les gens de Privas se laissèrent aller aux excitations des églises, réunies à la Rochelle malgré la défense du roi [1]. Les réformés du Vivarais y avaient député messieurs de Mirabel et Chazalet-Châteauneuf, pour y porter leurs plaintes, disant que Privas était ville de sûreté, et que le mariage de leur dame avec un ardent catholique compromettait leurs intérêts, que M. de Montmorency s'était saisi du château et de leur tour, et que la garnison, qu'il y avait établie, les menaçait d'une totale ruine.

L'assemblée de la Rochelle invita les gens de Privas à repousser la force par la force ; cette injonction correspondait trop bien à leurs dispositions pour n'être pas accueillie avec empressement. Ils se procurèrent des munitions de guerre et firent des mines dans les caves les plus proches du château, si secrètement que

---

[1] *Histoire du Languedoc.*

dans dix jours elles furent sous la grosse tour sans éveiller l'attention ; le gouverneur St-Palays n'en eut connaissance que lorsqu'il vit la tour lancée en l'air et renversée. Ce premier succès les anima à poursuivre l'attaque si vivement, que St-Palays fut réduit à faire sa composition pour sortir avec les siens du château, qui fut rasé. C'était une superbe maison bâtie de neuf ; tous les papiers, les meubles et les matériaux furent publiquement partagés, les arbres du jardin furent tous arrachés avec une rage inconcevable.

Le duc de Ventadour, lieutenant-général du Languedoc, était à deux lieues de là dans son château de la Voulte, il convoqua en toute hâte la noblesse et les forces catholiques du Vivarais et prit toutes les dispositions pour réparer l'échec qu'il n'avait pu prévenir (1).

Tout d'abord il envoya les régiments de Logères et de Rochecolombe au vieux château de Vallon, situé sur la rive gauche de l'Ardèche, en face du château de Salavas, où se trouvait le baron de Lagorce, disposé à empêcher le passage de la rivière. Les deux régiments avaient pour mission d'appuyer M. de Lagorce menacé d'un siège par M. de Châtillon (2), qui s'approchait avec des forces considérables.

Sur ces entrefaites le duc de Montmorency arriva avec du renfort et des canons (mars 1621) ; il eût bien voulu châtier les gens de Privas ; mais l'intervention

---

(1) *Soldat du Vivarais.*

(2) Gaspard, comte de Coligny, seigneur de Châtillon, colonel général des troupes françaises dans les Pays-Bas, était, comme son père, gouverneur de Montpellier et général des églises du bas Languedoc ; il avait aussi le gouvernement d'Aygues-Mortes. (Voir aux pièces, pour ses qualités, son ordre du 22 août 1621 à M. de Beauvoir).

de Lesdiguières en leur faveur et l'approche de Châtillon le forcèrent à ajourner cette entreprise : il dut se contenter d'isoler Privas, où Brison s'était enfermé avec une troupe nombreuse. Dans ce but il s'empara des principales places occupées dans le pays par les huguenots. Il mit d'abord le siège devant Villeneuve-de-Berg, défendue par M. de Chabreilles frère de Brison; la résistance ne fut pas longue. Chabreilles fit sa soumission ; il rendit la ville possédée depuis cinquante ans par les huguenots et qui, par sa position et son commerce, était pour eux d'une grande importance.

M. de Montmorency résolut d'aller assiéger Vals (1), dont la seigneurie appartenait à M. de Barjac, marié à la fille de Mathieu de Merle. Cette place, d'une forte assiette, entourée de murs, se trouvait dans un pays montagneux, qui fournissait avec ses alentours cinq ou six cents hommes de guerre ; c'était pour les catholiques des environs un dangereux voisinage ; le siège fut poussé activement et soutenu avec courage. Le sixième jour, le canon ayant fait brèche, un assaut fut tenté, les assaillants furent repoussés avec des pertes sérieuses. M. de Morèze, maréchal-de-camp, y fut tué, au moment où il parlait à M. de Montmorency ; le duc le chargea sur ses épaules et l'emporta au camp. M. de Brison, avec environ quinze cents hommes, s'approcha pour secourir Vals ; mais il ne put y parvenir et dut se tenir à distance. M. de Montréal établit une batterie d'un côté où la place était plus faible, de telle sorte que les assiégés reconnurent l'impossibilité de soutenir un nou-

---

(1) Petite ville connue par ses eaux minérales.

vel assaut. Ils durent se rendre à discrétion avec la vie sauve, à l'exception de six des principaux ; le château et les murs furent rasés ; la ville fut remise entre les mains de M. d'Ornano, seigneur d'Aubenas, qui possédait à Vals un autre château.

Après la prise de Vals, le duc de Montmorency résolut de mettre le siège devant Vallon, lieu enclavé dans la baronie de Lagorce. Quand les habitants connurent les projets du duc, ils envoyèrent demander du secours à M. de Châtillon, qui s'approchait avec des forces considérables et se trouvait alors à St-Ambroix. Il leur envoya trois cents hommes sous les ordres de M. de Beauvoir, mestre de camp (1), qui réussit à les introduire dans Vallon, en passant l'Ardèche à gué si secrètement, que le lendemain, les catholiques, ayant voulu faire une embuscade avec deux compagnies du régiment de Logères, sous les ordres de MM. de Lavernade et de La Roche, pour surprendre la garnison de Vallon, furent eux-mêmes bien surpris, quand ils virent apparaître cinq cents hommes, si bien qu'ils durent en toute hâte battre en retraite vers Salavas, après avoir essuyé quelques pertes.

Les gens de Vallon n'étaient pourtant pas rassurés en

---

(1) Jacques de Beauvoir, ancien seigneur de la baronie de Barjac, qu'il avait vendue en 1609 à son cousin germain, le comte du Roure, appartenait à la maison de Beauvoir du Roure ; son père, Louis, seigneur de St-Florent, était le deuxième fils de Claude de Grimoard de Beauvoir du Roure et de Florette de Porcelet. Claude avait pris le nom de Grimoard par la volonté de sa mère, Urbaine de Grimoard, dame de Grisac, héritière de sa maison, dont était le pape Urbain V.

La branche à laquelle appartenait Jacques de Beauvoir s'est fondue dans la maison de Lagorce par le mariage de Marguerite de Beauvoir du Roure avec Guy de Merle, baron de Lagorce, en 1720.

supputant les forces qui allaient les assaillir, quand le duc de Montmorency serait arrivé devant leurs murs avec tout son monde. Ils envoyèrent de nouveau supplier Châtillon de venir à leur aide d'une manière plus efficace ; ils ne purent le décider à franchir lui-même l'Ardèche avec les cinq ou six mille hommes dont il disposait ; mais ils obtinrent un nouveau secours d'environ un millier d'hommes sous les ordres de M d'Autièges, l'un des capitaines les plus expérimentés de ce parti.

La difficulté pour M. d'Autièges était de traverser l'Ardèche ; il ne pouvait pas, comme M. de Beauvoir, la passer à gué, car elle était enflée par une crue ; il ne fallait pas non plus songer à se servir du bac de Salavas sans forcer le château, où M. de Lagorce se tenait avec une forte garnison ; en outre, le voisinage des deux régiments de Rochecolombe et de Logères, campés de l'autre côté de l'eau, à cinq cents pas, rendait cette entreprise impossible.

D'Autièges résolut de faire passer de nuit tout son monde sur le pont d'Arc ; il réussit, malgré la difficulté du passage, où même de jour un homme a besoin de tout son sang-froid pour n'être pas pris de vertige et conserver le pied ferme sur une corniche étroite et glissante. Les huguenots avaient eu la précaution de garder les abords de ce passage ; d'Autièges put donc gagner Vallon sans trouver d'autre obstacle que celui d'un petit poste sous les ordres du capitaine Niclot. Ce brave opposa une résistance héroïque et fut massacré avec quelques soldats.

M. de Montmorency, ayant appris le mouvement de d'Autièges, sans croire possible qu'il franchît le pont d'Arc, supposa qu'il avait l'intention d'assiéger Salavas; il envoya, en conséquence, l'ordre à M. de Montréal de mener son régiment au secours de M. de Lagorce. En exécution de cet ordre, le régiment se disposait à passer l'Ardèche à l'aide du bac, sans soupçonner que quinze cents hommes environ se trouvaient alors dans Vallon, et qu'ils se disposaient à faire une sortie où il eût été inévitablement taillé en pièces. Mais M. de Montréal se trouvait au château du vieux Vallon, conférant avec MM. de Logères et de Rochecolombe ; de ce lieu très élevé on dominait tout le pays. Il aperçut le danger que courait son régiment; il put en toute hâte envoyer un officier, qui, grâce à un pli de terrain, arriva à temps pour le prévenir et lui permettre de se mettre en bataille et de se replier sans perte, malgré une légère escarmouche. Le dimanche, 5 avril 1621, M. de Montmorency arriva devant Vallon avec le reste de ses troupes ; il prit toutes les mesures pour en assurer l'investissement et pour être maître de tous les passages ou gués de l'Ardèche, de manière à empêcher tous nouveaux secours de M. de Châtillon.

Avant que ces ordres ne fussent donnés, le capitaine de Valescure parvint à passer avec trois cents huguenots, qu'il ne put faire entrer dans Vallon, mais avec lesquels il parvint à Lagorce, où il fut reçu par les habitants, malgré la parole qu'ils avaient donnée à M. de Lagorce, leur seigneur, il s'y fortifia et s'y maintint longtemps avec grand dommage pour les environs, grande gêne pour le passage des troupes catholiques, et grande facilité pour les réformés, particulièrent à l'époque où M. de Rohan fit son expédition dans le Vivarais.

Le samedi saint, M. de Montmorency voulut aller voir le pont d'Arc et visiter les corps-de-garde du régiment de Montréal, qui gardaient ce passage avec des escarmouches continuelles contre l'ennemi logé en face; il y était à peine arrivé, qu'il en dut repartir au plus vite sur le bruit d'une mousqueterie très vive venant du côté de Vallon. L'affaire fut des plus chaudes, car une grande partie des troupes avait été engagée de part et d'autre. Parmi les incidents de la lutte, on remarqua la mort de M. de St-Mauris, capitaine dans le régiment de son père, M. de Rochecolombe ; il tomba à ses pieds frappé d'une balle. Le saisissement et la douleur d'un si cruel spectacle n'empêchèrent pas ce père courageux de continuer à donner ses ordres et de combattre sans rien perdre de ses avantages.

Le jour même arrivèrent deux gros canons, qui, par ordre du marquis des Portes, furent établis près de la maison de Peschaire ; à côté de cette batterie on avait construit sur un gros chêne deux guérites en bois, où quelques soldats bien pourvus de munitions dominaient les remparts et tuaient ou blessaient tout ce qui paraissait. En même temps arriva du Velay le vicomte de Polignac avec quatre cents chevaux.

Les assiégés, se voyant serrés de si près, sans voir paraître de secours, se décidèrent à parlementer. M. de Montmorency considéra qu'il était urgent d'en finir, car M. de Châtillon était à Barjac (1) avec environ quatre mille hommes, et MM. de Brison et de Blacons s'approchaient avec les forces du Vivarais et du bas Dauphiné;

---

(1) Barjac est à environ deux lieues de Vallon, de l'autre côté de l'Ardèche.

il consentit donc à accepter leurs propositions et leur permit de sortir avec leurs armes, la mèche éteinte, et de rejoindre M de Châtillon (12 avril 1621).

Les réformés ne pardonnèrent pas à ce dernier le rôle qu'il avait joué en cette circonstance; on lui reprocha vivement son immobilité, et on l'appela *escambarliat*, mot qui en langue d'Oc désigne un homme aux jambes écartées, ayant l'une dans un parti, et l'autre dans le parti contraire.

Après la prise de Vallon, il fut question d'assiéger Lagorce, qui restait comme un obstacle sur la route du Vivarais; mais, outre le danger de ce siège entre deux corps huguenots, les nouvelles arrivées de la cour et les mouvements des réformés dans son gouvernement obligèrent Montmorency à abandonner les opérations militaires dans le Vivarais, en laissant les forces qui y demeuraient sous les ordres de M. de Montréal, maréchal de camp.

Il trouva tout bouleversé dans le bas Languedoc : le parti protestant se soulevait de toutes parts ; Gignac, Montpellier avaient fermé leurs portes aux catholiques; Nîmes avait appelé Brison comme gouverneur. De la cour les nouvelles n'étaient pas meilleures.

Les événements prenaient une tournure fâcheuse ; ceux qui venaient de se passer en Vivarais n'avaient été que le prologue du drame qui allait se dérouler devant Montauban, Montpellier, La Rochelle et Privas.

Le conseil des églises, réuni à La Rochelle, s'était opiniâtré dans les idées de résistance et de guerre civile ; avec l'infatuation des assemblées, où la passion domine le bon sens, il avait refusé d'entendre raison :

ni les sommations du Roi, ni les sages conseils des personnages les plus considérables du parti n'avaient été écoutés. Vainement Sully, Lesdiguières, La Trémouille et Rohan lui-même avaient fait connaître aux églises que les temps étaient bien changés pour renouveler les entreprises faites au temps de la Ligue, sous l'autorité débile des Valois. Le souvenir de ces temps de luttes souvent heureuses flattait leur amour-propre, et leur faisait supposer qu'il dépendait d'elles de recommencer avec le même succès ; elle ne voulaient pas voir que Louis XIII avait reçu de son père un gouvernement fort et respecté, que les princes et les grands, au lieu de se mettre à leur tête, étaient autour du Roi, prêts à le servir contre elles ; enfin, elles refusaient de croire que le Roi voulût réellement distinguer entre leur liberté religieuse et leurs prétentions à l'indépendance politique.

Le Roi donna une déclaration le 24 avril pour faire connaître qu'il voulait maintenir les édits en faveur des réformés qui resteraient obéissants ; et pour appuyer ses paroles par des actes, il se mit en mouvement avec son armée, et se dirigea vers la Guyenne pour soumettre les révoltés (1).

Le 10 mai, l'assemblée de La Rochelle, ayant appris l'approche du Roi, prit les dernières mesures pour soutenir la lutte, et le duc de Rohan, malgré qu'il eût blâmé cette prise d'armes, accepta la haute direction du parti avec le commandement particulier des troupes protestantes en Guyenne et en Languedoc. Ce contraste entre ses conseils et ses actes ne peut s'expliquer que

(1) *Histoire du Languedoc.*

par son ambition ; il savait très bien que la liberté religieuse n'était pas en cause ; il approchait Louis XIII de trop près pour ne pas connaître les intentions de ce prince, mais l'espoir de jouer un rôle éclatant, comme chef d'un grand parti, flattait son orgueil; il appartenait à cette illustre maison qui avait pour devise : « Roi ne puis, prince ne daigne, Rohan je suis. » Il réussit pleinement, car, si son parti ne gagna rien à cette prise d'armes, lui-même y acquit en France et en Europe la plus haute réputation par ses talents comme général, par son habileté comme politique et comme diplomate; il déploya la plus grande énergie et la plus grande activité avec une extrême souplesse quand les circonstances l'y contraignirent. A ces éminentes qualités il joignait une conscience peu scrupuleuse, qui lui permettait de rompre ses engagements avec le Roi quand il y voyait son intérêt, de traiter avec les ennemis de la France, protestants ou catholiques, soit qu'ils lui offrissent une flotte comme le roi d'Angleterre, des reîtres comme les princes allemands, des subsides comme le roi d'Espagne, ou des promesses comme le duc de Savoie.

Grâce à tous ces moyens, le duc de Rohan, secondé par le fanatisme et le courage des réformés, put, pendant huit ans, tenir la monarchie en échec.

Il commença par se rendre à Montauban, et prit un soin particulier de mettre en défense cette ville déjà forte par son assiette naturelle, par ses fortifications et par la résolution de ses habitants ; il comptait y arrêter le roi et mettre un terme à ses premiers succès. Le marquis de Laforce était venu l'y seconder avec ses deux fils ; il le nomma gouverneur de la ville ; puis il partit pour le bas Languedoc, afin d'y lever une armée de secours. Il se rendit à Millhau, où son arrivée excita la jalousie de Châtillon, qui voulut mettre obstacle à cette levée ; mais le conseil des églises du bas Languedoc, réuni à Nîmes, donna raison au duc de Rohan. Châtillon, déjà mécontent, fut très irrité de cet échec et se mit en mesure de faire son traité avec le roi (1).

Le roi, de son côté, appelait des renforts ; il envoya à M. de Montréal l'ordre d'amener à Montauban toutes les forces qu'il pourrait distraire du Vivarais sans danger pour la sécurité de cette province. Outre les régiments désignés, toute la noblesse du pays voulut être de la partie ; M. de Lagorce ne voulut pas rester en arrière ; il ne considéra pas le danger qu'il y avait à abandonner sa femme et ses enfants dans un château environné de ses ennemis, au milieu d'un pays à peine pacifié, où les passions animées par une lutte récente étaient encore en effervescence et disposaient les esprits à des entreprises dangereuses pour la sécurité des siens. Il crut avoir pris des précautions suffisantes, en mettant une forte garnison dans le château de Salavas, où il laissa sa famille ; il partit bien accompagné sans appréhender les événements fâcheux qui allaient s'accomplir pendant son absence.

Un huguenot, nommé Chalanqui, serrurier à Salavas, conçut et exécuta le dessein de s'emparer du château. Il avait un fils soldat dans la garnison ; il lui persuada de trahir son maître et de livrer la place qu'il avait le devoir de défendre ; ce misérable embaucha un

---

(1) *Histoire du Languedoc.*

de ses compagnons. Tout ayant été convenu entre les conjurés, les deux soldats profitèrent du moment où le commandant Darcus et une partie de la garnison étaient descendus au village afin d'y prendre leur repas, pour proposer à leurs compagnons une partie de quilles dans une grande basse-cour. Quand la partie fut très animée, ils se retirèrent, après avoir fermé sur eux quatre portes, qui séparaient la cour du château, de telle sorte que les autres n'y pussent rentrer. Ceci fait, ils donnèrent le signal convenu à leurs complices placés au dehors en embuscade, puis ils se retirèrent dans le donjon presque inaccessible de Baldacet, soit pour s'y retrancher, soit pour empêcher les habitants du château d'y trouver un asile.

Les conjurés avaient bien des obstacles à surmonter avant de pénétrer dans la place. Six portes barraient par intervalle le ravelin ; les trois premières avant la cour furent renversées avec des pétards : les soldats surpris sans armes dans la cour furent massacrés ou contraints de sauter dans le village par dessus de hautes murailles. Deux portes furent encore rompues ; les assaillants étaient devant celle qui précédait le pont-levis, quand ils faillirent être arrêtés par le courage du sergent Palières, demeuré au logis. Aussitôt que ce fidèle et vaillant soldat entendit le bruit de l'attaque, il s'élança dans l'escalier, où il rencontra un complice des assaillants, un fermier de M. de Lagorce, qui s'était introduit avant l'action dans la cuisine, sans y exciter de méfiance ; il montait, armé d'un coutelas, se dirigeant vers les appartements de Madame de Lagorce. Palières l'arrêta d'un coup d'épée qui l'étendit mort, puis il courut en toute hâte à la porte d'entrée ; il essaya de lever le pont-levis sans y réussir, car il était encloué ; il parvint cependant à repousser Chalanqui qui essayait de placer un pétard contre la porte. Mme de Lagorce accourut avec ses femmes et la nourrice de son enfant ; elles faisaient courageusement tenir au brave sergent des matériaux à lancer à la tête des assaillants. Le château était si fort qu'il y avait quelque espoir de salut ; malheureusement Palières fut atteint d'un coup de feu à la tête et tomba mort, renversé contre Mme de Lagorce.

Pendant ce temps l'aumônier avait, par les fenêtres de sa chambre, jeté une corde à des soldats fidèles qui du village cherchaient à rentrer dans le château, deux parvinrent à y pénétrer, mais trop tard, car Chalanqui était déjà le maître. Ils furent massacrés ; l'aumônier, couvert de cinq blessures, se traîna en haut du logis où on le trouva ; on lui fit grâce de la vie.

Mme de Lagorce fut faite prisonnière avec ses enfants et fort maltraitée ; elle fut dépouillée de tout, même de ses bagues, et ses vassaux, qui ne l'aimaient pas, comme étant la cause de l'abjuration de leur maître, ne furent pas les derniers pour le pillage.

Chalanqui, maître du château, voulut aussi s'emparer de la tour du moulin, dont la possession était indispensable pour commander le passage de l'Ardèche ; mais il ne fallait pas songer à la prendre par surprise : placée sur un rocher au milieu de l'eau, l'art la rendait aussi inaccessible que son assiette. Pendant trois semaines Chalanqui l'assiégea vainement, se servant pour la battre de fauconneaux tirés du château. La petite garnison d'environ trente hommes ne parlait pas de se rendre ; alors Mme de Lagorce fut amenée de sa prison à la vue de la tour, accompagnée de ses enfants ; on leur mit le poignard sur la gorge, avec des menaces de mort, si la tour ne se rendait pas. Les soldats firent par pitié ce qu'ils n'avaient pas voulu faire par crainte, ils capitulèrent avec la vie sauve et la liberté pour Mme de Lagorce et ses enfants.

Sur ces entrefaites, M. de Blacons, ayant appris cette aventure, arriva ; il confirma Chalanqui capitaine de Salavas, mais il ne témoigna pas grande courtoisie à la malheureuse châtelaine ; elle fut chassée de sa maison et dépouillée de tout ce qu'elle possédait.

Il avait fallu un fatal concours de circonstances pour amener le succès de cette surprise ; le château était si bien fortifié que, sans canons, il était impossible de s'en emparer. On en eut la preuve quelques mois après, où deux soldats, qui y étaient demeurés seuls pendant une excursion de Chalanqui, s'y renfermèrent en déclarant qu'ils voulaient rendre le château à leur dame. Ils y tinrent deux jours, mais, comme ils n'avaient averti personne de leur dessein, ils ne furent pas secourus et durent se rendre à Chalanqui, avec promesse de cent écus et de la vie sauve (1).

Pendant ce temps le baron de Lagorce avait fait bravement son devoir au siége de Montauban, jusqu'au moment où l'inexpérience du connétable de Luynes, les maladies contagieuses qui décimaient l'armée royale, la courageuse résistance du Mis de Laforce et des habitants de Montauban, les manœuvres habiles du duc de

---

(1) Ce dernier événement se passa après la mort de M. de Lagorce. (*Soldat du Vivarais*).

Rohan arrivant avec une armée de secours promptement réunie et organisée, contraignirent le Roi à lever le siège. (18 novembre 1621.) (1).

M. de Lagorce, ayant reçu congé du roi, rentrait chez lui fort satisfait de ses actions et du progrès de ses affaires à la cour, sans soupçonner les malheurs qu'il avait essuyés en Vivarais, ni ceux qui lui étaient encore réservés.

Il faisait route avec une faible escorte de quelques cavaliers, quand, arrivé près du fort de Peccais, il tomba dans une embuscade préparée par Saint-Blancard (2), gouverneur de cette place, à l'instigation des huguenots du Vivarais, plus désireux de garder son bien que de le voir revenir parmi eux pour le reprendre. Dans un pays couvert de bois, il tomba sans défiance au milieu de cinquante ou soixante mousquetaires ; seul des siens il parvint, à force de courage, à s'échapper après avoir blessé plusieurs ennemis et reçu lui-même trois blessures légères ; il fut contraint de laisser prisonnier M. de Chaussi et tous ses gens.

On peut aisément se figurer son chagrin et sa rage, quand il arriva chez lui et se vit dépouillé de tout ; il ne songea plus qu'à se venger. Il trouva asile et secours chez son beau-père M. de Montréal, qui, lui aussi de retour de Montauban, commandait les forces du Vivarais ; il en mit une partie à sa disposition pour tenter des entreprises sur l'ennemi.

De concert avec M. de Montréal, il forma le dessein

---

(1) *Histoire du Languedoc.*

(2) St-Blancard avait été nommé gouverneur de Peccais et amiral du levant par les églises de la Rochelle. (*Histoire du Languedoc*)

de s'emparer de Barjac, dont le voisinage de Salavas lui aurait fourni un établissement avantageux, pour rétablir ses affaires. Un vieux capitaine, M. de Colombier, reconnut que les défenses de Barjac permettaient de tenter un coup de main et de surprendre la ville pendant la nuit. Il fit son rapport, détailla les moyens d'exécution et soumit le tout à M. de Montréal, qui donna son approbation et réunit environ douze cents hommes pour exécuter cette attaque. Mais il dut renoncer à la diriger lui-même, appelé ailleurs par les opérations militaires du duc de Rohan, qui menaçait le Vivarais.

Il laissa à messieurs de Lagorce et de Castrevieille le soin de tenter l'aventure sur Barjac. Ils se mirent en marche la nuit, bien pourvus d'échelles, de pétards et de toutes les choses nécessaires ; mais on essuya tous les contretemps : les échelles furent trop courtes ; l'ordre donné de faire diversion ne fut pas exécuté; les habitants arrivèrent à temps pour repousser l'attaque; l'échelle dressée au ravelin fut brisée par un quartier de pierre. Les assaillants durent se retirer au soleil levant, abandonnant un mort et trente blessés (mars 1622).

Le baron de Lagorce fut celui qui supporta le plus impatiemment cet échec, car il avait le plus intérêt à la réussite de cette affaire pour réparer en partie ses désastres (1).

M. de Montréal avait été plus heureux ; il avait complètement taillé en pièces, près de Villeneuve-de-Berg, un corps de cinq cents hommes, que le duc de Rohan avait envoyé d'Alais, où il se trouvait, à M. de

(1) *Soldat du Vivarais.*

Blacons, assiégé dans le Pouzin par Lesdiguières (1).

Cet échec décida M. de Rohan à négocier ; il donna l'ordre à M. de Blacons de remettre le Pouzin et Baix au maréchal de Lesdiguières, sous la condition qu'à la paix ces deux places seraient rendues aux réformés.

Il en résulta des pourparlers, dont on espéra un instant faire sortir la paix. Une entrevue entre le duc de Rohan et le maréchal fut résolue avec l'approbation du Roi ; ils se rencontrèrent à Laval, entre le Pont-Saint-Esprit et Barjac. De part et d'autre on apporta un grand esprit de conciliation, et la paix parut décidée : on convint des articles du traité de pacification ; Rohan envoya des députés à la cour et écrivit au Roi une lettre respectueuse et soumise datée de Barjac le 4 avril 1622. Mais des restrictions mises au traité par la cour et l'animation des églises réunies à Nîmes amenèrent la rupture des négociations.

Pendant ce temps, le pauvre baron de Lagorce formait sa dernière entreprise : après plusieurs desseins et courses pour venger les revers qu'il avait subis, il voulut châtier ses vassaux et ses voisins en les attirant dans une embuscade, où il se plaça avec une trentaine de cavaliers, près du gué de Salavas.

Il envoya une cinquantaine de mousquetaires sous les ordres de M. de Pérolle, et quelques cavaliers pour faire une bravade devant les gens de Vallon et de Salavas, avec l'ordre de se rabattre et de les attirer vers l'embuscade. La ruse réussit d'abord : les huguenots prirent les armes et s'élancèrent, au nombre d'une centaine,

---

(1) *Histoire du Languedoc* et *Vie de Lesdiguières*.

sur l'ennemi ; mais Pérolle perdit la tête en se voyant serré de près : au lieu d'exécuter les ordres reçus et de se diriger vers l'endroit où l'attendait M. de Lagorce, il s'enfuit vers Ruons. M. de Lagorce, témoin de cette déroute, sortit de son embuscade et se précipita au milieu de ses ennemis. Cette charge les mit en désordre ; ils se jetèrent dans une ferme isolée au milieu de la plaine, où logés dans la basse-cour, ils n'avaient rien à craindre de gens à cheval.

M. de Lagorce attendit quelque temps, dans l'espoir de rallier ses mousquetaires, avec lesquels il aurait pu forcer les huguenots, ou les tenir bloqués jusqu'à l'arrivée des renforts; mais il attendit vainement et finit par se décider à la retraite. A ce moment, quelques hommes sortirent de la ferme pour tirailler plus à l'aise. M. de Lagorce, animé par ces coups de feu, tourna bride pour charger ces tirailleurs, suivi par le capitaine Claron, son écuyer; dans son ardeur à sabrer ces gens-là, dont trois ou quatre étaient tombés sous ses coups, il s'approcha trop de la ferme, d'où une salve de mousquetterie tua son cheval et le blessa à la jambe. Renversé par terre, à genoux, ne pouvant plus se tenir debout, il se défendit comme un lion contre de nombreux ennemis ; il en tua un et en blessa deux ou trois. « Il donna tant de preuves « de ce grand courage qu'il rendit plutôt sa vie par plus « de cinquante blessures que l'épée, qu'on ne put jamais « lui arracher des mains qu'au dernier soupir (1). »

Le capitaine Claron, aussi vaillant que son maître, auquel il était depuis longtemps attaché par les liens de

---

(1) *Soldat du Vivarais.*

l'affection et de la reconnaissance, parce qu'il avait été jadis sauvé par lui dans une circonstance extrêmement périlleuse, n'hésita pas à mourir avec lui : il mit pied à terre et, le pistolet à la main, il se jeta dans la mêlée, où se débattait M. de Lagorce. Il traversa de son épée le premier qui s'opposa à lui ; mais, entouré d'ennemis, il fut bientôt percé de coups et tomba mort sur le corps de son maître (mars 1622).

Quelques mois après, la paix était conclue devant Montpellier. Le Roi était venu faire le siège de cette ville ; comme devant Montauban, il s'était heurté à une résistance opiniâtre des habitants et à une armée de secours habilement conduite par le duc de Rohan. Plutôt que de lever honteusement le siège, il préféra traiter en faisant aux réformés et à Rohan des conditions avantageuses (17 octobre 1622).

Le duc de Rohan, toujours soigneux de flatter les églises, quoique leur joug lui parût lourd et qu'il leur eût dit à Montpellier : « Vous êtes tous des républicains, « et j'aimerais mieux présider une assemblée de loups « qu'une assemblée de ministres, » s'empressa de leur communiquer ce résultat. Il écrivait au consistoire de Barjac : « Le Roy nous a octroyé la paix générale en « son royaume et remis un chacun en ses biens et *pré-* « *tentions*, ayant entière créance que soubs le bénéfice « d'icelle, nous trouverons la liberté de nos consciences « et la seureté de nos vies (1)... »

(1) Lettre de Rohan du 26 octobre 1622. (Voir aux pièces justificatives).

CHAPITRE IX

La prise d'armes du duc de Rohan en 1625 est étrangère à ce sujet, elle n'eut pas de grands résultats. Après une année d'hostilités, Richelieu, pour ménager les puissances protestantes, dont il avait besoin dans la lutte entreprise contre la maison d'Autriche, consentit à une paix, ou plutôt à une trêve, le 5 février 1626.

Les adversaires en profitèrent pour accroître leurs moyens d'action et leurs alliances, de façon à faire un effort suprême pour terminer le différend.

Rohan multiplia ses intrigues auprès des ennemis de la France ; Soubise, son frère, se rendit à Londres et, grâce à l'appui de Buckingham, obtint du roi d'Angleterre le secours de la flotte anglaise pour la Rochelle ; ses agents auprès de la cour de Madrid obtenaient des subsides ; et le duc de Savoie promettait son aide. On voit par là que Rohan acceptait indifféremment le secours des puissances catholiques ou protestantes.

Le 22 juillet 1627, le duc de Buckingham, commandant la flotte anglaise, fit une descente à l'île de Ré. Ce fut pour le duc de Rohan le signal de la révolte. Il réunit en septembre à Uzès l'assemblée des églises, les décida à la guerre et par un pacte d'union leur fit prendre l'engagement de ne pas traiter de la paix sans le consentement du roi d'Angleterre ; puis il se fit nommer général des églises, avec toute latitude pour faire des levées d'hommes et d'argent (1).

Tout aussitôt il envoya partout des commissions ; M. de Beauvoir, mestre-de-camp, reçut l'ordre de remettre sur pied son régiment (2). Toujours prévoyant, Rohan pensa qu'il aurait besoin de franchir l'Ardèche pour aller en Vivarais. Il lui ordonna d'en occuper fortement les abords et de mettre des garnisons à Barjac, à St-Ambroix, aux Vans, à Méjanes, à Jalès et au pont d'Arc.

M. de Pasanan, fils de M. de Beauvoir, capitaine dans le régiment de son père, reçut l'ordre de s'emparer du pont d'Arc ; il y rencontra les catholiques sous les ordres du comte de St-Remèze (3), qui s'y étaient fortement retranchés. Ne pouvant s'en emparer de force, il eut recours à une ruse : il dépêcha un homme de la Bastide-de-Virac, qui se présenta aux catholiques en

---

(1) *Histoire du Languedoc*.

(2) M. de Beauvoir avait levé ce régiment en 1622, par une commission donnée par le duc de Rohan (17 mars 1622) renouvelant celle de Châtillon du 22 août 1621 (voir aux pièces justificatives).

(3) Antoine de Beauvoir, comte de St-Remèze, cousin de M. de Beauvoir, appartenait à une branche cadette de la maison de Beauvoir du Roure ; il avait épousé la sœur du maréchal d'Ornano. Son frère, Claude, seigneur de Bonnevaux, avait épousé Marie d'Albert, sœur du connétable de Luynes. De ces derniers était issu Antoine, marquis de Combalet, qui avait épousé Marie de Vignerod de Pontcourlai, nièce de Richelieu. Le marquis de Combalet avait été tué en 1622 au siège de Montpellier.

apportant des vivres. La porte s'ouvrit devant lui ; les huguenots, cachés tout auprès, s'élancent ; trois hommes sur le pas de la porte sont massacrés, le poste surpris est contraint de se rendre (14 octobre 1627) (1). Le capitaine de Pasanan conserva ce passage pendant le reste de la guerre ; le 20 décembre il reçut de l'assemblée des églises de Privas l'ordre de faire démolir, près du pont d'Arc, l'église de St-Martin d'Arc, où les catholiques auraient pu se retrancher et préjudicier à la sûreté de la garnison du pont d'Arc (2).

Pendant ce temps, le colonel de Beauvoir fortifiait Barjac et St-Ambroix, puis il s'empara de Jalès, où il s'établit. Il était là bien placé pour surveiller les différentes positions qu'il avait mission de défendre et particulièrement les Vans, dont les habitants, quoique huguenots, montraient une tiédeur qui provoqua plus tard la colère du duc de Rohan et une déclaration d'hostilité en forme (3).

Jalès était une place forte appartenant aux chevaliers de Malte ; elle était bien située au milieu d'une plaine, les murs étaient défendus contre le canon par des terrassements élevés ; c'était un lieu si sûr que M. de Beauvoir y enferma sa famille.

Le Roi, à la nouvelle des mouvements du duc de Rohan, prit aussitôt les mesures les plus énergiques ; il envoya contre lui en Languedoc le prince de Condé avec une armée, en lui donnant pour lieutenant le duc

---

(1) Manuscrit de Jacques de Beauvoir et aveu du duc de Rohan du 31 janvier 1628. (Voir aux pièces justificatives).

(2) Ordre des églises de Privas. (Voir aux pièces justificatives).

(3) Ordonnance du duc de Rohan du 13 octobre 1628.

de Montmorency ; lui-même se rendit à La Rochelle. Buckingham, battu à Oléron, dut se rembarquer après avoir perdu une partie de ses troupes et quarante-quatre drapeaux (17 mai 1627).

Le duc de Rohan apprit cette nouvelle si fâcheuse pour lui dans le haut Languedoc, où il organisait la résistance ; il apprit aussi que le prince de Condé, parti de Lyon, avait suivi la vallée du Rhône et s'était emparé en Vivarais de plusieurs places sur le fleuve.

Un courage moins opiniâtre se serait laissé abattre par tant de revers ; Rohan ne désespéra pas, il négocia avec le duc de Savoie, qui, désireux d'enlever la succession du duc de Mantoue à un protégé du roi de France, par diversion, appuyait les huguenots. Il promit à Rohan des troupes sous les ordres du comte de Soissons, réfugié près de lui.

Rohan, pour donner la main à ce secours et faciliter son passage du Dauphiné en Vivarais, en même temps pour rétablir son autorité sur les villes qui commandaient le Rhône, décida une expédition en Vivarais, il l'organisa pendant les mois de janvier et de février 1628 et l'entreprit au commencement de mars. Il concentra ses forces à Alais, St-Ambroix et Barjac, se disposant à forcer le château de Salavas, l'une des portes du Vivarais.

M. de Montréal, lieutenant du duc de Montmorency en Vivarais, prit rapidement ses mesures pour repousser cette invasion ; il convoqua à Villeneuve-de-Berg toutes les forces du pays et envoya une garnison sous les ordres de M. de Lachadenède au château de Salavas et à la tour du moulin. On trouva que cette garnison était bien faible et on s'en étonna d'autant plus que cette place forte appartenait à Henry de Lagorce, son petit-fils. Mais cet homme de bien fit passer l'intérêt de son pays avant celui de sa famille ; il jugea qu'une garnison trop forte empêcherait le duc de Rohan d'assiéger Salavas et le déciderait à passer l'Ardèche ailleurs, de telle sorte qu'on n'aurait pas eu le temps d'organiser la résistance en Vivarais, comme cela se fit pendant les quelques jours employés par le duc de Rohan au siège de Salavas.

Le 20 mars la petite armée du duc de Rohan, composée d'environ quatre mille hommes, se trouvait à Barjac, d'où elle partait pour Salavas, sous la conduite de MM. d'Aubaïs et de Lèques, maréchaux de camp. Elle traversa Vagnas, et le soir même M. de Lèques effectuait l'investissement de la place ; il se logea dans le bourg, que les catholiques avaient abandonné pour se réfugier dans le château.

Pendant ce temps le duc de Rohan s'était rendu au château de la Bastide-de-Virac, chez M. de St-Florent, l'un de ses principaux auxiliaires (1) ; il y séjourna pendant toute la durée du siège. Le 21 il se rendit, accompagné de M. de St-Florent, à Salavas, pour reconnaître les lieux et examiner si les dispositons avaient été bien prises. Il constata que le château était grand et fort ; il était inaccessible du côté nord, dominant l'Ardèche sur un rocher presque partout taillé à pic ; c'était à grand peine que Mathieu de Merle y avait ménagé une poterne et une descente, qu'un homme seul aurait défen-

---

(1) Pierre de Beauvoir, seigneur de St-Florent, frère aîné de Jacques de Beauvoir, mestre-de-camp.

dues. Du côté sud il était abordable par une pente sur laquelle s'étageait le bourg ; mais il était défendu par de nombreux ouvrages ; de hautes murailles, flanquées de plusieurs tours, et de nombreuses guérites protégeaient un vaste bâtiment, que dominait un très fort donjon, placé sur un rocher escarpé nommé Baldacet. On regardait ce donjon comme inaccessible, car l'élévation du rocher le rendait hors de sape et de mine ; il était assez grand pour contenir deux cents hommes ; une citerne et un four permettaient d'y braver longtemps l'effort de l'ennemi.

Pour rendre le château inabordable à la mine et à la sape, on avait tout autour pratiqué des caves, sauf sous le ravelin ; cette lacune fut cause de la perte du château. Il fut décidé, que l'attaque se ferait à la fois par la mine et par l'artillerie, qui fut placée en face de la partie méridionale sur le côteau de Sizailles.

Les deux petits canons du duc de Rohan eurent leurs feux dirigés si vivement et si à propos, qu'ils abattirent la plus grande partie des murs et des guérites protégeant la grande basse-cour, où les assiégés avaient leurs premières défenses. Une mine conduite sous une grosse tour, qui flanquait à droite la basse-cour, la fit sauter. La position n'étant plus tenable, les assiégés se retirèrent dans le logis ; une mine fut conduite sous le ravelin ; le vieux Chalanqui avait assez longtemps détenu le château pour savoir que c'était le seul endroit par où la mine pût opérer ; il guida les mineurs jusque vers la porte d'entrée. Mais au moment où il sapait la muraille, pour entrer dans les caves, il reçut le salaire de ses trahisons : les assiégés le surprirent, et d'un coup de feu l'étendirent mort. Les assaillants étaient arrivés près du corps de la place ; les portes échelonnées dans le ravelin étaient renversées par les pétards ; les murs et les tours, qui défendaient le pont-levis, étaient abattus par l'artillerie ou par la mine. M. de Lèques avait fait faire un logement à l'entrée du corps de logis, à l'abri des coups de pierre, de manière à percer plus avant sous la voûte.

La position devenait très critique pour les assiégés ; ils avaient tendu un linceul blanc, pour faire connaître au loin leur détresse ; la tour du moulin et le château de Vallon avaient répété ce lugubre signal.

La nuit fit cesser l'assaut. Les assiégés continuaient à se barricader, ils rompirent les degrés qui pouvaient donner accès au donjon, où ils comptaient se retirer avec une échelle ; mais de quatre-vingt-dix hommes, ils étaient réduits à quarante deux, presque tous gravement blessés. Hors d'état de continuer la lutte, ils demandèrent à parler à M. de St-Florent ou, à son défaut, à M. de Lèques. Ils offrirent de rendre la place à des conditions honorables, en faisant observer que le donjon de Baldacet et des munitions suffisantes leur permettraient de résister longtemps et de vendre chèrement leur vie.

On leur répondit d'abord, que le duc de Rohan les voulait à discrétion ; mais le duc étant arrivé et ayant appris, qu'on ne les pouvait forcer, qu'avec une perte notable d'hommes et de temps, décida, qu'il fallait les recevoir à composition. Ils obtinrent de sortir, les soldats avec l'épée et les chefs avec toutes leurs armes. Ce fut pitié de voir défiler ces malheureux, presque tous blessés ou estropiés et dans un état bien misérable, mais qui faisait honneur à leur courageuse résistance et à l'énergie de leur commandant, M. de Lachadenède. Un détachement de cavalerie les conduisit en lieu de sûreté. (26 mars 1628).

Les assiégeants avaient perdu au moins deux cents hommes tués ou blessés : le colonel de Gondin eut une blessure à la cuisse et l'un de ses capitaines une blessure encore plus grave à l'épaule.

Le duc de Rohan fit sommer la tour du moulin ; le sergent Donadieu, qui y commandait une vingtaine d'hommes, eut l'insigne lâcheté de la rendre sans opposer la plus faible résistance, alors que la profondeur des eaux de l'Ardèche, l'escarpement des rochers sur lequel était située la tour et la solidité des murs, à l'abri des petits canons de M. de Rohan, rendaient cette position inexpugnable. Le commandement en fut donné à M. de St-Florent (1).

Le lendemain, le château de Vallon se rendit à M. d'Aubaïs.

Le duc de Rohan partit pour continuer son expédition dans le Vivarais, en laissant une cinquantaine d'hommes à Salavas, avec l'ordre de raser le château, ainsi que celui de Vallon. Il tourna Villeneuve-de-Berg, où M. de Montréal se trouvait avec des forces importantes; il se porta vers Chomérac, dont il s'empara ; puis il alla prendre le Pouzin et Baix. Maître de la navigation du Rhône, il chercha inutilement à soulever le Dauphiné ; il pressa le duc de Savoie d'envoyer le secours promis, et le comte de Soissons de l'amener ; mais le duc de Savoie

---

(1) *Soldat du Vivarais* et *Voyage du duc de Rohan en Vivarais*.

hésitait, et le comte de Soissons se laissait gagner par Richelieu et faisait sa soumission au Roi.

Rohan voyait tomber toutes ses espérances ; les progrès du prince de Condé dans le haut Languedoc, la menace du duc de Montmorency, qui s'avançait pour lui couper la retraite, le décidèrent à revenir en bas Languedoc. La guerre se poursuivit tout l'été avec des alternatives de petits sièges (1).

Le 13 octobre, en apprenant au colonel de Beauvoir la perte de Gallargues, le duc de Rohan se réjouissait de la nouvelle qu'il avait reçue de l'arrivée de cent soixante voiles anglaises devant La Rochelle ; mais sa joie fut de courte durée, car La Rochelle fut contrainte de faire sa soumission à la fin d'octobre.

Ce fut un coup terrible pour le duc de Rohan ; mais avec son énergie indomptable, il écrivait, au commencement de décembre, à M. de Beauvoir « que le coup « était fâcheux, qu'il ne falloit pourtant pas se rebuter, « mais suivre l'exemple des villes de Montauban et de « Castres, quoiqu'elles eussent eu plus de sujets de « craindre ; que quant à lui il aimoit mieux mourir que « de se départir du serment d'union ; qu'il se confioit « au secours de la Providence de Dieu et au secours « que le roi d'Angleterre lui faisoit espérer (2). »

Louis XIII, vainqueur des huguenots dans La Ro-

---

(1) On remarquera la prise de Gallargues racontée avec de curieux détails dans une lettre du duc de Rohan du 13 octobre 1588, qui se trouve aux pièces. Ce fut l'occasion d'un échange de lettres très piquantes entre le prince de Condé et le duc de Rohan et d'une hécatombe de malheureux prisonniers massacrés de part et d'autre. (*Mémoires de Rohan*).

(2) Cette lettre n'est plus dans nos archives ; cet extrait se trouve dans le manuscrit de Jacques de Beauvoir, petit-fils de Jacques de Beauvoir, mestre-de-camp.

chelle, leur capitale, avait décapité le parti ; avant de l'écraser dans le Languedoc, il voulut réduire le duc de Savoie et effrayer le cabinet de Madrid. La succession du duché de Mantoue et le siège de Casal lui en fournirent l'occasion.

A la fin de février 1629, ce digne fils d'Henry IV part pour l'Italie; malgré les obstacles, malgré la neige, il force le pas de Suze, bat le duc de Savoie, lui impose la paix et le secours de Casal. L'armée espagnole est forcée d'en lever le siège ; le duc de Nevers est assuré de la succession de Mantoue ; enfin, les républiques de Venise et de Gênes signent un traité d'alliance avec le Roi.

Quelques semaines avaient suffi pour terminer cette brillante expédition. Le Roi triomphant et glorieux pouvait jeter toutes ses forces dans le Vivarais et les Cévennes et contraindre le duc de Rohan à la soumission.

Au mois de mai, Louis XIII assiégeait Privas, où Richelieu était venu le rejoindre avec le reste de l'armée, qu'il avait ramené de Suze ; après quelques jours de siège, il était maître de cette ville, qu'il traita avec une extrême rigueur.

La consternation était générale parmi les hugenots ; le duc de Rohan ne voyait plus autour de lui que des gens terrifiés et résolus à se soumettre plutôt que de subir le sort de Privas rasé et dépeuplé.

M. de Beauvoir était le premier exposé aux coups irrésistibles du Roi victorieux ; car, maître du Vivarais, Louis XIII allait entrer dans les Cévennes par Barjac et St-Ambroix. Une tentative de résistance dans de si faibles places eût été un acte insensé ; il s'engagea à remettre au Roi Barjac, Saint-Ambroix, Jalès et reçut dix mille livres en dédommagement des gouvernements qu'il perdait.

Le duc de Rohan fut extrêmement irrité de la soumission de M. de Beauvoir ; dans sa colère il l'appelait « maquignon de places (1). »

Le Roi reçut en même temps la soumission de Lagorce et de Vallon ; il ordonna la démolition des fortifications et du château de Lagorce ; il prescrivit aux gens de Vallon, après avoir démoli leurs murailles, de construire un château à leur seigneur (2) pour remplacer celui du vieux Vallon qui avait été détruit par le duc de Rohan. C'était à la fois un dédommagement pour le seigneur catholique et un châtiment pour les habitants de Vallon, qui avaient résisté jadis si opiniâtrément au duc de Montmorency.

M. de Pasanan rendit le pont d'Arc ; l'ordre fut donné de détruire les fortifications qui en défendaient l'accès et de rompre le passage.

Les lettres d'abolition données à la ville de Barjac et à MM. de Beauvoir et de Pasanan, son fils (3), sont très importantes, car elles résument toute la politique intérieure de Louis XIII et de Richelieu. La distinction entre la liberté de conscience et le pouvoir politique des

---

(1) *Histoire du Languedoc* et manuscrit de Jacques de Beauvoir.

(2) Ce château et la terre de Vallon furent achetés en 1747 par Louis-Charles, baron de Lagorce, de M. de Brisiaux, marié à la fille et héritière du comte de Vallon. Le château appartient maintenant à la commune de Vallon.

(3) Lettres patentes datées de Privas, mai 1629. (Voir aux pièces justificatives).

CHAPITRE IX

protestants est nettement définie : le Roi, après avoir déclaré qu'il ne donnera aucun pardon à ceux qui ne se soumettent pas à l'autorité royale et ne se rangent pas à leur devoir, ajoute, à l'occasion des protestants de Barjac et de MM. de Beauvoir et de Pasanan, « qu'il leur « accorde *l'exercice libre de leur religion* sans qu'ils y « puissent estre troublés en quelque sorte que ce soit « *tant qu'ils nous obéiront comme nos fidelles sub-* « *jects.* »

L'intention manifeste de donner le pas aux communes sur leurs anciens chefs féodaux n'est pas moins évidente ; dans ces lettres, la commune de Barjac est nommée en première ligne, et MM. de Beauvoir ne viennent qu'à la suite.

Enfin, il convient de remarquer dans ces lettres, comme dans les ordres donnés pour Lagorce, Vallon et le pont d'Arc, le soin avec lequel le Roi veille à ce que villes et châteaux soient partout démantelés, afin que l'autorité royale trouve partout libre accès et que toute résistance soit pour l'avenir impossible.

La féodalité est écrasée; la république protestante est vaincue pour longtemps ; quelques jours vont suffire pour amener le duc de Rohan et les églises à se soumettre.

Le Roi partit de Privas le 4 juin 1629 ; le lendemain il traversa Lagorce et Vallon. Au moment où il passait l'Ardèche, MM. de Beauvoir et les consuls de Barjac et de St-Ambroix vinrent lui apporter les clefs de leurs villes. Le 6 juin, il arrivait à Barjac et descendait dans la maison de M. de Beauvoir, lui témoignant par cette distinction la sincérité de son pardon et sa confiance dans sa fidélité. Le Roi demeura trois jours, témoignant à ses hôtes la plus gracieuse bienveillance ; il daigna dire à M. de Pasanan qu'il se souvenait de l'avoir vu à l'académie de M. de Pluvinel, et lui adressa à ce sujet les compliments les plus agréables. De là il partit pour Alais, en laissant son coffre-fort : il est vrai qu'il était vide (1) !

Le 16 juin, le Roi s'empara d'Alais et pardonna aux habitants. La garnison fut conduite à Anduze avec armes et bagages, mèches éteintes et drapeaux déployés.

La prise de cette ville acheva de jeter la consternation et le désespoir parmi les réformés ; Rohan pressé de tous côtés par les forces réunies du Roi et de Montmorency, sentant que tout s'effondrait sous lui, engagea des négociations pour la paix ; il obtint que l'assemblée de Nîmes se transportât à Anduze. On y discuta avec vivacité les conditions imposées par le Roi : il coûtait surtout aux églises de consentir à la démolition des fortifications de leurs villes ; mais la résistance était devenue impossible. L'assemblée envoya donc des députés pour conclure la paix, qui fut signée à Alais le 27 juin 1629.

Par cette paix, le Roi fit grâce au duc de Rohan, à Soubise, son frère, et à tous leurs adhérents : il leur accorda à tous la vie, leurs biens et l'exercice libre de leur religion suivant les édits (2).

---

(1) Ce lourd coffre-fort en fer et la maison de M. de Beauvoir nous sont restés.

(2) *Histoire du Languedoc.*

CHAPITRE X

M. Guizot, qui n'est pas suspect, puisqu'il était protestant, a dit avec l'autorité d'un homme d'État : « S'il « avait été donné à Henri IV de lire dans un avenir « peu éloigné, il aurait dit aux huguenots de son temps « que le jour n'était pas loin où leur prétention de s'or- « ganiser politiquement et de former un état dans l'État « compromettrait leur liberté religieuse et fournirait au « pouvoir absolu de Louis XIV des prétextes pour « abolir l'édit tutélaire que la sympathie d'Henry IV « était prêt de leur accorder, et que sut respecter dans « ses dispositions purement religieuses la prudence du « cardinal de Richelieu » (1).

On ne saurait mieux définir la situation du parti protestant vis-à-vis de la monarchie ; celle-ci, longtemps menacée et mise en péril, était devenue toute puissante; elle prit sa revanche avec Louis XIV.

Si Louis XIV s'était contenté de supprimer une loi d'exception et par cela même nécessairement provisoire,

(1) Guizot, *Histoire de France.*

pour faire rentrer les protestants dans le droit commun, avec une simple déclaration de liberté religieuse, personne n'aurait eu le droit de le blâmer. Malheureusement il ne s'en tint pas là, il voulut faire du prosélytisme ; et, comme il arrive toujours aux gouvernements qui font de la propagation de la foi en disposant de la force armée, il eut la main lourde.

Des procédés excessifs furent employés pour amener des conversions ; les populations des Cévennes, lassées par ces vexations recoururent à la force ; le meurtre de l'abbé du Chaila, accompli au pont de Montvert en juillet 1702, fut le signal de la révolte.

M. de Bâville, intendant du Languedoc, et le comte de Broglie, commandant les forces militaires de la province, prirent immédiatement les mesures les plus rigoureuses pour comprimer ce soulèvement. Mais un élan irrésistible était donné ; des paysans, des ouvriers, sans habitude des armes, choisissent parmi eux des chefs aussi ignorants qu'eux. Les plus connus furent Laporte, Rolland, Ravanel et surtout Cavalier. Ce dernier, né à Ribaute près d'Anduze, était âgé de 21 ans ; il avait été berger, puis boulanger. Il parvint à rallier presque tous les mécontents ; ils joignait à des talents militaires naturels le don d'exalter par ses prédications le fanatisme de ses compagnons. Avec des troupes mal vêtues (1) mal armées, il se mit à faire des courses, battant presque partout les soldats catholiques et armant les siens de leurs dépouilles. Il pillait les bourgs, brûlait les églises, tuait les prêtres et inspirait au loin une terreur qui aug-

(1) On leur donna le nom de *Camisards*.

mentait encore le succès de ses armes. Il battit en plusieurs rencontres les troupes du comte de Broglie et le comte lui-même à Val-de-Bane, près de Nîmes. (Janvier 1703).

L'importance que prenait la révolte obligea le Roi à envoyer de nouvelles troupes, sous les ordres de M. de Jullien, maréchal de camp. Cet officier, né à Orange, de protestant s'était fait catholique. Il déploya le plus grand zèle contre les camisards ; il pressa si vivement Cavalier, que celui-ci forma le dessein de pénétrer en Vivarais, soit qu'il voulût étendre le cercle de ses opétions, soit qu'il voulût se renforcer des huguenots, très nombreux et très zélés dans ce pays.

Pour exécuter ce projet, le 25 janvier, il traversa la Cèze près de St-Jean-de-Marvéjols ; dans ce bourg il saccagea et brûla quelques maisons et l'église; plusieurs habitants furent massacrés ; puis il partit pour décrire autour de Barjac un cercle de fer et de feu. Il n'osa pas attaquer Barjac, bien défendu par MM. du Roure et de Beauvoir ; mais il porta le meurtre et l'incendie à Cavènes, à Russargues, à St-Privat-de-Champ-Clos, puis à la Bastide-de-Virac. Dans ce dernier lieu il faillit surprendre M. de St-Florent, qui n'eut que le temps de se réfugier et de s'enfermer en toute hâte dans son château, pendant que ses greniers étaient livrés aux flammes. Les camisards saisirent ensuite une partie des habitants et les enfermèrent dans l'église ; après en avoir solidement fermé les portes, ils y mirent le feu et y firent rôtir ces malheureux.

Puis ils allèrent à Sampzon, où ils brûlèrent le château de la Bastide-de-Sampzon, saccagèrent la maison de M. de Sorbière et détruisirent, malgré les instances de Mme de Sorbière, de précieuses archives réunies depuis longtemps en ce lieu, et la riche bibliothèque que possédait M. de Sorbière ; leurs ravages s'étendirent à Grospierre. Pendant ce temps, Cavalier examinait comment il pourrait franchir l'Ardèche, sans en trouver les moyens. Il revint à Marvejols, son point de départ, montrant de l'indécision sur le parti qu'il allait prendre.

Il resta quelques jours hésitant et attendant toujours un mouvement dans le Vivarais, qui ne se produisait pas ; pour tenir ses gens en haleine, il continuait ses dévastations : Avéjean eut la maison claustrale saccagée ; puis il longea la Cèze et se retira dans les bois de Montclus.

Enfin le 9 février, ayant appris que M. de Jullien s'approchait avec l'armée royale pour l'attaquer, il se décida à tenter de force le passage de l'Ardèche à Salavas ; il défila devant Barjac à une distance respectueuse et se dirigea vers Vagnas, où il passa la nuit. Les camisards y incendièrent l'église et le château de M. de La Croix de Castries.

Le lendemain matin, Cavalier s'ébranlait avec sa troupe, quand le baron de Lagorce, colonel des milices, et M. de Joviac, avec son régiment, vinrent à sa rencontre, attirés sans doute par les lueurs de l'incendie. M. de Lagorce, en voyant brûler la maison de M. de La Croix, s'élança en avant avec quelques-uns des siens ; ils furent enveloppés par des forces supérieures et massacrés malgré une courageuse résistance. Avec M. de Lagorce périrent MM. de Belluge (1), d'Espi-

---

(1) Neveu de M. de Beauvoir.

nous, de Trémolet, avec bien d'autres officiers et soldats (10 février).

Le comte du Roure envoya aussitôt de Barjac donner avis de cet échec à M. de Jullien, qui se trouvait à Lussan. Il part, marche toute la nuit, malgré qu'il y eût un pied de neige, et se rend à Barjac. Au point du jour il se remet en marche sans donner de repos à ses hommes, et se dirige en toute hâte vers Vagnas. Il avait avec lui les deux régiments de Tournon et de Haynaut, deux cent cinquante hommes de troupes de marine, un détachement que venait d'amener le comte de Florac (1), la compagnie bourgeoise de M. de La Croix, et de nombreux gentilshommes volontaires, parmi lesquels on remarquait le marquis de Vogüé, le chevalier de Beauvoir, MM. de St-Vincent, de Chanvert, de Monteils.

Les camisards savouraient leur victoire de la veille ; à l'approche des forces catholiques, ils voulurent se jeter dans les bois, mais ils n'en eurent pas le temps : surpris sur le chemin de Vagnas à la Bastide-de-Virac, au pied de Montgourdon, ils furent chargés très vivement par les grenadiers de Hainaut, et par le bataillon des troupes du pays ; ils furent mis en déroute et taillés en pièces. Beaucoup des leurs furent tués, tous leurs chevaux furent pris ; on fit un grand nombre de prisonniers ; le reste gagna les bois, franchit la Cèze et se sauva non sans peine dans la direction de Fons-sur-Lussan (11 février 1713).

M. de Jullien alla coucher au château de la Bastide-de-Virac et revint le lendemain à Barjac.

(1) De Beauvoir du Roure, comte de Florac.

Cavalier, malgré cet échec, poursuivit la lutte pendant plus d'un an. Il contraignit Louis XIV à envoyer contre lui deux maréchaux de France (1), et abaissa la fierté de ce monarque absolu, en le forçant de signer avec lui un traité de paix (mai 1704).

Après avoir considéré tant de scènes de destruction, d'incendie et de carnage, on ne saurait trop redouter et maudire ceux qui les provoquent ; soit les novateurs imprudents ou criminels qui exploitent les passions populaires, excitent l'esprit de rebellion, amènent des luttes stériles, des catastrophes sanglantes et des ruines toujours désastreuses, sinon irréparables ; soit les gouvernements violents qui brutalement abusent de la force dont ils disposent, pour opprimer les consciences, empêcher les gens de prier Dieu à leur guise, ou les contraindre à élever leurs enfants contrairement aux lumières de leur raison et de leur foi, au risque de provoquer la plus terrible des guerres : la guerre civile !

---

(1) Le maréchal de Montrevel et le maréchal de Villard.

LETTRES ET DOCUMENTS

LETTRES ET DOCUMENTS

I

Jean de Sainct-Chamond, seigneur de Sainct Romain, commandant généralement pour la défense des églises réformées au bas païs de Languedoc, Cévennes, Gévaudan, Vivarais et Velay.

Au capitaine Merle, le jeune, salut :

Nous deument informé de vostre bon zèle, expérience et bonne diligence au faict et manyement des armes et des bons debvoirs et services que vous avez toujours faicts à la poursuite de ceste cause repos et conservation des d^{es} églises, mesmes à la prinse de la ville de Malzieu que vous auriez naguères par la faveur de Dieu réduite soubs l'obéissance de ce party.

Vous avons à ces causes comis et ordonné, comettons et ordonnons par ces présentes p^r commander en lad^e ville de Malzieu et ycelle tenir et garder conserver et défendre contre les incursions et entreprinses des ennemis, soubs nostre auctorité et du public, avec tel nombre de gens de guerre tant de cheval que de pied que vous adviserez et trouverez nécessaire, lesquels vous ferez vivre et entretenir aux despens des habitants de la d^e ville et des aultres lieux circonvoysins, à la moindre foule et plus grand soulagement du peuple que faire se pourra, gardant et observant et faisant garder et observer les règlements, ordonnances et délibérations tant de nous et de n^re conseil que des assemblées g^ales de la province ; car de ce faire vous avons donné et donnons pouvoir, auctorité commission et mandement spécial, mandons et commandons aux consuls et habitants de la d^e ville du Malzieu de vous y respecter obéyr et prester tous layde faveur et assistance dont vous aurez besoing p^r le faict et l'exécution de ces p^ntes à peine de rebellion.

Donné à Nismes le quinziesme jour de janvier 1574.

J. de St-Chamond.

II

Capitaine Merle j'ay esté très aise d'avoir entendu de vos bonnes nouvelles et loue Dieu de bon cœur de la grâce qu'il vous a faicte d'avoir si bien exécutée v^re entreprinse sur la ville d'Yssoire, pour la conservation de laquelle je vous envoie la commission que vous m'avez requise par vos lettres. C'est la moindre chose que je désire faire pour vous et p^r vos semblables comme (en continuant de bien en mieux vostre debvoir au service du Roy et à l'advancement de ceste cause) je le vous feray congnoistre par effect.

Je vous prie considérer que ce n'est pas le tout de bien prendre les villes, mais de les bien conserver et à cest effect pour la première chose l'on doibt empescher quelles ne soyent aulcunement sacagées ny dépopullées, pour la seconde, il les faut policer avec bon advis et conseil de manière qu'elles demeurent tousjours bien peuplées et munyes de gens et de biens et que surtout, il y soit administré une bonne et prompte justice. Je vous estime si discret que vous y saurez fort bien prouvoir et rendre bonne raison de tout ce qui s'y passera selon la fiance que j'ay en vous. Je vous envoie aussi une sauve garde pour la maison et biens de l'abbé de Jully, qui est à moi, la quelle vous me ferez grand plaisir de bien faire observer ; vous recommandant ma maison de St-Ciergues et mes subjects auxquels j'escripts de faire ce que vous leur commanderez et mettrez quelques soldats dans mad® maison bien fidelles, à ce que personne ne s'en empare, et que les meubles qui y sont, soyent conservés ou bien ordonnez au rentier qu'il y prouvoye si bien, qu'il n'en advienne faulte.

Au demeurant il y a beaucoup de biens des ecclésiastiques à Yssoyre et aux environs que vous ferez servir et administrer par personnes qui en sachent rendre bon compte, et pour ce que comme vous scavez l'intention de Monseigneur frère du Roy et la myenne est de les conserver à l'exercice de la religion catholique comme à celuy de la religion réformée, vous prouvoyrez à ce faict si bien, que l'exercice de l'une et de l'aultre religion y soit entretenu en toute liberté, car c'est l'exemple comme la voie qu'il faut tenir pour attirer tout le monde à ce party et en tout ayez bon conseil de gens de qui vous puissiez vous fier et bien expérimentés au faict de la police, me faisant scavoir de vos nouvelles le plus souvent que le pourrez, et le recevray tousjours d'aussy bon cœur, que je prie le Créateur vous donner Capitaine Merle sa saincte et digne grâce.

De Montpellier ce XXIV octobre 1575.

     V^{re} meilleur et plus affectionné amy
      H. de Montmorency.

Je vous prie de vous aller promener par mes villages et dire à mes rentiers qu'ils ne baillent des deniers des arrentements à d'autres qu'à moy, sur peyne que je m'en prendray à eux, et à ces fins faictes leur tenir un mot de lettre que je leur escripts.

Au Cappitaine Merle commandant de la ville d'Issoire.

III

Henry de Montmorency seigneur de Damville, maréchal de France gouverneur et lieutenant général pour le Roy au païs de Languedoc et commandant généralement en tout son royaume païs terres et seigneuries de son obéissance en l'absence de Monseigneur son frère et de Monseigneur le prince de Condé pour le service de sa majesté, bien, repos, sinon tranquillité et stabilité publique de ses subjets au Capitaine Merle : Tout ainsy que par nos commandements vous estes dextrement et vaillamment exposé avec les gens de guerre estant soubs vostre conduite à la prinse et réduction de la ville d'Yssoire en Auvergne soubs l'obéissance du Roy, il est bien raisonnable que vous en demeuriez gratiffié et recongneu par les bénéfices de sa majesté ; et cependant que le gouvernement de la d^e ville soit demeuré sous v^{re} charge et administration. Pour ces causes et autres justes et bien raisonnables considérations accompagnées de vos sens, suffisance, vaillance, dextérité, preudhomye, intégrité, zèle, fidellité et affection que vous avez tousjours monstrés au bien du service de sa majesté. Vous avons elleu, créé, nommé, ordonné et estably, ellisons, nommons, créons, ordonnons et establissons par ces présentes Chef et gouverneur de la d^e ville d'Yssoire avec honneurs, estats, auctorités, prérogatives, franchises, libertés, droicts et debvoirs y appartenant pour la garde et conservation de laquelle et aussy courir sus aux ennemis, empescher et rompre leurs desseings, invasions, pillages et ravages par la campagne, vous y assembliez promptement soubs v^{re} charge le nombre de cent hommes de guerre montés sur chevaux légiers et avec quatre cents hommes de guerre à pied, des mieux armés, équipés et aguerris, que vous pourrez choisir, lesquels vous ferez venir modestement et entretenir suivant nos règlements généraux et au taux porté par yceulx sur la d^e ville et lieux circonvoisins selon le despartement qui en sera faict par les consuls et conseil pollitique de la ville, que vous ferez promptement eslire et commettre dans la d° charge, au plus grand soullagement du peuple, que faire se pourra, maintenant sur toutes choses le commerce, aussy le laboureur, son bestial de labour en son labourage, à ce que le païs soit conservé en sa fertilité et lesdits subjects de sa Majesté en leurs libertés et immunités.

De ce faire vous avons donné et donnons plain pouvoir, auctorité, commission et mandement spécial exprès par ces présentes. Mandons et commandons à tous qu'il appartiendra, de quelque estat qu'ils soyent, que à vous au faict de v^{re} charge ses circonstances et dépendances, ils ayent à obéir et entendre diligence.

Donné à Montpellier sous n^{re} seing le XXIVe jour d'octobre 1575.

De Montmorency.

Par Monseigneur
CARRETIER.

Au Cappitaine Merle commandant de la ville d'Issoire.

IV

Cappitaines j'ay receu vos lettres du XXIIe du mois de novembre avec ung extrême plaisir d'entendre le bon et continuel debvoir que vous faictes à la conservation de la ville d'Issoire et les beaux faicts d'armes que vous y exploitez journellement sur les ennemis, singulièrement la bonne et commune intelligence que vous avez avec le Capp^e Merle v^{re} gouverneur. Je vous prie faire de bien en mieux et de vous asseurer que de ma part je vous en recognoistrai et gratiffieray tousjours de tout ce qu'il me sera possible. Est de bien bon cœur que je me recommande à vos bonnes prières, priant Dieu Cappitaines qu'il vous donne la santé.

De Montpellier ce V^e décembre 1575.

Vostre meilleur et affectionné amy
H. de Montmorency.

Aux cappitaines tenant garnison dans la ville d'Issoire.

V

Monsieur de Merle, j'ay entendu à l'advance comment le capitaine Montredon s'en vient de v^{re} part à Monseigneur le maréchal et à moy, pour avoyr commandement de ce que vous debvez faire sur l'offre, que nos ennemys vous ont faicte pour leur quiter la ville d'Yssoire, chose que j'ai cogneu mériter si prompte réponse, que je n'ay volu attendre la venue du d^t capitaine Montredon pour vous en donner mon advis par la présente que je vous envoie par ce porteur exprés en diligence et vous représenter en premier lieu le grand honneur et bonne réputation que vous avez acquise par la vertu, qui vous faict aymer des grands, honorer et respecter des aultres de n^{re} party, craindre et redoubter de tous ceulx qui sont du party contre, pareillement le bien et advantaige que la conqueste qu'avez faicte de la d^e ville apporte non seulement aux églises d'Aulvergne en particulier, mais bien de toute la France en général, lesquelles tiennent vous et la d^e ville comme l'ung des principaux coings et piliers de leur bastiment.

Davantage Monseigneur frère du Roy, Monseigneur le prince de Condé, Monsieur le maréchal et aultres grands seigneurs à quy Dieu a faict la grâce de prendre cette saincte cause en main, tiennent l'œuil fisché sur vous comme l'ung de ceulx des quels ils se promettent plus de secours pour le bien et advancement d'icelle ; Estant maintenant les affaires en tel estat, que vous et aultres, qui avez faicts de si beaux commencements, en debvez espérer la recognoissance qu'ils méritent ; car quant à ce qui est en la main de mond^t seigneur frère du Roy, je pense que vous en scavez assez comme plus prochain de là où il est, donnant grande espérance de venir à bout de son entreprinse et touchant Monseigneur le Prince de Condé, je vous puys bien asseurer qu'il entre en France avec la plus belle et grande armée que soyt jamais sortie d'Allemagne et pour le regard de mond^t s^{gr} le maréchal, il campe, comme a faict tout cest yver, du costé de

Béziers ayant jà eslargy son gouvernement jusques auprès de Carcassonne et Narbonne, fors que Béziers et Pézénas quy tiennent encore avec le seul corps de leurs villes; il y a de quatre à cinq mille hommes de pied et onze cents bons chevaulx ; toutes les quelles choses donnent assez à cognoistre le peu de moyen que l'ennemy aura eu de vous aller assiéger ny forcer. Vous priant comme celluy auquel je porte aultant d'amitié et sincère affection qu'à tous aultres que je cognoisse, de persévérer constamment en la vocation en la quelle Dieu vous a appelé sans prester l'aureille à ceulx qui, soubs la bonne viande qu'ils vous présentent, ont caché leur venyn pour vous empoysonner, et ne vous fiez aulcunement à leurs promesses, car aussi ils ne vous les tiendront poinct, ains vous tromperont, s'ils peuvent, comme ils ont faict tousjours tous ceulx qui se sont fiés à eulx, tesmoing en est le grand danger où Dieu vous sortit si miraculeusement lorsque feu Monsieur de Peyre v^{re} maistre fust tué, de quoy vous debvez bien souvenir pour ne vous endormir jamais à leur chant. Voilà pourquoy mon advis est que vous ne debvez entendre, non pas mesme permettre qu'on vous parle d'aulcune offre ou capitulation pour abandonner la place. Comme ne pouvant un tel acte réussir qu'à v^{re} entière ruyne et destruction et des pauvres églises, et vous faire perdre en une heure ce que vous avez gaigné en si long travail, et que vous ne pourriez jamais recouvrer le degré d'honneur au quel vous estes parvenu, lequel vous debvez tenir plus cher que tous les biens de ce monde, voyre plus que v^{re} propre vie. Et ce faysant en entretenant ceulx quy vous accompaignent avec la plus grande discrétion et modestie que pourrez, tenir et garder la d^o ville, en telle asseurance que vous en puyssiez donner bonne raison et contentement à vos chefs et supérieurs, et advertir mondit s^{gr} le maréchal et moy, de ce qui vous fera besoing pour y assister et secourir, ce que je feray de ma part jusques à y aller moy mesme si le cas le requerroit, m'asseurant aussi que mond^t s^{gr} le maréchal y employera volontiers une partie de ses forces ou bien toutes, à la moindre occasion qui se présentera, pour vous aller favoriser ; mesmes que desjà ses d^{es} forces ne trouvent personne quy leur puyssent faire teste par de ça, en sorte qu'il fauldra les employer ailleurs en nouvelles conquestes. Ne volant oblier p^r la fin de vous mettre devant les yeux le préjudice que l'abandonnement de la d^e ville apporteroit au traicté de paix auquel on travaille à présent et le mal quy s'en suyvroit après la conclusion d'icelle, si l'exercice de la religion n'avoit son cours comme il y a, pour le commandement de la d^e ville et ez environs. Ce que je vous prie consulter et prendre toute ma lettre pour v^{re} bien et profict, lequel je vous désire d'aussy bon cœur que je me recommande à v^{re} bonne grâce, priant Dieu, Monsieur de Merle, qui soustient en saincte longue vye.

De Nismes ce VIIIe janvier 1576.

V^{re} *bien affectionné compaignon et amy*
J. de St-Chamond.

A Monsieur de Merle, gouverneur d'Issoire en Auvergne.

VI

Monsr de Merle desirant favoriser la Dame d'Aly en Auvergne suyvant la requeste qu'aucuns gentilzhommes estant près de moy m'en ont faicte. Je vous prie de tenir la main à la conservation de ses maysons suyvant la sauvegarde que je ay faict expédier, et ne la molester aulcunement pour la contribution de vostre forteresse.

Escript au camp de Montmorillon le XIXe janvier 1576.

François.

Par Monseigneur
LAUBESPIN.

A Monsieur de Merle (1) ou autre commandant en son absence à Mouzen (2).

---

(1) Anthoine de Merle.
(2) Malzieu.

VII

Monsr de Merle ayant entendu par aulcuns gentilshommes de ce païs joincts au party, que la veufve Antoine Réalle a trois de ses filles dans la ville d'Issoire, qui sont de la religion et les quelles elle ne peut visiter librement, ni les instruyre et conduyre selon l'obligation naturelle qu'elle y a, estant retenue d'une crainte que y estant il ne luy soit usé de quelque rigueur et molesté. J'ay bien voullu à la prière et requeste conjoincte, à la juste prudence que je desire estre gardée à tous ceulx qui volontairement se soubmettent à la raison, vous faire ceste présente pour vous pryer d'avoir en recommandation les personnes de la de veufve et filles, sans souffrir qu'il ne soit donné aulcune fascherie. Mais principalement à la de mère à laquelle j'ay promis pouvoir aller trouver ses filles et les conduyre comme elle a accoustumé et sur l'asseurance que j'ay que vous aymez la piété, laquelle doibt estre particulière et principalle à tous ceulx de la religion, je ne m'estendray pas davantage à la vous recommander et prierai Dieu Monsr de Merle qu'il vous maintienne en très bonne santé et longue vie.

Escript au camp de Bersac ce IIIe jour de février 1876,

Vre bien bon et affectionné amy

Henry de Bourbon.

A Monsr de Merle gouverneur d'Yssoire.

VIII

Monsr de Merle estant informé que le sr vicomte de Canillac est serviteur de Monsieur et qu'il se comporte modestement en ceste guerre, encore qu'il ne soit encore joinct au party, je vous ay bien voulu faire ce mot pour vous pryer d'avoir ses terres en recommandation et le grattifier en toute chose que vous cognoistrez ne pas nuyre à ce party, afin de luy donner plus d'occasions de s'y joindre et attirer de ses amis, et sur l'espérance que vous userez toujours de courtoisie à ceulx de sa qualité, je ne m'estendray pas davantaige à ce vous recommander et priant Dieu Monsr de Merle qu'il vous maintienne en très bonne et longue vie.

Escript au camp de Charvoux ce VIe jour de mars 1576.

V^{re} *plus fidelle amy*

Henry de Bourbon.

A Monsieur de Merle gouverneur d'Issoire.

IX

Monsr de Merle ayant veu la lettre que Monsieur escript au gouverneur de Malzieu v^{re} frère (1) en faveur de Madame d'Ailly je vous ay bien voulu faire la présente pour vous prier que de v^{re} costé vous favorisiez les subjects de la d^e dame en tout ce qu'il vous sera possible et ce de tant plus qu'elle et ses enfants sont affectionnés au service de mond^t Sieur et favorisant ce party, que ils peuvent, qui a esté cause que mond^t Sieur et moy avons pris soubs n^{re} protection et sauvegarde ses maisons et subjets, à quoy je m'asseure que vous ne voudrez contrevenir en cest endroict.

Je prie Dieu Monsr de Merle qu'il vous maintienne en très bonne santé longtemps.

Escript au camp de Charvoux le VIIIe jour de mars 1876.

V^{re} *bien bon amy*

Henry de Bourbon.

A Monsieur de Merle gouverneur de la ville d'Issoire.

---

(1) Ce passage établit que la lettre VI était adressée à Anthoine de Merle, frère aîné de Mathieu de Merle.

X

Monsʳ de Merle ayant accordé aux habitants de la ville et paroisse d'Alanche une sauvegarde en faveur de Dufour l'un de mes secrétaires lequel m'a toujours accompaigné en Allemaigne et faict de bons services pour ce party. Je vous ay bien voullu faire ceste présente pour vous pryer que suivant ladᵉ sauvegarde et celle que Monsieur le duc Casimir mon cousin lui a aussi baillée, vous veuilliez grattifier lesdits habitants mais principallement les frères de mondᵗ secrétaire qui sont résidents dans la dᵉ ville en sorte que sans faire aucune entreprinse sur eulx, ils puyssent traficquer comme en sont accoustumés en payant les péages et aultres droicts que pourroient estre imposés aux lieux et passaiges que vous tenez pʳ ce party ; En quoy faisant, oultre que vous me ferez cognoistre l'effect des honnestes offres que m'avez faictes par toutes vos lettres, vous obligerez grandement mondᵗ secrétaire envers vous qui sera cause qu'en temps et lieux il me pourra ramentavoir ceste gratiffication, laquelle je recongnoistrai èz tout endroict quand j'auray le moyen et d'aussi bon cœur je prie Dieu Monsʳ de Merle qu'il vous maintienne en très bonne santé longue vye.

Escript à Moulins ce XXVIIᵉ jour de mars 1576.

Vʳᵉ *bien bon amy*
Henry de Bourbon.

A Monsieur de Merle gouverneur de la ville d'Issoire.

XI

Cappⁿᵉ Merle désirant gratiffier et favoriser en ce que je puis le sʳ marquis de Cureton (1) Je luy ay faict accorder mes lettres de sauvegarde exemption pour ses terres du costé de Rochefort,

---

(1) M. de Chabannes, marquis de Cureton.

Nabouzac, Dourrière, baronnie de Madic et de la Daille, seigneurie de Chaulmont et de Gane, et pour ce vous ferez jouir luy et les siens du bénéfice de la d° sauvegarde et exemption sans charge de ses d*es* terres, d'aulcune contribution, ni lever, ni fouller les habitants d'icelle en aulcune manière que ce soit et sur ce je prie Dieu Capp^ne Merle vous avoir en sa sainte garde.

Escript Moulins le XXVIIIe j^r de mars 1576.

François.

Par Monseigneur
LAUBESPIN.

Au Cappitaine Merle commandant sous mon authorité en la ville d'Issoire.

XII

Cappitaine Merle. J'ay esté adverty des courses et prinses que vous faictes ordinairement sur les terres du s^r d'Achon lequel vient me trouver pour me faire service, en quoy désirant le gratiffier tant qu'il me sera possible comme il est raisonnable et pour luy donner occasion et volonté d'y continuer j'ay bien voullu vous faire la présente afin que doresnavant vous ne lui faictes aulcun dommage ni aux siens. Ains lui rendiez incontinent ce que vous tenez de lui, luy faisant congnoistre le désir que vous avez au bien de mon service et obéissance de mes mandements, auxquels m'asseurant que vous ne vouldrez contrarier, Je prierai Dieu vous avoir Capp^e Merle en sa saincte et digne garde.

De Mollins ce IVe jour d'avril 1576.

François.

Par Monseigneur
DERSSY.

Au Cappitaine Merle commandant soubs mon authorité en la ville d'Issoire.

XIII

Nous Mathieu de Merle gouverneur de la ville d'Issoire, Sainct-Diéry, Varenne et Novacelle et aultres lieux et places en ce païs d'Auvergne salut : Nous pour aulcunes causes avons commis et commettons Me Bernard Dumas pour faire la récepte des deniers des contributions mises sur les paroisses contribuables et bailler par listes au Capp^e dudit lieu et chasteau de Novacelle à la charge de rapporter lad^e liste. L'estat de v^{re} recepte rendra compte et prestera le reliquat à nous et à n^{re} conseil quand requis en sera. Et sur ce nous mandons aud^t Capp^{ne} et aultres qu'il appartiendra au s^r Dumas en lad^e charge tenir main forte, prester tute, faire ayde et service que besoing sera. En foy de ce nous avons signé les présentes ycelles scellées du cachet à moy.

A Issoire VIIe jour d'avril 1576.

De Merle.

XIV

Cappitaine Merle je vous avoys cy devant escript en la faveur du s^r du Chier qui est détenu prisonnier contre ma volunté, ma foy, la protestation et promesse que j'ay faicte et en temps de trèsve par le cappitaine Gignac. A ceste cause je vous prye faire en sorte qu'il soit mis en liberté sans qu'il soit contrainct payer rançon. Ce faisant je congnoistray que obéyrez à mes commandements. Je ne vous diray davantaige sur l'espérance que j'ay que n'y ferez faulte, pour prier Dieu vous donner grâce.

Au camp de Moullins le VIIIe avril 1576.

(De la main du prince)
Ne faillez de faire en sorte que je sois content de vous.

Vostre amy
François.

Par Monseigneur
BELOT DERSSY.

Au Cappitaine Merle commandant à Issoire.

XV

Capitaine Merle après avoir entendu ce que m'a esté remonstré pour votre faict et gouvernement de la ville d'Issoire tant de la part de mon cousin le maréchal de Dampville que des églises réformées et la preuve que leurs députés m'ont rendue de v^{re} valleur. J'ay résolu que vous ne bougeriez de la d^e ville. Mais afin que le païs d'Auvergne demeure soulagé de tout ce qui se pourra vous vous y gouvernerez selon l'estat et règlement qui vous y sera dressé par les commissaires de mond^t cousin et au demeurant asseurez-vous que continuant votre affection à mon service je vous rendray participant des moyens que Dieu m'a donné pour v^{re} bien et advancement d'aussi bon cœur que je prie le Créateur cap^{ne} Merle qu'il vous ayt en sa saincte garde.

A Moullins au XVe d'avril 1576.

François.

Au Cappitaine Merle gouverneur de la ville d'Issoire.

XVI

Guillaume de Montmorency seigneur de Thoré conseiller du Roy en son privé conseil, capitaine de cinquante hommes d'armes de ses ordonnances, colonnel de sa cavalerie légère de là les monts, lieutenant général de Monseigneur fils et frère de Roy en l'absence du Roy de Navarre, de Monseigneur le prince de Condé et de Monsieur le maréchal de Dampville, à tous ceulx que ces présentes verront salut.

Monseigneur fils et frère de Roy désirant singulièrement le soulagement des paisibles subjects de sa Majesté et de ceste couronne mesmement de ceulx qui soubs l'union jurée sous ses commandements se maintiennent en sa protection, il luy auroyt pleu nous ordonner et enjoindre passant en ceste ville d'Yssoire d'y establir ung si bon ordre et resglement pour la solde et entretènement des gens de guerre y estant en garnison, p^r leur discipline, manutention et conservation des habitants d'icelle, tant ecclésiastiques de la religion catholique que réformée. Que la d^e union y puisse estre inviolablement entretenue. Pour ce dict, après avoir bien recogneu l'estat de la d^e ville, entendu plusieurs plainctes qui de part et d'autre nous auroyent esté faictes et le tout mis en délibération en n^{re} conseil ou seroient intervenus plusieurs notables personnaiges de la d^e ville ; avons par prouvision et soubs le bon plaisir de mond^t seigneur et jusques à ce que autrement y soyt pourveu, ordonné et ordonnons ce qui suit :

Premièrement après que les habitants de la d^e ville de l'une et de l'autre religion auront promis et juré l'unyon entre eulx suivant les actes et formalités sur ce cy devant ordonnés. Qu'ils se maintiendront et contiendront soubs icelle en la protection et sauvegarde des ordonnances sans s'entre inquiéter, perturber ny molester directement ni indirectement à peyne de la vye, observant inviolablement les réglement faicts de l'advis des estats généraulx soubs la convention d'icelle unyon entre les paisibles subjects de sa majesté.

Que doresnavant chacun desdits habitants vivra suivant les d^{ts} réglements en plaine liberté de sa conscience et exercice libre de sa religion et seront les prestres et ministres de l'une et de l'autre religion tenus par les gouverneur et cappitaines de la d^e ville en protection et sauvegarde et expréssément chargés comme nous les chargeons à peyne de leur vye de respondre d'eulx et de tous les oultrages offenses et dommaiges qui leur pourroient estre faicts par quelques personnes que ce soient ou puissent estre.

Afin que l'éguallité soit gardée entre les d^{ts} habitants et que aucun d'eulx ne soit foullé, ny oppressé, ny surchargé de logement des gens de guerre, d'imposition, de corvées ny aultres choses quelconques, ains que chacung soit conservé et maintenu par une bonne police, seront dans trois jours prochains elleus et nommés par les d^{ts} habitants douze des plus notables personnaiges d'icelle tant catholiques que de la religion réformée, lesquels chacung jour et à certaine heure s'assembleront avec les consuls en la présence du gouverneur et du magistrat de la d^e ville en la maison consulaire p^r ouyr les plainctes, supplications et remonstrances d'un chacung et y pourvoir promptement et sommairement sans aucun délay ny subterfuge, à quoy le d^t gouverneur tiendra la main et à l'exécution de tout ce que sera délibéré et arresté aud^t conseil politique, suivant lesd^{ts} réglements généraulx, à peyne de respondre de toutes les contraventions qui y seront faictes.

Par led^t conseil politique seront elleus deux personnaiges l'un catholique et l'autre de la religion réformée pour avec les deux consuls despartir les logis aux gens de guerre, en signer et expédier ensemble les billets, et en ce faysant maintenir le compoids d'ung chascung, ne souffrir ny permettre qu'aulcung des d^{ts} habitants soit chargé plus que sa faculté, pour éviter toute ruyne, foulle et oppression, et à ce que lad^e ville, soubs une bonne police, soit maintenue et conservée en bon estat, soubs le commandement de mond^t seigneur ; aussi led^t conseil politique pourvoyra et ordonnera à toutes aultres choses générallement qui concernent la d^e police et feront cesser toutes plainctes et doléances par le prompt remède que nul n'ayt occasion de se plaindre.

La justice ordinaire sera administrée par les officiers dud^t Yssoire, s'ils sont de la d^e union, ou par aultres qui à ce seront ou ont été commis, et sera par eulx procédé en leurs actes selon et ainsi que par les d^{ts} réglements est contenu.

Tous cas prévostables seront examinés, jugés et déterminés par le prévost de la d^e ville suivant les réglements, sauf qu'en considération de ce qu'il n'y a pas nombre compétent de gradués en icelle ; Il luy sera loysible comme luy avons permis et permettons de juger les procès et procédures et faire exécuter les jugements par l'advis du plus grand nombre des gradués qu'il pourra trouver et du susdit conseil politique, auquel prévost et à ses archers sera donné toute main forte, ayde, assistance, faveur par les d^{ts} gouverneur et capp^{nes} mesmes en ce qui concerne les gens de guerre et soldats, auxquels enjoignons de ce faire, à peyne de respondre de toutes les contraventions et désordres qui en pourroient advenir.

Toutes impositions de deniers pour l'entretenement des gens de guerre ou pour autres effects qu'il sera advisé seront faictes par l'advis et délibérations dud^t conseil politique le fort portant le faible, éguallité gardée, et ne s'entremesleront les d^{ts} gouverneur et capp^{nes} et gens de guerre directement ou indirectement des d^{os} impositions, ez telles peynes que par les d^{ts} réglements sont portées et aultres que de droict.

Sera procédé par les commissaires par nous depputés, aux fermes du domaine du Roy, des biens et revenus de la présente année, des biens ecclésiastiques attribués au party, observant les ordres portés par les dits réglements et à l'imposition et cotisation des huit décymes ordonnés par les d^{ts} réglements sur les bénéfices de l'abbé et clergé de la d^e ville d'Yssoire pour ceulx de ce d^t party et union qui ont obtenu et obtiendront provisions sur ce nécessaires auxquels moyennant le payement des d^{ts} huit décymes, aux termes accoustumés, ne sera donné trouble, destourbe, vexation, ny empeschement quelconque par qui que ce soit à peyne de la vye; ains seront iceulx et leurs serviteurs, fermiers, procureurs ou entremetteurs tenus soubs la protection de mond^t seigneur frère du Roy, ou les avons prins et prenons et mettons par ces présentes.

Sera par le d^t conseil politique elleu nommé et ordonné ung recepveur bien cautionné et solvable pour la cueillette et recepte tant des deniers, des impositions que des fermes dud^t domaine du Roy, des biens des d^{ts} ecclésiastiques, ou décymes au moindre gaige et à la meilleure condition qu'il sera possible, comme en tel cas est accoustumé, et au faict de sa recepte et exaction de ses deniers luy sera baillé main forte par le d^t gouverneur toutes et quantes fois qu'il en sera requis pour l'accélération des finances.

Néanmoings led^t recepveur fera sa recepte sur l'estat qui luy sera baillé signé et expédié par led^t conseil politique et non autre, à peyne de cryme de péculat.

Il fera aussi ses paiements de quinzaine en quinzaine aux d^ts gens de guerre estant ou qui seront en garnison en la d^e ville et chasteaux tenus par le gouverneur aux environs d'icelle, sur les roolles des monstres et reveues qui en seront faictes et avouées par les commissaires et controolleurs des guerres à ce dépputés, et sur les ordonnances et mandements, qui par eulx luy en seront faicts, signés et expédiés, qui seront aussy signés par les cappitaines des compaignies, comme en tel cas est acoustumé, à peyne de radiation pure et simple des paiements qui seront par luy faicts au contre. Et contiendront iceulx roolles les noms surnoms et habitations des d^ts gens de guerre, suivant en tout les réglements généraulx pour éviter les fraudes et abus qui sur ce pourroient être faicts au préjudice et contravention d'iceulx.

Payera aussi le d^t recepveur le d^t gouverneur et le sergent major des bandes sur estats extraordinaires, les ministres de la religion refformée, le prévost et les archers; les d^ts commissaires et controolleurs de leurs estats taxeront aux parties extraordinaires suivant estat, qui par mond^t seigneur Monsieur le M^al de Dampville ou nous, luy en sera faict et ordonné et retiendra le d^t Recepveur par ses mains la dixième partie de la solde des d^ts gens de guerre indéfiniment et suyvant l'ordonnance de mond^t seigneur pour estre employée comme il luy sera ordonné au payement des reistres allemands et suisses estant en son armée, à quoy les d^ts gouverneur et cappitaines tiendront la main, à peyne qu'ils en respondront en leur propre et privé nom.

Les gens de guerre tant de pied que de cheval estant payés de leur solde paieront de gré à gré les denrées qui leur seront administrées et ne seront leurs hôtes tenus de leur fournir que le lict, linge, banc et table et la faculté de faire cuyre leurs vivres à leur feu suyvant les d^ts réglements, suivant à quoy les d^ts gouverneur et cappitaines tiendront la main à peyne qu'ils en respondront en leur propre et privé nom.

Enjoignons pareillement aud^ts gouverneur et capp^es de conserver et faire conserver les églises, autels, maisons des ecclésiastiques suivant lesd^ts réglements et actes, à peyne de leur vye et de tous dommaiges et intérest de leur propre et privé nom.

Deffendons sur mesmes peynes à tous cappitaines et gens de guerre de courir sus aux pauvres ecclésiastiques tant dehors que dedans la d° ville d'Yssoire, pourveu qu'ils ne portent les armes ou ne soyent retrouvés avec ceulx qui les portent contre le service de mond^t seigneur, au quel cas et non autrement leur sera indifféremment couru sus comme aux autres ennemys de ceste couronne et de mond^t seigneur.

Au surplus seront les d^{ts} réglements généraulx inviolablement gardés et observés par toutes les personnes indiféremment de quelque estat, qualité, condition qu'elles soyent et s'il y intervient aucune contravention à ce que dessus, pour le regard des d^{ts} gens de guerre leurs chefs en respondront et quant aux autres sera procédés contre eulx tant ordinairement qu'extraordinairement par les voies y convenant.

Et de tout ce qui sera faict et observé sur les circonstances du d^t réglement de par ces présentes au d^t conseil politique sera tenu bon et fidèle régistre pour en temps et lieu faire servir à ce qu'il apartiendra.

Est enjoinct aud^{ts} de Merle, cappitaines et gens de guerre et à tous estant soubs son commandement d'inviolablement observer la suspension d'armes accordée par mond^t seigneur en ce bas païs d'Auvergne, selon les contrats et conventions par luy passées avec les habitants du pays de poinct en poinct selon ses formes et teneurs et sur les peynes y articulées et respondre de contravention qui y seront faictes et ce faysant de rendre promptement le chasteau de Novacelle entre les mains et au pouvoir de Monseig^r le vicomte de Turenne ou de ceulx qui auront pouvoir ou charge de luy et celui de Lespmau de mesme èz mains de qui appartiendra et de mesme le cappitaine Doud quitera ce chasteau de trahison par luy prins depuis novembre p^r d'aultant diminuer les garnisons et soulager le pays de foule et oppression.

Faict à Issoire le XXIVe jour d'avril 1576.

G. de Montmorency.

Par Monseigneur
    Duportal.

XVII

Nous Christophe de Chavagnac, gouverneur de la ville d'Issoire attestons que le Capp^{ne} Merle a laissé en ceste d° ville assavoir : dix sept quintals dix sept livres pouldres, salpêtres douze quintals douze livres, soulfre ung quintal trente trois livres. En foy de quoy ay signé les présentes aud^t lieu d'Issoire le XXVI° juillet 1576.

de Chavagnac.

A Monseigneur, Monseigneur de Thoré commandant générallement pour les églises reformées en Languedoc.

Supplie humblement Mathieu de Merle escuyer (1), que au mois d'Apvril mil cinq cent soixante seize, tenant prisonnier de guerre le s^r abbé d'Yssoire par v^{re} commandement, l'auroit-il eslargy et mis en pleine liberté, moyennant le mandement par v^{re} grandeur dressé à Me Pierre Hours recepveur de la d° ville d'Yssoire de la somme de deux mille livres aux fins de la deslivrer au suppliant pour l'avoir quitée et remise au d^t s^r abbé pour sa rançon, comme appert du d^t mandement cy attaché, lequel recepveur n'auroit oncques voulu satisfaire aud^t suppliant la d^e somme, quelles poursuytes et réquisitions qu'il luy ayt faictes, de sorte qu'il demeure privé du recouvrement d'ycelle et au moys de juin de la d^e année soixante seize après la publication de la dernière paix, le seigneur de Chavagnac estant créé gouverneur de la d^e ville d'Yssoire, d'aultant qu'elle estoit une des réservées par l'édict de pacification, le suppliant auroit esté constrainct atandre le d^t s^r de Chavaignac en la d^e ville plus de quinze jours avec les compagnies estant en garnison la d^e ville, affin de ne la laisser despourveue, et pour cet effect et esviter que les d^{es} compaignies ne se débandassent, auroit le d^t suppliant faict faire reveu et payement aux troys compagnies qui restoient en garnison, présents et assistants, les chefs des d^{es} compagnies,

---

(1) On remarquera la qualité d'*escuyer* caractéristique de la noblesse de Merle.

et le commissaire et le controolleur d'ycelles, le d^t payement ayant esté faict par le susd^t recepveur, suyvant les monstres à luy dressées par le d^t suppliant alors gouverneur, et les consuls de la ville, et ce montant le dit payement à la somme de mille cent soixante treize livres cinq sols, laquelle d'aultant que le d^t recepveur n'avoit aulcuns deniers de sa recepte, le d^t suppliant la luy auroit fournye et deslivrée soubs l'espérance de la recouvrer comme desd^{ts} mandements, reveues, controolles d^{os} compagnies et déclarations dud^t recepveur appert, estant le tout cy attaché, de laquelle somme n'auroit-il receu aucung remboursement. Oultre ce auroit-il laissé à la venue du d^t s^r de Chavagnac et en son pouvoir dans la d^e ville d'Yssoire, quand il quita icelle, certaines quantités de pouldres pour la munition de la d^e ville, se montant à la somme de treize cent livres, sans qu'il ayt receu aucuns deniers néanmoings de la despense qu'il y fit, attendant le d^t s^r de Chavaignac.

Ce considérer et qu'il ne seroit raisonnable que le suppliant fust privé du recouvrement de lad^e somme, plaira à v^{re} grandeur ordonner, que led^t suppliant sera remboursé d'icelle, montant quatre mille quatre cents soixante-seize livres cinq sols par led^t Hours recepveur susdict avec des deniers de sa recepte ou par ung aultre recepveur qui pourroit estre créé pour exaction des deniers imposés ou à imposer au païs d'Aulvergne, ou bien permettre aud^t suppliant pouvoir lever lad^e somme sur les paroisses et les habitants desd^{ts} pays d'Auvergne bénéfices et biens ecclésiastiques d'iceluy, ou sur autres natures de deniers qu'il vous plaira affin qu'il ayt mieux moyen s'employer au faict de ce party et vous faire service. Il priera Dieu pour vostre estat.

De Merle.

Veu le mandement et assignation de la somme de deux mille livres par nous ordonné audit suppliant sur le recepveur d'Auvergne pour semblable somme que nous luy aurions faict quiter et remettre au s^r abbé d'Yssoire pour sa rançon le XXVIe apvril 1576, certification de Me Pierre Hours recepveur dud^t pays d'Aulvergne, comme led^t suppliant auroit faict fonds à sa recepte, de ses propres deniers, de la somme de onze cent soixante treize livres cinq sols despuys convertie et employée au payement desd^{tes} compagnies ordonnées en garnison à Issoire, du dernier jour de juin dudit an ; Les roolles des monstres et reveues desd^{es} compagnies et autres pièces cy attachées.

Nous avons permis et permettons aud^t suppliant se payer et rembourser desd^{ts} deux estats pour la somme de trois mil cent soixante treize livres cinq sols sur toute nature de deniers royaux et ecclésiastiques et autres publiques dud^t pays d'Auvergne, et à ceste fin contraindre tous recepveurs, rentiers des biens ecclésiastiques, consuls des villes et communautés dud^t pays, aud^t payement et remboursement par toutes voyes civiles et militaires que besoing sera, prouveu toutes fois que lesd^{ts} biens ecclésiastiques n'ayent esté arrantés au proffict de ce party et que lesd^{es} villes et lieux ne contribuent aux impots ordinaires pour l'entretènement des garnisons de ce party et qu'il ne soyt touché aux mulets portant vivres et marchandises de ce pays au préjudice de la liberté du commerce. Mandons à tous Capp^{es} et soldats sur ce requis luy prester la main forte nécessaire pour l'exécution de n^{ro} présente ordonnance et pour au regard des pouldres laissées par led^t suppliant dans lad^e ville d'Issoire après qu'il en aura deument fait apparoir luy sera prouveu ainsy que de raison.

Faict à Nismes le VIIe septembre 1576.

G. de Montmorency.

Des Vignolles.

Par mond^t seigneur
Genty.

XVIII

Henry par la grâce de Dieu Roy de Navarre, seigneur souverain de Béarn, duc de Vendosmois, d'Albret, de Beaumont, comte de Foix, d'Armaignac, de Bigorre, viscomte de Limoges, Marsan etc. pair de France etc. ; à tous ceulx qui ces présentes verront scavoir faisons : Ayant plaine confiance des sens, suffisance, loyauté, prudomye, expérience et bonne diligence de n^{re} cher et bien amé de Merle, iceluy pour ces causes et autres à ce nous mouvant avons retenu et retenons en l'estat de l'ung des gentilshommes de n^{re} maison pour dans iceluy estat nous servir le d^t de Merle aux honneurs, auctorités, prérogatives, privilèges, franchises et esmoluments accoustumés qui y appartiennent et aux gaiges quy luy seront cy après ordonnés. Ordonnons et mandons à n^{re} amé et féal conseiller et premier maistre d'hostel ordinaire sur ce requis que du d^t de Merle prins et receu le serment en tel cas requis et accoustumé fasse mettre et instituer (1). . . . .

Pour dud^t estat iceluy et ensemble des honneurs, prééminences, franchises, libertés, gaiges, droicts, proficts et esmoluments jouir paisiblement et à luy obeyr et entendre de tous ceulx ainsi qu'il appartiendra car tel est n^{re} plaisir. En témoing de quoy nous avons ces présentes signé de n^{re} main soubs n^{re} scel.

Donné à Nérac le XXVIIIe apvril 1578.

Henry.

(1) Le parchemin est rongé dans la partie qui manque.

XIX

Instructions et mémoires baillés au s^{gr} de Pourcairès gentilhomme ordinaire du roy de Navarre, des Vignolles conseiller et magistrat au siège présidial et gouvernement de Montpellier et M^e des requestes du d^t seigneur roy de Navarre, et de la Place ministre de la parole de Dieu en l'église réformée de Montpellier, par les députés tant de la noblesse que du tiers estat des églises réformées du Languedoc assamblées à Sommières par permission du Roy, et commandement dud^t seigneur roy de Navarre, pour se trouver à la conférence que la royne mère du Roy doibt avoir avec iceluy seigneur roy de Navarre en la ville de Lisle-en-Jordan pour l'establissement de la paix :

1° Proposeront avant toutes choses aud^t s^r roy de Navarre, si les depputez des églises des provinces du Languedoc pourront entrer en la d^e conférence sans la présence des églises qui sont èz autres provinces de ce Royaume, ayant esgard qu'elles y ont le principal intérest, singulièrement quant à l'exercice de la religion et establissement de la justice souveraine.

2° Et si le bon plaisir dud^t seigneur roy de Navarre seroit de passer oultre à la d^e conférence sans appeler les d^{es} églises, les d^{ts} depputez sont chargés requérir et s'arrester à ce qui s'en suit :

3° Premièrement que en suyvant le VIIe article du d^t édict, le service de la religion réformée soyt remys par toutes les villes et lieux ou il estoit faict publiquement le dix-septième jour de septembre 1577, nonobstant qu'il y ait été osté ou intremys, à l'occasion des surprinses et contraventions advenues depuis la publication dud^t édict.

4° Que en suyvant le VIIIe article, l'exercice de la d^e religion soyt aussi estably aux fauxbourgs des villes, bourgs ou villages ordonnez par l'édict de pacification en chascung bailliage, sénéchaussée, ou gouvernement tenant lieu de bailliage, et à ces fins les d^{ts} fauxbourgs ou villages nommés et arrestés en la d^e conférence les plus propres et commodes pour le solagement de ceulx de la religion que faire se pourra, ayant esgard aux personnes anciennes, femmes enceintes et petits enfants à baptiser.

5° Que le mesme exercice de la religion soit faict et continué en toutes les aultres villes et lieux qui tiennent de présant, spécialement à la ville de Montaignac, nonobstant que par la crainte des gens de guerre de Monsieur le maréchal de Dampville qui entroyent et sortoyent librement en la d^e ville pendant les derniers troubles, le ministre y estant s'en fust allé, attendu que les habitants n'avoyent laissé de faire et continuer les prières publiques et tenir leur consistoire à la manière accoustumée, et que en considération de ce le roy leur auroit depuis le dernier édict de pacification permys d'y faire prescher par provision expresse qui est encore entre les mains et pouvoir de Monsr le comte de Valence.

6° Que en considération des grandes ruynes et pauvretés advenues aux d^{ts} de la religion par la continuation des guerres, il soyt le bon plaisir de leurs majestés les solager de l'entretènement de leurs pasteurs et ministres, et ce faisant, accorder de assigner le d^t entretènement sur les revenus de Messieurs du clergé, suyvant l'estat qui en sera faict et dressé par les églises de chacung diocèze, attendu mesmement que les dismes des fruicts qu'ils prennent sont aussi bien payées par les d^{ts} de la religion comme par les catholiques et qu'elles soient affectées pour la nourrriture des pasteurs de l'église administrant la parole de Dieu et les saincts sacrements.

7° Quant à la justice, représenteront à leurs Majestés que ceulx de la religion ne peuvent attendre ny espérer aulcun meilleur traittement des chambres souveraines ordonnées par le d^t édict, qu'ils ont receu des anciens parlements de ce royaume, ayant esgard que pour un officier de la d^e religion, il y en a deux catholiques lesquels vraysemblablement feront tousjours trébucher la balance de la justice du costé ou l'affection les mènera, de façon que les aultres ne serviront que d'espectateurs et approbateurs des torts et injustices qu'on pourra faire aux subjects du Roy qui seront de la religion ; par quoi supplieront leurs susd^{es} Majestés accorder et ordonner que les d^{es} chambres soient composées de pareil et égal nombre d'officiers de la religion, à la nomination du d^t seigneur roy de Navarre de l'advis des églises, que d'officiers catholiques suyvant l'édict de pacification du moys de May mil cinq cent soixante seize.

8° Que la chambre ordonnée pour le ressort de la cour du parlement de Thoulouze soit installée avec chancellerie à l'une des villes de Milhau en Rouergues, Nismes ou Uzès, et pour la séance d'icelle pourveu d'une maison propre et commode et de toutes aultres choses requises et nécessaires, et l'ordonnance des frais qu'il conviendra employer commise au premier des trésoriers de France establis en la généralité de Montpellier sur ce requis.

9° Qu'il soit remys à la d^e chambre assamblée de procéder à la nomination des huissiers et procureurs nécessaires pour l'expédition des parties, et iceulx recepvoir et admettre en l'exercice de leurs fonctions et offices, à la charge d'en obtenir lettres, don et provision du Roy dans le delay qui leur sera fixé et ordonné.

10° Que en attendant l'installation de la d^e chambre il soit inhibé et deffendu à messieurs du grand conseil ensemble aux courts de parlement, aux maistres de requestes de l'hôtel du Roy à Paris, et à tous autres juges souverains de ce royaume, cognoistre et juger des procès et différans civils ou criminels des d^ts de la religion et aultres qui ont suyvi leur party, dont la cognossance est attribué aux d^tes chambres et à tous commissaires depputés ou à depputer de procéder à la révision des arrests et jugements cassés et revoqués par l'édict sur les peines y contenues.

11° Que les officiers de la cour des aydes qui depuis la publication du dernier édict de pacification se sont séparés du corps d'icelle et retirés à Frontignan, où ils se tiennent au grand détriment des subjects du Roy soyent interdicts, les arrests par eulx faicts et donnés cassés et annulés avec deffense aux parties de s'en aider, et se retirer ailleurs qu'au corps de la d^e cour séant à Montpellier, suyvant son ancienne institution, et de mesme soyt poursuyvi et obtenu pour le regard des officiers présidiaux de Nismes qui se sont retirés à Villeneufve d'Avignon et du juge de Gignac à Clermont, et la cour du baillage de Gévaudan que soit remise à la ville de Marvejols pour l'année suyvante suyvant l'article 89 de l'édict.

12° Que suyvant le vingtiesme article de l'édict, le Roy de Navarre, Monseig^r le prince de Condé et semblablement tous autres seigneurs, chevaliers, gentilshommes de la d^e religion et autres de quelque qualité ou conditions qu'ils soyent, qui ont suyvi le party des églises, rentrent et soient conservés en la jouisssance de leurs gouvernements, charges, estats et offices royaulx, spécialement le d^t seigneur roy de Navarre en la pleine et entière jouyssance du gouvernement de Guyenne et mond^t seigneur le Prince du gouvernement de Picardie, sans estre adstraints de prendre nouvelles provisions.

13° Que Monseigr de Thoré soit remys en tous ses estats, charges, etc., et toutes procédures faictes et arrests donnés contre luy cassés, etc.

14° Que le mesme soit déclaré et ordonné pour M. de Chastillon et ses frères, et qu'il plaise à leurs Majestés, usant de leurs faveurs, leur faire et concéder quelque libéralité correspondante aux notables pertes et dommaiges mesmes de la perte qu'ils ont faicte de l'estat d'admiral de France dont ils ont souvent faict plainte et très humble requeste, avec cassation des provisions et commissions octroyées et exécutées sur leurs biens tant immeubles que meubles, papiers et documents, restitution de leurs biens saisis, payement des gaiges et pension deus aud^t feu s^r admiral jusques au jour de son décès, et autrement comme plus à plain est porté et contenu aux instructions particulières baillées par led^t s^r de Chastillon auxd^ts s^{rs} depputés sur lesquelles ils insisteront.

15° Que tous les officiers de justice de la religion qui ont esté privés de leurs estats et offices à l'occasion de la religion et troubles advenus et en spécial le s^r de Sommartre prévost général du païs de Languedoc et mess^ire Anthoine Lafont juge royal d'Albi soyent pareillement remys en leurs estats et offices et les détenteurs et occupateurs d'iceulx ostés, et mesmes Nicolas Peson qui en récompense des exécutions par lui faictes à la journée de

St-Barthélemy auroit esté pourveu de l'estat du d.t s.r de Sommartre, nonobstant l'arrest contre luy donné au conseil privé du Roy en faveur du d.t Peson. Lorsque le d.t de Sommartre y eust répondu par procureur, icelle deument cassé et de nul effect et valeur, et qu'il plaise à leurs majestés faire jouir et user les d.ts officiers de la religion, singulièrement iceluy s.r de Sommartre et le d.t Lafont juge d'Alby de tous les droits, gaiges et proffics, revenus et esmoluments appartenant à leurs d.ts estats et offices tant pour le passé que pour l'advenir.

16° Que les contraventions premièrement faictes et attentées par les catholiques tant en Guyenne que en h.t Languedoc et par tout ce royaume soient recherchées et punies exemplairement ou antièrement réparées, selon que le cas le requerra, faisant distinction des promoteurs d'avec ceulx qui ont ensuyvi et entrepris comme occasionné et provoqué.

17° Que Mesd.ts seig.rs de Thoré et de Chastillon, les seigneurs gentilshommes et autres de la religion, mesmes les corps des villes et communautés ne puissent estre recherchées ni molestées pour raison des assemblées des gens de guerre, establissement de garnisons et autres choses en dépendant, qui ont été faictes et exécutées depuis l'édict, tant pour leur retraitte, deffence et conservation, que pour résister aux invasions et surprinses d'aulcuns catholiques qui ont essayé par tous moïens de remettre ce païs de Languedoc en trouble et guerre contre tant d'expresses déclarations et prohibitions du Roy. Néantmoings que les d.ts seig.rs de Thoré et corps des villes et communautés soient deument quités et deschargés de tous deniers qui ont été par eulx et de l'ordonnance dud.t s.gr de Thoré prins et levés et employés suivant les délibérations et réglements des assemblées, pour l'entretènement des d.es garnisons, voiages négociations et autres affaires des d.es églises, tant des finances et receptes du Roy que des villes, communautés et particuliers, sans que eulx ni ceulx qui ont esté pour eulx commis et employés à la levée des d.ts deniers, ou qui les ont fournis et baillés par lad.e ordonnance en puissent estre recherchés ores ou à l'advenir, et que le mesme soit déclaré et ordonné des deniers prins et employés en la ville et diocèze de Montpellier du mandement dud^t seig^r de Chastillon pour les causes que dessus.

18° Que ayant esgard aux grandes occasions de deffiance que les catholiques ont donné et les quelles ils renforcent et multiplient de jour en jour aux d^{ts} de la religion, tant par les conjurations et entreprinses que les d^{ts} ont déjà exécutées ou faillies, que par celles qu'ils dressent ordinairement, n'attendant autre occasion que de voir les d^{ts} de la religion entièrement désarmés et sans aulcune garde dans les lieux et villes par eulx tenus pour les surprendre ; il plaise à leurs Majestés leur bailler et accorder (oultre les villes de seureté portées par l'édict de pacification) la garde entière des routes et chemins, les autres villes et lieux forts qu'ils tiennent de présent par tout le royaume et en spécial du chasteau de Beaucaire, aussy garnisons compétentes et raisonnables pour les villes et lieux qui ne se pourront garder d'eulx mêmes, et par les seuls estant de la religion, et payées et entretenues sur toute nature de deniers des finances du Roy, et ce pour le mesme temps et terme accordé par les aultres villes de seureté.

19° Que pour les mesmes raisons et occasions que dessus soit baillée et accordée une ville de seureté à Monsieur de Thoré pour sa retraitte, défence et conservation, avec garnison de cappitaine et soldats de la religion entretenue comme dessus, jusqu'à ce que les aigreurs et inimitiés procédans des choses passées soient esteintes et assopies.

20° Que les d^{es} villes principales de seureté accordées par le d^t édict de pacification soient pourveues d'une bonne et ample munition de pouldres et salpètres, aux despens des finances du Roy, à la charge que les gouverneurs et consuls des d^{es} villes s'en chargeront pour les rendre soubs des inventaires à la fin du d^t temps et terme de six ans.

21° Que le dit temps et terme de six ans ne sera compté sinon du jour que le d^t édict sera effectué et la paix généralement establie par tout ce royaume de France.

22° Qu'il soit pourveu et ordonné estat compétent sur toute nature de deniers des finances du Roy aux gouverneurs des d^es villes principales de seureté pour leur entretènement, mesme au s^gr de Chastillon gouverneur pour sa Majesté de la ville de Montpellier, ayant esgard à leurs qualités et mérites.

23° Qu'attendu que la d^e ville de Montpellier qui est fort ample et de grand circuit de murailles ne se peult garder avec moings de trois cents hommes de guerre, qu'il plaise à leurs Majestés augmenter et accroistre la garnison y estant jusques au d^t nombre de trois cent.

24° Que toutes les d^es villes et lieux tenus par les d^ts de la religion soubs l'authorité et obéissance du Roy jouiront de leurs anciens privilèges, foires, marchés, sièges de juridictions de justice suivant le d^t édict et en spécial la d^e ville de Montpellier de la recepte générale des finances que Messieurs les trésoriers de France et généraulx des finances ont attiré à Béziers ; ensemble du bureau de nouvelle exaction et de la monnoye establie de toute ancienneté au d^t Montpellier, pour y fabriquer toutes espèces d'or et d'argent au mesme coing, poids et aloy qu'èz autres monnoyes de France suivant les ordonnances.

25° Que toutes les forces et compagnies des gens de guerre tant de cheval que de pié, tenant les champs ou qui sont en garnison dans les villes, soient congédiées fors et excepté celles de seureté et autres qui seront baillées en garde aux d^ts de la religion et celles ou il y avoit garnison de tout temps mesme du temps du règne du feu roy Henry.

26° Que les articles dud^t édict soient envoïés à toutes les courts de parlement et gouverneurs des provinces avec toutes les instructions requises et nécessaires pour l'estroite et inviolable observation d'iceulx.

27° Que l'édict de pacification soit en tout le surplus exécuté avec mandement spécial aux d^ts gouverneurs des provinces et aux courts tant souveraines que subalternes de ce royaume et aux gentilshommes et corps des villes, de faire ou réitérer les jugements ordonnés pour l'entière observation et entretènement d'icelluy édict.

28° Que en chaque province spécialement aud^t païs de Languedoc soient commis et ordonnés certains seigneurs et gentilshommes, tant de l'une que de l'autre religion, auxquels soit donné pouvoir d'empescher toutes ouvertures et préparatifs de guerre, rompre et appaiser toutes divisions par tous les amiables et asseurés moïens que faire se pourra, veillant et conférant à ce qui appartiendra et usant en tout et partout de la vigilance, dextérité, et sévérité requise, leur constituant gaige compétant pour les relever des frais nécessaires que leur conviendra porter pour cet office.

29° Et finalement pour ce que plusieurs malings esprits qui désirent et taschent de mettre en mauvaise odeur le nom et réputation des églises de France, spécialement en ce païs de Languedoc, pourvoient à ce que ne soit aucunement esbranlée ou esmeue la bonne opinion que le roy, les roynes, Monseigneur et Messeigneurs les Princes du sang doibvent avoir d'elles et particulièrement des principaux de la religion réformée qui ont eu charge et maniement des affaires des d^{es} églises. Voulant encore renouveller le bruit qui s'estoit faict durant les troubles qu'elles tandoient à se dresser et mettre en république pour secouer le joug de leur naturelle subjection et se soubstraire de l'obéissance de leur prince, les d^{ts} s^{rs} de Pourcairès, des Vignolles et de la Place sont très expressément chargés d'en faire toutes les remonstrances, protestations et déclarations et supplications requises en cas de telle importance et comme de ceulx qui ont tousjours tesmoigné le contraire en toutes leurs paroles, actions, négociations et comportements depuis le commencement des troubles jusqu'à présent.

Dire, promettre et asseurer au nom de tous ceulx de la religion aud^t païs en général et en particulier qu'ils sont résolus de persévérer, vivre, et mourir en cette légitime vocation, affection saincte, et obéissance de vrais et naturels subjects avec le Roy leur prince et souverain seigneur, et après luy avec les vrais successeurs de cette couronne et tous autres aiant et pouvoir et auctorité de sa Majesté.

Ce que leurs Majestés s'il leur plait prendront en bonne part sans jamais plus se persuader, que leur défence et résistance légitime dont ils ont usé en leur nécessité aient autre but, object, ni regard que de sauver et conserver la liberté de l'exercice de leur religion et leurs vies contre les desseings et violances injustes des infracteurs des édicts de la paix et perturbateurs ennemys du bien et repos de ce royaume, de l'union de leurs subjects et de la subsistance des églises.

Faict en la d° assemblée le dix-huictième jour de novembre 1578.

XX

Au roy de Navarre, supplie très humblement Mathieu de Merle escuyer, disant : que cy devant ayant le plus eslargy le seigneur abbé d'Issoire qu'il tenoit prisonnier de guerre, par le commandement de Monseigneur de Thoré, lors commandant généralement au pays de Languedoc en absence de v^{re} Majesté moyénant la somme de deux mille livres que le seigneur de Thoré luy a assigné sur les receptes d'Auvergne et biens ecclésiastiques d'icelle pour pareille somme, que le d^t seig^r abbé luy auroit promis en ranson. Pareillement luy auroit faict semblable assignation sur mesmes deniers et recepte de la somme de mil cent soixante treize livres cinq sols, que le d^t suppliant auroit fourny pour le payement et solde de troys compagnies estant en garnison aud^t temps dans la ville d'Issoire, et qui y auroient esté entretenues après l'édit de pacification de l'an mil cinq cent soixante et seize, pour la garde de la d° ville que le Roy auroit baillée par led^t édict pour la seureté de ceulx de la religion, et néanmoings auroit réservé luy faire droict sur aultres quantités de pouldre, souffre, salpêtre, que le d^t suppliant auroit mis et laissé dans la d° ville lors que le seigneur de Chavanhac y entra gouverneur soubs l'autorité de v^{re} Majesté, après que le d^t suppliant auroit faict apparoir plus amplement de la remise des d^{es} pouldres ; après lequel appoinctement le d^t suppliant auroit retiré du d^t sieur de Chavanhac attestation du nombre des d^{es} pouldres, souffre et salpètre, comme du tout appert plus amplement par ces requestes appoinctement d'icelle et attestations sus d^{es}. Et bientôt après les d^{ts} appointemants et attestations, la paix derechef fust accordée et conclue, le moyen de la quelle le suppliant n'a pu poursuyvre le payement et remboursement des d^{es} sommes de pouldres, et en demeure encore privé, que est pour luy une grande perte, ayant au surplus toute sa vie employé sa personne ses biens et moyens pour le service de ce party, et mesme depuis le dernier édict de paix ayant receu ordre de vostre Majesté de se saisir et emparer pour v^{re} service et de ce party de quelques places et villes fortes, auroit pour cet effect à ses despens faict et dressé plusieurs troupes et assamblées en divers temps et divers lieux, ores de quatre ores de cinq à six cents hommes, en quoy fesant il auroit faict de grandes despanses et se seroit engaigé et obligé envers plusieurs personnes pour les d^{ts} frais qu'il auroit faicts.

Ce considérer plaise à v^{re} Majesté, sire, ordonner que le d^{t} suppliant sera payé et remboursé des sommes de pouldres sus d^{es} sur les deniers plus liquides de receptes du pays de Gévoldan où le d^{t} suppliant est à présent restant soubs v^{re} commandement et authorité et au surplus pour les d^{ts} frais et despenses par ainsy de nouveau faicts pour v^{re} commandement, luy octroyer et concéder les rentes et revenus du chapitre de la ville de Mende pour la présente année aux fins que le d^{t} suppliant soyt satisfait des frais par luy faicts, et qu'il aye plus de moyens de vous faire très humble service, et il priera Dieu pour v^{re} grandeur et estat.

Réponse

Nous Henry par la grâce de Dieu roy de Navarre, pair de France, gouverneur et lieutenant général pour le Roy en Guyenne, ayant faict voire en nostre conseil la présante requeste et eu sur ce l'advis de deslibération d'icelle, avons accordé au capp^e Merle suppliant la somme de cinq mille livres à prendre sur les biens ecclésiastiques revenus du chapitre de Mende, commandant au recepveur quy sera estably pour recevoir les d^{ts} deniers aud^{t}

Mende lui bailler la d° somme, et en rapportant n^re présant ordonnance, ce qui étoit dud^t Merle ycelle luy sera allouée en la mise et despanse de ses comptes et rebatu de sa recepte par les auditeurs d'iceulx auxquels mandons ainsy de faire sans difficultés. Faict à Saincte-Foy le vingt troysiesme jour de juillet mil cinq cent quatre vingt.

Du Jay.

Henry.

(Extrait des registres de la cour des comptes de Montpellier à la requeste des hoirs du feu s^gr et baron de Lagorce signé Serres et Alison.)

XXI

Henry par la grâce de Dieu, roy de Navarre et protecteur des églises réformées de France, gouverneur et lieutenant général pour le roy en Guyenne à nostre cher et bien amé Cappitaine Merle salut. Comme pour la seureté, confirmation et deffence des villes et places tenant n^re party au hault pays de Gévaudan soit requis et nécessaire dresser compagnies de gens de cheval et de pied qui puissent résister aux desseings et entreprinses des ennemis perturbateurs du repos public.

Scavoir faisons que pour la bonne parfaite et entière confiance que nous avons de v^re valeur, sens, suffisance, fidellité, loyauté, expérience au faict des armes et bonne diligence, pour ces causes et aultres bonnes, justes et raisonnables occasions et considérations à ce nous mouvant. Vous avons donné et donnons charge, commission et mandement de lever, et mettre sus cent chevaux légiers, cinquante harquebusiers à cheval et deux cents à pié et pour la solde et entretènement d'iceulx sera faict, dressé estat par l'advis et conseil des estats du d^t pays, et en l'absence d'iceulx par le conseil establi aud^t Mande suyvant les règlements sur ce faicts et à la moindre foulle et oppression du peuple que faire se pourra, vous donnant de ce faire plain pouvoir, puissance, authorité, commission et mandement spécial par ces présentes. Car tel est n^{re} plaisir. Donné à Saincte-Foy le XXVe jour de juillet 1680.

Henry.

Par le roy de Navarre chef
et protecteur gouverneur et
lieutenant g^{al} susdict.

Du Jay.

XXII

Aujourd'hui vingt cinquiesme jour de juillet mil cinq cent quatre vingt. Le Roy de Navarre estant à Saincte-Foi.

Considérant de quelle importance est la ville de Mande au party et voulant pourvoir à la seureté conservation et deffence d'icelle à ce qu'il n'en advienne cy après inconvénient.

Sa Majesté pour plusieurs bonnes, justes et raisonnables causes occasions et considérations à cela mouvant a donné et donne le gouvernement de la dicte ville au Capp^e Merle veult et entend qu'il y soit obey des habitants d'icelle et aultres y estant en garnison. Et pour avoir moïen de faire la guerre le dit sieur Roy donne pouvoir audict Merle de lever cent chevaux légiers, cinquante harquebuziers à cheval et deux cent à pieds, m'aïant sa dite Majesté commandé en dépêches les commissions nécessaires et cependant le présent brevet qu'elle a signé de sa main les an et jour susdits Mrs de Ségur, de Longa et aultres présents.

Henry.

Du Jay.

XXIII

Cappᵉ Merle j'ay receu vostre lettre par laquelle ay entendu ce qui s'est passé en la prinse et reprinse que vous avez faicte de la ville de Mende, là où je désire que vous comandiez et soiez obéy, estant très raisonnable que vous jouissiez du fruict de vos labeurs et que vous aiez moïen et occasion de continuer au service du party, ainsi qu'avez faict jusques à ceste heure, en quoy faisant vous cognoistrez par effect comme j'ay en singulière recommandation les personnes de valleur et qui me sont affectionnés serviteurs comme je scay que vous estes, voulant toutes fois que vous portiez tout honneur et respect à Monsʳ de Chastillon avec lequel j'espère vous repatrier, car vous ferez tous deux de si bon offices, et les occasions s'offriront si à propos, qu'il vous aimera et vous luy obéirez plus que jamais, et je n'y veulx emploier sinon ceux qui désirent vostre bien et advancement, et dont vous pouvez avoir telle asseurance qu'ils ne vous préjudicieront jamais en chose qui vous appartienne. Continuez seullement de m'estre affectionné serviteur et faictes estat que je n'oublieray jamais vos bons services lesquels je recongnoistray à toutes les occasions qui s'offriront d'aussy bonne volunté que je prie le Créateur Cappᵉ Merle qu'il vous ayt en sa sᵗᵉ garde.

De Saincte-Foy le XXVI juillet 1580.

Vʳᵉ bon mᵗ et assuré amy
Henry.

XXIV

Instructions du Roy de Navarre au sr d'Aramon envoyé par Sa Majesté devers le Cappitaine Merle.

Premièrement lui fera entendre le traicté et accord de paix qu'a esté faict par l'entremise de Monsieur et dudt sieur roy de Navarre soubs le bon plaisir du Roy; par lequel accord entre autres particularités il a esté arresté que les villes de Mende, Montagnac, Cahors et Montségur seront remises entre les mains de Monsieur après la confirmation dudt accord faicte et signée par le Roy.

Que pour cest effect et pour n'empescher l'achèvement d'une convention fort précieuse, le dt sieur Roy prie et commande au dt Cappitaine Merle de se préparer à la reddition du dt Mende pour le remettre entre les mains de iceluy que Monsieur et ledt sieur roy y envoyeront après lade confirmation.

Qu'il ne fault point qu'il y ait aulcun soupçon ny craincte pr les choses qui se sont passées, d'aultant que par le dt accord, il y a une entière abolition de tout ce qui s'est passé, le dt sieur Roy s'estant monstré fort soigneux et particulièrement affectionné pour le faict du dt cappitaine Merle, lequel sa Majesté désire avoir auprès de luy pour luy faire paroistre la bonne affection qu'il luy porte.

Et en cas que le dt Merle ne voulut condescendre à la volonté et instruction du dt sr Roy touchant la de reddition le dt sr d'Aramon luy représentera la grande faulte qu'il commet et comme il encourt un entier desadveu contre luy de tout le passé oultre que ledt sieur roy particulièrement et toutes les églises en général se banderont contre luy pour avoir tous intérest en ceste désobéissance.

Faict à Coutras le deuxième jour de décembre mil cinq cent quatre vingt.

Henry.

C. Aramon.

XXV

Sire ayant aujourd'hui répondu à celles desquelles auroit plu à vostre Majeste m'honorer et qui m'auroit été rendue par le s^r d'Aramont. Je me suis advisé de vous despescher le sieur de Lescure présent porteur, afin que par luy qui a veu comme toutes choses se sont passées en ces cartiers depuis la prinse de ceste ville de Mende, vostre Majesté puisse estre instruite bien au long de la vérité, vous suppliant très humblement, sire, de croire en ce qu'il vous dira comme moy mesme, et au surplus considérer de mesme la réussite de l'entreprinse et pour avoir depuis troys mois tenu la campagne avec deux canons et dans ce temps pris dix sept villes, chasteaux, places ou forteresses en hault et bas païs de Gévauldan que j'ay réduit soubs vostre obéissance, je me suis tellement rendu l'ennemy de vos ennemis et avec moy les gentilshommes, cappitaines et soldats qui m'ont faict tant d'honneur que m'accompagner, qu'il sera mal aysé qu'ils nous puissent endurer près d'eulx, si vostre Majesté ne nous faict donner quelque lieu d'asseurance à pouvoir les contenir en respect, de quoy sire je vous supplie très humblement afin que vous conserviez nombre d'hommes qui vous asseurent de leur vie pour à jamais vous faire très humblement service, baisant humblement les mains de v^{re} Majesté (1).

De Merle.

XXVI

Henry de Bourbon prince de Condé duc d'Anguien, pair de France, marquis de Conti et d'Isles, comte de Soissons, Danysi, de Valéri et de Beaufort, gouverneur et l^t général du Roy en Picardie, comté de Boulonois, Artoys et Calais et païs reconquis et l^t général pour le roy de Navarre en la protection des églises

---

(1) Cette lettre est en copie du temps dans nos archives.

refformées de ce royaume, à notre bien amé Mathieu de Merle gouverneur du Gévauldan, salut :

Chacun sait que depuys que nous avons esté contraincts prendre les armes pour la défense et conservation des dites églises nous n'avons cessé de rechercher tous les moyens justes et légitimes que nous avons pu penser et excogiter pour les faire jouyr d'un repos asseuré contre les insidiations et perfidies des ennemis, ayant à ces fins employé non seulement nos biens ensemble ceulx de nos amys et tout nostre crédit, mais aussy hazardé nostre propre vie en plusieurs voyages périlleux que nous avons faicts tant dedans que dehors du royaume, et en toutes les batailles et aultres expéditions de guerre qui se sont offertes et présentées par tous les lieux et endroicts où nous nous sommes trouvés. Néantmoings ayant pleu à Dieu humilier jusques là les d^{tes} églises et débiliter tellement leurs forces naturelles à cause de nos péchés que ne pouvant plus longuement subsister en apparence humaine sans se servir des moyens extraordinaires qu'il leur a réservé par sa miséricorde entre les mains de leurs amys estrangiers, nous avons advisé nous acheminer premièrement au pays de Dauphiné et après au pays de Languedoc, comme les deux plus fortes et plus puissantes provinces où il y a églises de ce d^t royaume, pour pourvoir au recouvrement de la plus grande et notable somme de deniers qui se pourra cueillir et lever, pour acheminer les d^{ts} moyens extraordinaires au secours des d^{tes} églises toutes et quantes fois que la nécessité le requerra; surquoy ayant heureusement disposé les cœurs et volontés, tant de la noblesse que du tiers état des églises dud^t pays de Dauphiné, que tous se seront mis en debvoir d'y fournir et contribuer libéralement, nous avons despuys le pénultième jour de novembre dernier que nous serions arrivés en ce bas pays de Languedoc attendu la noblesse dud^t pays et escript particulièrement à la pluspart de nous venir trouver pour entrer en la d^e contribution volontaire, tout ainsi que les depputés des villes et diocèzes qui ont été vers nous se sont offerts d'y faire entrer et contribuer le tiers états, quoiqu'il ayt porté et soustenu tout le fardeau de la guerre et soyt extrémement ruyné et apauvry, et voyant qu'ils n'ont daigné venir et que le retardement d'une affaire si pressée et importante était merveilleusement préjudiciable à tout le party nous avons par meure délibération des seigneurs, gentilshommes, et aultres notables personaiges estant près de nous, advisé de les emprunter diocèze par diocèze chacung selon ses moyens et facultés, tellement qu'il ne reste qu'à commettre et depputer personaiges de la qualité, authorité et confidence requise pour la levée et recouvrement des taxes et cottités d'ung chacung singulièrement du haut et bas pays de Gévauldan au diocèze de Mende dont le despartement signé de nostre main est cy soubs notre cachet attaché.

A ces causes pour le témoignage que nous a esté rendu de vostre bon zèle et affection au bien et advancement des affaires des églises des d^{tes} églises ensemble de vostre capacité, fidélité et diligence vous avons commis et depputé, commettons et depputons par ces présentes pour lever et recouvrer des gentilshommes compris et nommés aud^t despartement toutes et chacunes les sommes et deniers auxquelles ils ont été par nous taxés et empruntés, et à ces fins vous transporter vers eux et leurs maisons et ailleurs ou besoing sera pour les admonester et induyre tant plus fortement à leur debvoir, lesquels deniers ainsi par vous levés et receus, par vous acquittés, vous remettrez au coffre fermé à trois clefs, sur ce par nous ordonné en la ville de Nismes, pour estre illec tenus et gardés seurement jusques à ce qu'ils soient par nous, de l'advis consentement et en présence du conseil des églises du bas Languedoc, employés aux usages destinés, à scavoir pour les secours estrangiers des d^{tes} églises toutes et quantes fois que la necessité le requerra et en cas de reffus nous vous mandons et ordonnons faire acte et procès verbal des commandements et exécutions dont vous userez de nostre part à l'endroict des reffusants et des responses qu'ils vous feront afin que nous puyssions juger par là de quelle affection ils seront meus pour y apporter et donner la provision qu'il appartiendra.

Car de ce faire vous avons donné et donnons pouvoir et commission, mandons et commandons à tous gouverneurs, cappitaines et gens de guerre, magistrats consuls et communautés des villes et lieux de l'obeissance de ce party, à vous ce faisant obéir et prester tout l'ayde, faveur et assistance dont vous aurez besoing pour l'effect et exécution de ces présentes à peine de desobéissance.

Donné à Nismes le pénultième jour du mois de décembre 1580.

Henry de Bourbon.

Par Monseigneur le prince
 Gentil.

A Monsr de Merle.

XXVII

Henry de Bourbon prince de Condé, duc d'Enguien, pair de France, marquis de Conti, etc., etc., à notre bien amé Mathieu de Merle gouverneur de Gévauldan salut.

Chacun sait que despuys que nous avons esté contraincts prendre les armes pour la défense et conservation desdes églises nous n'avons cessé de rechercher tous les moyens justes et légitimes que nous avons pu penser et excogiter pour les faire jouyr d'un repos assuré contre les insidiations et perfidies des ennemis, ayant à ces fins employé non seulement nos biens ensemble ceulx de nos amys et tout nostre crédit mais aussy hazardé nostre propre vie en plusieurs voyages périlleux que nous avons faicts tant dehors que dedans du royaume et en toutes les batailles et aultres expéditions de guerre qui se sont offertes et présentées par tous les lieux et endroits où nous nous sommes trouvés. Néantmoings ayant pleu à Dieu humilier jusques là lesdes églises et débiliter tellement leurs forces naturelles à cause de nos péchés que ne pouvant plus longuement subsister en apparence humaine sans se servir des moyens extraordinaires qu'il leur a réservé par sa miséricorde entre les mains de leurs amys estrangiers, nous avons advisé nous acheminer premiérement au pays de Dauphiné et après en ce pays de Languedoc comme les deux plus fortes et plus puissantes provinces où il y a églises de ce d[t] royaume, pour pourvoir au recouvrement de la plus grande et notable somme de deniers qui se pourra cueillir et lever pour acheminer les d[ts] moyens extraordinaires au secours desd[es] églises toutes et quantes fois que la nécessité le requerra ; surquoy ayant heureusement disposé les cœurs et volontés tant de la noblesse que du tiers état des églises dud[t] pays de Dauphiné, que tous se seront mis en debvoir d'y fournir et contribuer fort libéralement. Nous n'avons seu trouver autre plus propre et convenable moyen pour le soulagement du peuple dud[t] bas pays du Languedoc que de despartir et égaliser par diocèze la distribution d'une bonne quantité de sels des salins de Peccais pour les payer en la présente ville de Nismes au prix d'un escu sol chacun quintal salinier pour les droicts des gabelles ordinaires et extraordinaires, oultre le droict des propriétaires des salins ou du marchand fournissant le premier lesd[ts] sels aux gabelles par lesd[ts] diocèzes ; par le quel despartement les églises du diocèze de Mende ayant été taxées en quantité de huit mil quintaux sel, il ne reste qu'a despescher nostre commission pour en faire le répartiment particulier en chacune ville, gros bourg et bourgade, comme il est accoustumé faire pour légalisation des tailles et deniers royaux dud[t] diocèze.

A ces causes, nous vous avons commis et depputé commettons et depputons par ces présentes pour appeler ceulx qui pour ce seront à appeler, répartir et distribuer sur toutes lesd[es] villes, bourgs et bourgades tenus à l'obéissance de ce party au diocèze de Mende lad[e] somme de huit mil escus, à quoy se montant lesd[ts] huit mil quintaulx sel ordonnés au diocèze par led[t] despartement, et icelle fixée, cueillir et lever promptement et diligemment par tel ou tels collecteurs et recepveurs responsables et deument cautionnés, qui à ce seront commis et depputés pour la payer et mettre au coffre-fort ordonné en la présente ville de Nismes dans troys semaines après la réception de ces présentes, à peyne d'y estre contraincts comme pour les propres debtes et affaires du Roy, permettant aux consuls desd[es] villes, bourgs et bourgades dud[t] diocèze de répartir et distribuer encore pour le moins aux habitants d'icelles villes, bourgs et bourgades, spécialement aux bienaisés tant que faire se pourra, et par vous leur sera ordonné de venir prendre les sels ou faire prendre quand bon leur semblera par tel ou tel marchand qu'ils y voudront employer aux salins de Peccais, en payant le droict des propriétaires desd^{ts} salins, ou en tel grenier à sel plus proche en payant le droict du marchand fournisseur dud^t grenier, à la charge qu'ils seront tenus mettre et embotiguer lesdits sels en gros chacune ville, gros bourg et bourgade sa cottité dans les villes closes du diocèze, pour les bailler aux habitants dans un moys après le paiement de leurs taxes, ayant été faict aud^t coffre estably à Nismes, pendant le quel temps il leur est inhibé et défendu vendre ni débiter lesd^{ts} sels pour ne retarder le débitement qui se faict aux greniers pour l'accroissement et augmentation dud^t fonds, à peyne de confiscation d'iceulx et d'amende arbitraire, car de ce faire vous avons donné et donnons pouvoir et commission, mandons et commandons à tous gouverneurs, cappitaines et gens de guerre, magistrats, consuls, justiciers, officiers et subjets de l'obéissance de ce party, à vous se faisant obéyr et prester tout l'ayde faveur et assistance nécessaire à peyne de désobeissance. Donné à Nysmes le pénultième jour de décembre mil cinq cent quatre vingt.

Henry de Bourbon.

Par Monseigneur le Prince
GENTIL.

XXVIII

Despartement de l'emprunpt faict par Monseigneur le Prince de Condé sur la noblesse du hault et bas pays de Gévaudan pour servir à l'establissement de la seureté et conservation des églises réformées de ce royaume :

Premièrement

Le s^r de Gabriac,
Le s^r de Bédouesc,
Le s^r de Merle,
Le s^r de Teyras,
Le s^r de Gasques,
Le s^r d'Aleyrac et des Plantiers,
Le s^r de Chavanon,
Le s^r de Barbus,
Le s^r de Fontanilles,
Le s^r de Banyères,
Le s^r de Terrelongue,
Le s^r de Corbières,
Le s^r de St Estienne,
Le s^r des Bannes,
Le s^r de La Roquette,
Le s^r de Sauve-Plane,
Le s^r de La Bastide,
Le s^r de Viala.

permettant et ordonnant aux commissaires depputés pour le recouvrement dudit emprunpt d'adjouster et taxer ceulx qui pourront avoir esté obmis au présent despartement, faict à Nismes le pénultième jour du moys de décembre mil cinq cent quatre vingt.

Henry de Bourbon.

XXIX

Messieurs, il n'est pas besoin de vous représenter l'estat périlleux au quel les églises sont réduictes soubs les conditions de la paix qu'on dict avoir esté conclue et la grande faulte qu'elles ont commis de n'avoir prouveu de bonne heure au moyen de lieux de seureté et conservation qui leur ont esté si souvent proposés, seulement vous dirai-je, qu'ayant prévu à longue main les dangiers qui nous menacent je me suis azardé de venir en Dauphiné et de la au présent pays de Languedoc pour remettre sur les premiers desseings des d^es églises, qui sont de faire promptement un fonds de deniers et le consigner en lieu ou il puisse servir aux moyens de leur seureté et conservation, lorsque la nécessité du temps et les occasions le requerront, surquoy j'ay par la grâce de Dieu si généreusement disposé les cœurs et volontés tant de la noblesse que du tiers état des églises du Dauphiné que non seullement tous ceulx qui prenoient estat du public et les capitaines et gens de guerre auroient donné leurs pensions et entreténement pour un moys, mais aussi tous les gentilshommes se seroient eulx-mêmes fort libéralement taxés et cottizès à un emprunct volontaire que j'ai faict sur eux et tout le peuple, accordé sur bien ample imposition pour le mesme effect les uns et les autres faisant estat qu'il vault mieux lascher une partie des biens que Dieu leur a donnés, pour conserver le reste, que de se mettre en dangier de perdre le tout et, comme il est à craindre, l'honneur et la vie ensemble ; Quant aux églises de ce pays aussitost que j'y fus arrivé je commanday et ordonnay par tout de faire cesser les pensions des personnes publiques et entreténement des gens de guerre pour le moys de décembre dernier, et expédiay commissions et contrainctes à ce que tous les recepveurs et comptables eussent à pourter et remettre leurs comptes pour employer les restants aux usages susd^ts, et voyant que la noblesse ne me venait trouver, comme avoit faict celle du Dauphîné quy, à la première nouvelle de mon arrivée, se rendit toute près de moy, j'assemblay dernièrement les gens du conseil avec aucungs des principaulx gentilshommes des environs d'icy et les depputés des villes et églises principalles de ce pays aux quels ayant bien au long faict entendre les occasions de mon voyage que je vous ay touché briefvement cy dessus, il fust par meure délibération conclud, que la noblesse contribueroit à ce fonds de commune conservation, et pour le regard du peuple quy est fort ruyné à cause de la continuation de la guerre et de la peste dont il a esté affligé, qu'il lui seroit baillé et distribué la valeur d'autant de sel des salins de Peccais ou des greniers à sel qui sont là-bas, qu'il fourniroit et contribueroit en deniers clairs au fonds ; De manière que les despartements sur ce faicts et les commissions dépeschées et envoyées à chacun diocèze, j'ay advisé pour le regard du diocèze de Mende de prier le s^r de Clervant d'y aller pour parler à la noblesse et à vous ; Il fera effectuer les commissions vous concernant que je lui ay données, parquoy je vous prieray sur tant que vous estes jaloux de l'honneur et gloire de Dieu et de vostre propre conservation ne faillir de prendre à cœur l'exécution des d^{es} commissions, singulièrement en ce qui touche la distribution des huict mil quintaulx sel ordonnée aux églises tant du hault que du bas pays de Gevaudan aud^t diocèze de Mende, et ce faisant procéder promptement au despartement par le menu des d^{ts} sels, faire lever et payer les deniers qui en doibvent provenir aux coffres sur ce establis en ceste ville de Nismes, à raison d'un escu sol pour chacun quintal, à quoy je les ai taxés et réduitcs, pour ce regard et mettre incontinent en besogne ceulx que vous voudrez employer pour les faire pourter et conduire aux magasins où vous les voudrez mettre au profict des d^{es} églises, néantmoings donnez ordre que les estats des personnes publicques et entretènement des gens de guerre dud^t mois de décembre soit aussi remis et que les recepveurs et comptables, qui ont administré aud^t diocèze, viennent rendre compte et porter le reliquat suivant mes précédentes ordonnances, et m'asseurant que vous me donnerez bientost en cest endroict tout le contentement que je me promets de vostre bon zèle pour le bien général des églises. Je feray fin à la présente priant Dieu, Messieurs, qu'il vous ayt en sa saincte et digne garde.

De Nismes le Ve janvier 1581.

V^{re} bon amy
Henry de Bourbon.

XXX

Monsieur de Merle ayant entendu que vous avez parachevé les expéditions que vous avez entreprises, je vous ay bien volu faire ce mot de recharge à ce que vous veniez me trouver comme je vous ay cy devant escript, mais ne m'admenez poinct de trouppes, ains les mettez en garnison ou les congédiez, car la tresve ayant esté receue et publiée en ce pays, elles n'y pourroient servir que de foule au peuple qui est entiérement ruyné, et attendant de vous voir bientost je prieray Dieu Monsieur de Merle qu'il vous ait en sa garde. De Nismes le 11 janvier 1581.

V^{re} bien bon amy
Henry de Bourbon.

XXXI

Monsr de Merle : J'ay différé jusques à maintenant vous envoyer la despesche cy incluse pour l'imposition du sel que j'ay desparty au diocèze de Mende et pour le recouvrement de l'emprunct de la noblesse attendant votre venue pour les bailler à vous-même ; mais voyant vostre retardement, j'ay advisé la vous faire tenir par La Grange présent porteur, vous priant faire exécuter promptement et diligemment le contenu aux commissions qui y sont et si vos affaires le permettent ne laisser de me venir trouver après avoir donné quelque bon commandement à ce que dessus et mis en train l'assemblée du pays pour parachever et acheminer le tout à entière exécution. Joinct que j'envoyeray bientost sur le lieu le s^r de Molières pour les solliciter assiduement et m'asseurer advant du bon debvoir que vous y ferez. Je prieray Dieu Monsr de Merle qu'il vous ayt et sa s^{te} garde. De Nismes 19 janvier 1581.

V^{re} bien bon amy
Henry de Bourbon.

XXXII

Monsr de Merle j'ay receu vostre lettre et suis bien esbay qu'on aye porté si peu de respect à mes commissions, que nul ne se soit trouvé à l'assemblée que vous aviez convoquée par mon commandement et qu'au lieu de mettre promptement la main à l'exécution des d^{tes} commissions, les uns se soyent plaincts que la taxe des sels, que je leur ay ordonnée, est excessive, et les autres allèguent qu'ils ont leurs affaires distinctes et séparées de ceux du hault Gévaudan. Si faut-il qu'ils se résolvent d'une chose, ou de passer oultre à la contribution des deniers qu'ils sont tenus de fournir pour la valeur des d^{ts} sels, ou de voir bientost tant le haut que le bas pays de Gévaudan en proye entre les mains des ennemis ; Voilà pourquoy je ne puis en façon quelconque modérer la cottité des d^{ts} sels sans faire tort à tout le party et à la conservation particulière des églises dud^t pays. Toutefois pour ne rien altérer des anciennes coustumes et privilèges, que ceulx du bas Gévaudan prétendent avoir en l'administration de leurs affaires. Je trouve bon qu'ils se chargent séparément de leur cottité qui est un tiers, ainsi que j'ay entendu, et que le hault Gévaudan prenne les autres deux tiers suyvant ce que je leur ay escript. Je vous ay despesché ces jours passés le s^r de Molières pour vous assister en tout ce qu'il pourra, pour l'exécution de toutes les d^{es} commissions, et s'il est besoing de quelqu'un autre, je ne faudray le faire acheminer au premier jour. Cependant je vous prieray travailler si diligemment de v^{re} part à cela, que les deniers tant de l'emprunt que des sels soyent appourtés et remis, saulf à les venir prendre et enlever par ceulx du pays en tels greniers qu'ils voudront à leurs commodités et quand bon leur semblera. Au demeurant je suys attendant d'heure à autre le sieur de Turenne qui me vient trouver de la part du Roy de Navarre. J'entendray par luy la charge qu'il a pour la rédition de Mende et vous darray advis de ce que vous avez à faire pour ce regard. Que si en attendant mes commandements, vous estiez sommé de recepvoir et obeyr à la paix, faictes responce, que vous estes attendant là dessus nouvelles de la négociation des depputés de ces provinces, sur ce qu'ils pourront avoir obtenu de plus, qu'il n'a esté accordé par l'édict et les commandements dudict seigneur Roy de Navarre ou de moy en son absence, et que les ayant receus, vous obéyrey à ce que sera ordonné pour le bien du service du Roy et pour le repos et soulagement de ses subjects; Mais poursuivez toujours le faict et exécution des d⁰ˢ commissions, et y employez vous mesme *Vos moyens le plus largement que pourrez*, comme le seul et unique moyen après Dieu de la délivrance et conservation des églises, et de pouvoir retenir les places qu'on nous veult faire rendre ; et m'asseurant du bon debvoir que vous y ferez je prieray Dieu Monsʳ de Merle qu'il vous ayt en sa saincte garde. De Nismes le 11 février 1581.

Vʳᵉ *bien bon amy*
Henry de Bourbon.

XXXIII

Monsʳ de Merle vous verrez par la lettre que j'escry à la noblesse de vʳᵉ diocèze comme le sʳ de Turenne est arrivé en ceste ville pour le faict de la commission que Monsieur frère du Roy Monseigneur et le roi de Navarre luy ont donné, et à Mʳ de Montmorency, touchant l'exécution des articles de la conférence de Fleix en ce bas pays de Languedoc, et comme je convoque une assemblée générale des églises en ceste ville au vingt cinquiesme de ce mois, à laquelle je prie la noblesse de depputer et envoyer quelque nombre de gentilshommes pour entendre la charge dudᵗ sieur de Turenne, adviser aux moyens de la négociation et exécution de la paix pour le bien général, seureté et conservation desdᵉˢ églises et pour ce que ladᵉ depputation ne peut estre faicte sans parler à eulx, je vous ay bien voulu faire la présente pour vous prier de les assembler promptement en tel lieu que vous adviserez, pour leur présenter mes lettres, et les prier de ma part, de faire élection de ceulx qu'ils voudront envoyer en lad[e] assemblée, et les faire partir au plus tost avec pouvoir suffisant et toutes les instructions nécessaires qu'ils leur voudront donner sur ce que j'ay dict, sollicitant et exortant ung chacung d'avancer plus que jamais l'exécution des commissions que j'ay envoyées en vostre diocèze pour les affaires du général, et m'asseurant que vous y satisferez, je prieray Dieu Monsr de Merle qu'il vous ayt en sa saincte garde. De Nismes ce XIII febvier 1581.

V[re] bien bon amy
Henry de Bourbon.

Faites tenir les lettres particulière cy incluses et ne faillez de vous trouver à l'assemblée après avoir donné ordre au faict du sel.

XXXIV

Capitayne Merle j'espère que suivant ce que Monseigneur le prince de Condé vous a escript vous viendrez à l'assemblée qu'il a convoquée en ceste ville au XXVe de ce mois. Cependant je vous ay bien voulu faire un mot, pour vous prier, comme j'avais faict par ma précédente, de vous résoudre et disposer à l'entière exécution de la paix vous asseurant, que vous comportant ainsi vous ne pourrez faillir d'acquérir en vous la bienveillance de ceux qui ont authorité sur vous et au jugement desquels vous vous debvez raporter; car faisant aultrement vous ne pourriez sans doubte subsister; je vous le dis en amy que je vous suis, vous protestant que je serois fasché de vous voir en peyne, mais plustost vous feray tous les plaisirs qu'il me sera possible, Aussi je vous veux bien prier de faire cesser et discontinuer tout acte d'hostilité et spécialement deffendre que les maisons des gentilshommes ne soient rasées, comme on dit icy qu'on ne cesse pas de faire en vos cartiers, car vous ne pourriez qu'en être recherché. Mais pour ce que je m'attends à vous parler plus particulièrement en lad° assemblée je finiray la présente pour prier Dieu Cap^{ne} Merle vous avoir en sa saincte et digne garde. De Nismes ce XXI febvrier 1581.

V^{re} affectionné et meilleur amy
Turenne.

Je vous prie aussi que le temple ne soit poinct démoly.

XXXV

Monsieur de Merle oultre ce que l'assemblée des églises de ce bas pays de Languedoc en corps vous escript de la résolution qui a esté prise touchant l'observation et entretènement de la suspension d'armes, je vous ay bien voulu despescher exprès le sieur de Lambert et vous faire ce mot pour vous prier ne faillir de vous comporter et faire comporter tous les gens de guerre qui dépendent de vous avec telle modération, que vous ne commettiez, ni souffriez qu'il soit commis aucune course, démolition et aultres actes contraires à lad° suspension d'armes, attendant la publication de la paix, à peyne que je m'en prendray à vostre propre personne selon que j'ay ordonné charge audit s^r de Lambert, vous faire plus particulièrement entendre, et n'estant la présente à aultre effect, je prierai Dieu Monsr de Merle qu'il vous ayt en sa saincte garde.

De Nismes au V mars 1581.

V^{re} bien bon amy
Henry de Bourbon.

Vous ne ferez faulte aussi de réduire la garnison de Mende et autres au plus petit nombre que faire se pourra et faire cesser toutes nouvelles contributions expéciallement à l'endroict de ceulx du contraire party qui pourroient de la prendre occasion de plaincte.

Je vous envoie la tresve laquelle vous ferez incontinent publier garder et observer inviolablement que j'ay dit.

XXXVI

Capitayne Merle j'ay conseillé à Monsr de Lambert de vous retourner trouver pour vous faire encore entendre la volonté délibération et intention du roy de Navarre, la quelle il s'est résolu de faire exécuter, comme vous verrez par des copies de lettres qu'il a escriptes aux églises de ce pays que le sr de Lambert vous communiquera ; Je vous en diray ce que j'en pense comme amy que je vous suis et ay toujours esté, c'est que vous vous debvez résoudre de faire cognoistre au roy de Navarre, que ce n'est point à fausse enseigne que vous vous estiez tousjours déclaré son serviteur et dépendant de luy, comme de nostre chef général et commun de tous, et que sans vous remonstrer à quelque excuse que ce soyt, vous obéirez et obtempérerez à ce que vous est par luy commandé et par le corps général des églises qui luy ont assisté ; Je vous conseille de faire ainsi, et vous ne scauriez que vous en bien trouver et moy je vous feray tousjours preuve de l'amitié que je vous porte en tous les endroitcs qu'il me sera possible et de toute mon affection, me recommandant de bon cœur à votre bonne grâce et priant Dieu

Capitayne Merle vous avoir en sa saincte garde.

A Nismes ce IX mars 1581.

Vre bien bon et affectionné amy
Turenne.

XXXVII

Réponse du roy de Navarre :   Au roy de Navarre protecteur des églises réformées de France :

Syre

Vous remonstrent très humblement les églises du diocèze de Mende et quatre cents familles faisant profession de la religion refformée reffugiés à la dite ville des pays d'Auvergne, Rohergue et Gévauldan.

Premièrement qu'ils tous en corps désirent obéyr aux commandements et édicts de sa Majesté son altesse chrétienne sans y vouloir contrevenir.

Et par ce syre que la longueur des guerres passées a conceu tant d'inimitiés d'ung party et d'autre, et qu'il y a un grand nombre de noblesse ez dicts pays d'Auvergne, Rohergue et Gévauldan, que sans avoir esgard à la bonne volonté de sa majesté sur l'observation et exécution des édicts de pacification donnés par cy devant à ses sujets, n'ont cessé de molester et violenter les d^{ts} de la religion, tant en leurs personnes et biens, ne leur permettant jouyr du bénéfice des d^{ts} édicts, comme plus à plain et

Le roi de Navarre désire que ceste affection soyt témoignée par effect et que ceulx des églises du Gévauldan, capitaine Merle et aultres réfugiés à Mende s'asseurent du soin singulier qu'il a et aura de leur conservation n'ayant rien de plus cher que l'établissement de ceste paix afin de couper chemin aux occasions de défiance qui n'ont esté que trop grandes jusques à maintenant.

particulièrement a esté remonstré à sa d° Majesté par le cahier général des églises dud[t] royaume, qui tient en doubte et deffiance les d[tes] églises, capitaine Merle, et reffugiés susd[ts] qui l'ont accompagné durant les troubles.

Par quoy sire craignant de tomber ainsi aux dangiers et périls d'ung bon nombre de leurs compagnons qui ont esté tués et massacrés durant les paix précédentes par leurs d[ts] voisins, sans qu'il s'en soit pu sévir aucune pugnition par justice ou aultrement, et que durant iceulx troubles les villes et villages d'habitation des d[ts] reffugiés pour la pluspart des maisons et chasteaux des gentilshommes de la religion des dits pays ont esté brulées et rasées, comme est chose notoire, et qu'ils sont entièrement abandonnés et perdus, si par la miséricorde de Dieu et faveur vostre ne leur est pourveu de villes et lieux pour leur seureté.

Il y sera pourveu de telle sorte que de tels inconvénients ne seront poinct à craindre à l'advenir, et le d[t] roy de Navarre donnera des maisons particulières pour servir de retraite à ceux à qui les leurs ont été rasées.

Le d[t] s[gr] roy de Navarre est si étroictement obligé de promesse pour la reddition de la d° ville qu'elle ne se peut différer ainsi que sa majesté à commandé au s[r] Dyollet le faire entendre.

A ceste cause, Sire, estant vostre intention que la d[e] ville de Mende où sont les d[ts] pauvres reffugiés soyt rendue, et qu'il est dict par les articles de Fleix qu'il sera pourveu à la seureté des dicts quatre cents familles et gentilshommes auxquels leurs d[es] maisons ont été bruslées, vous prient d'intervenir auprès de sa majesté et altesse, pour obtenir lieux et remèdes convenables pour leur sureté, afin qu'en définitive et en vous obéissant, ils ne retombent pas au même dangier qu'ils ont esté pour le passé jusques à présent.

Le contenu du présent article sera indubitablement effectué selon le désir des suppliants.

Semblablement, Sire, pour donner plus de sureté aux églises du dict diocèze, les pauvres reffugiés intercèdent le Roy et son altesse, qu'il soyt leur bon plaisir de faire rentrer en l'arsenal de Lyon huict ou dix pièces de batterie que sa majesté a en la ville du Puy y estant conduictes à la réquisition des s^{rs} de Tournon et de St-Vidal et autres pour icelles ruyner et exterminer.

Le roy de Navarre ne désire rien plus fort que de satisfaire le d^t s^r de Merle sur le contenu au présent article par la première commodité que se pourra offrir et selon l'advis mesme qu'il en pourra donner à sa majesté !

Et d'aultant sire que le cappitaine Merle ayant commandé au d^t Mende, soubs vostre auctorité depuis le commencement de juillet dernier, n'auroit pu faire lever que bien peu des impositions équivalents et biens ecclésiastiques suivant le pouvoir et commission qu'à ces fins vous auroit pleu en octroyer pour l'entretènement des onze vingt arquebusiers qu'il vous auroit pleu, sire, luy ordonner pour la garde et sureté de la d^e ville, à cause des grandes forces que les catholiques avoient audict pays et pour estre employées avec les dicts reffugiés, il auroit esté contrainct fournir et advancer plusieurs grandes sommes du sien et de ses amis, tant pour la solde et pour l'entretènement des dits onze vingt arquebusiers, la fonte de deux canons, une couleuvrine, mil balles à canons, achat deux cent quintaux de pouldre employée à battre certaines villes et forts qu'il auroit prises aud^t pays, réparations faictes audit Mende, récompenser plusieurs cappitaines qui l'ont suivy aud^{ts} sièges, que des gaiges qui luy sont deus des derniers et précédents troubles, les quelles fournitures il estime se monter huict ou dix mille escus oultre tout ce que le recepveur dudict Mende peut avoir eu.

Attendant que l'édict de paix soit effectué plus avant d'une part et d'autre led^t Merle se pourra conserver dans le d^t chasteau de Quézac, sans rien entreprendre au préjudice du repos public.

Et affin, sire, que une telle despense faicte pour le général ne tombe sur le suppliant en particulier, qui seroyt sa totale ruyne, plaise à vostre Majesté le pourvoir de moyens et remèdes pour estre payé et remboursé, ou bien, sire, vous plaise luy despartant de vos faveurs accoustumées intercéder envers sa Majesté et son Altesse lui laisser et faire don d'un petit chasteau n^é Quézac avec ses rentes et revenus qui sont de peu de valeur, et appartient à certains particuliers moines et afin que iceulx ne demeurent pas frustrés de leur pension, les faire pourvoir à la place de ceux du prieuré de Bédouès qui sont vacants et de mesme valeur, et les dits suppliants prieront Dieu pour vostre estat, prospérité et santé !

Nous, Henry, par la grâce de Dieu roy de Navarre, ayant veu en nostre conseil les présents articles, avons iceulx respondu selon ainsi qu'il est contenu en marge : Fait au conseil tenu à Cadillac le XI° jour de mars 1581.

Henry.

BERZIAN.

XXXVIII

Capitaine Merle je ne désire rien tant que de voir la paix bien establie, et accomplir de ma part ce que j'ay accordé par icelle, affin qu'on ne prenne occasion de différer l'entretènement de ce qu'on nous a promis, qui importe par trop au public et à n^{re} commune conservation. Vous ayant vouleu faire ce mot par le sieur Dyollet, que j'envoye exprès par de là, afin que sans plus différer vous ne failliez de remettre la ville de Mende ès mains et au pouvoir de celuy, que Monsieur frère du Roy mon seigneur y commettra ; Ne vous excusant point sur des difficultés ou considérations recherchées, car il fault en somme, aultant que vous désirez vous conformer à mon intention, que cela soyt exécuté, ainsi que j'ay commandé audit s^r Dyollet vous faire entendre, et plus particuliérement sur le quel me remettant, je prie Dieu vous tenir capitaine Merle en sa saincte garde.

Donné à Cadillac ce XI mars 1581.

V^{re} *meilleur amy*
Henry.

XXXIX

Henry par la grâce de Dieu Roy de Navarre, gouverneur et lieutenant général pour le Roy en Guyenne, à tous ceulx qui ces présentes lettres verront salut :

Sur ce que le capitaine Merle gouverneur de la ville de Mende en Gévaudan soubs nostre auctorité nous a faict entendre, qu'il auroit pour nostre service et pour le bien du party des églises refformées dudit pays prins Mende, aultres villes et forts, donné commissions pour lever gens de guerre, ordonné de leur solde et paiement, faict plusieurs démolitions d'iceulx, establi certains officiers comme recepveurs, juges et greffiers du conseil et aultres, destitué ceulx qui n'exerçoient fidellement leur charge faict faire levées royaulx, impositions, biens ecclésiastiques équivalents et aultres, faict prendre prisonniers, iceulx mis à rançon, entrepris sur villes, places des ennemys du dict party, fait fondre pièces d'artillerie, faict faire pouldres, munitions, et magazins et génerallement faict toutes les aultres choses de sage gouverneur suyvant les droits et debvoirs de la guerre et ordonnances militaires.

Scavoir faisons : Que nous avons agréé, approuvé, avouons, agréons et approuvons par ces présentes tout ce qu'a esté faict par le dict capitaine Merle et tous les capitaines, soldats et habitants qui l'ont assisté en tout ce que dessus, depuis la prinse de la ville de Mende jusqu'à ce que l'édict de pacification ait esté publié par les églises du pays de Languedoc, comme le tout ayant esté faict par nostre exprès commandement selon les lois de la guerre et ordonnances militaires. Si prions Messieurs des cours de parlement, baillifs, prévosts, sénéchaux ou leurs lieutenants justiciers et officiers du roy mond^t seigneur ; mandons et commandons à tous aultres, sur lesquels nostre pouvoir et auctorité s'exerce, ne molester pour raison des choses sus d^{es} ou qui en dépendent le dict capitaine Merle, ny les capitaines, soldats, habitants des villes qui l'ont assisté. Ains, si aulcune poursuite estoit contre eulx faicte, la fissent cesser incontinent et sans délay, en imposant silence à leur partie adverse en vertu du présent adveu, que nous avons pour ce signé de nostre main et en iceluy faict mettre et apposer nostre scel.

Donné à Cadillac le XIe jour de mars 1581.

Henry.

BERZIAN.

XL

Aujourd'huy onziesme de mars, l'an mil cinq cent quatre vingt ung, Monseigneur estant à Cadillac, ayant entendu par les remonstrances qui luy ont esté faictes de la part du cappitaine Merle, que sur le desir et la volonté qu'il a de procéder franchement et libérallement à la restitution de la ville de Mende qui est entre ses mains, suivant le commandement qu'il a du roy de Navarre de ce faire, et qu'il est porté par les édicts de la conférence de Fleix, qu'il luy estoit impossible de pouvoir sortir hors de la d^e ville, si premier, il ne plaisoit à son Altesse moyenner quelque seure retraite aud^t Merle qui n'a aucune maison sienne, ny commodité pour loger sa femme et ses enfants et se garantir des ennemis qu'il a en grand nombre, à l'occasion des troubles passés ; A sa dite Altesse, en considération de ce que dessus et plusieurs aultres qui l'ont meu et invité à ce faire, permis et accordé sa demeure avec sa d° femme et ses d^{ts} enfants au prieuré de Quézac, membre dépendant de l'evesché de Mende, que le dict capitaine Merle tient jusques à ce que le Roy ait esté adverty par son Altesse, et qu'il lui ayt pleu sur ce ordonner sa bonne intention et volonté, pour seureté de laquelle permission de demeurer au dict prieuré avec sa femme et enfants, ce que dessus sa d° Altesse a voulu signer le présent brevet de sa propre main et moy conseiller et secrétaire de ses finances et commandements a enjoinct de contresigner.

Françoys.

Q. DE FIN.

XLI

Aujourd'hui douziesme de mars mil cinq cent quatre vingt ung Monseigneur fils de France frère unique du Roy, duc d'Anjou, Allençon, Touraine et Berry estant à Cadillac, en confirmant l'article respondu aux (1)..... de la religion prétendue réformée du bas Languedoc, concernant l'abolition des actes d'hostilité et aultres advenus depuis la publication de la paix jusques..... sera receu et publiée dans les villes que tiennent les susd^{ts} de la religion aud^t Languedoc et d'iceluy bailler toute asseurance par elle au capitaine Merle et ceux qui ont soubs lui suivy le party des susd^{ts} de la religion. Son Altesse a, en vertu de son pouvoir, abolly tous actes de guerre et d'hostilités..... villes de Mende, Marièges et aultres endroicts des environs icelles estant de la charge dudict capitaine Merle, ensemble toutes prinses de..... démolitions, entreprises, fontes d'artillerie, confection de pouldres et généralement tous aultres actes contenus et abolis par l'édict et conférence..... tant pour luy que pour les capitaines et soldats qui l'ont suyvi..... impositions levées

(1) Le parchemin étant rongé, plusieurs mots manquent.

de deniers tant royaulx, ecclésiastiques, que tous aultres, en vertu des commissions des roys de Navarre et ses lieutenants, y ayant sad° Altesse spécialement comprins Mre Jausiouls pour raison des receptes de deniers faictes en vertu desd^es commissions, de quelque nature qu'ils soient, tant à Mende qu'à Marièges qu'au Malzieu, aux présents et précédents troubles jusqu'au susd^t jour de la publication des édicts et conférences dedans les villes que tiennent les susd^ts de la religion aud^t Languedoc, voulant sa d^e Altesse que très expressément inhibition et défense soyt faicte à tous qu'il appartiendra de ne rechercher le susd^t capitaine Merle, Jausiouls et aultres pour raison de ce que dessus ni desd^ts aultres..... led^t s^r Jausiouls, ni des comptes qu'il aura sur ce rendu, tant aux depputés de son party qu'autres députés du roy de Navarre pour cest effect..... oultre sad^te Altesse que satisfesant par led^t Merle à la restitution dud^t Mende, recepvant et observant l'édict et conférence de Fleix..... fera fournir abolition du Roy bonne et valable, selon qu'il est par elle promis et accordé par le présent brevet, qu'elle a pour seureté du contenu en iceluy voulut signer de sa propre main.

Françoys.

Q. DE FIN.

XLII

Henry par la grâce de Dieu roy de France et de Pologne à tous présens et advenir salut : comme despuis les articles de la paciffication concluds et arrestés au lieu de Fleix par notre très cher et amé frère unique le duc d'Anjou avec notre très cher et très amé le roy de Navarre et aucuns députés des églises faisant profétion de la religion prétendue refformée en n^re royaume et mesmes despuis la publication de la paix faicte suivant iceux articles, il a esté commis par le capitaine Merle et ses adhérans plusieurs actes d'hostilités en continuation des troubles, contre et au préjudice des susd^{ts} articles pour lesquels ils pourroient estre justement poursuivis comme infracteurs de paix et criminels de lèze-majesté, ce néantmoins ne voulons les choses estre traitées si rigoureusement, ains en faisant tousjours paroistre davantaige nostre bonté et clémence envers ceux qui ont failli, les rendre d'autant plus enclins et dévotieux à reprendre le chemin de l'obéissance qu'ils nous doibvent naturellement et à se monstrer à l'advenir nos bons et loyaux subjects, scavoir faisons, que pour ces causes et autres considérations à ce nous mouvant avons quitté, remis, pardonné et abolly, quittons et remettons pardonnons et abollissons par ces présentes tous et chascuns les actes d'hostillité qui ont esté commis par le susd^t de Merle et ceux de son adhérence en continuation des troubles despuis la publication et la susd^e paix et au préjucice d'icelle, sans que pour raison de ce, ils puissent estre à présent et à l'advenir recherchés en quelque sorte et manière que ce soict, et à cest effect avons imposé et imposons sillance à nos procureurs généraux et à l'advenir et à tous nos autres juges et officiers quelconques, à la charge aussi qu'ils sera désormais par les susdicts satisfait de poinct en poinct à ce qui est contenu par les susd^{ts} articles, mesmes à la prompte reddition de la ville de Mende, selon qu'elle se doict faire, sans plus remettre les choses en aucune longueur et donnons en mandement à nos amés et féaux les gens tenans nos courts de parlement, baillis, seneschaux, prévost et leurs lieutenans, et autres nos juges et officiers quelconques, que nos présents, rémission, pardon, abolition contenu ci-dessus ils facent soustien et laissent les susdicts jouir plainement et paisiblement, sans leur faire ny souffrir leur estre faict ou donné aucun trouble, arrest, ny empeschement au contraire, car tel est nostre plaisir et affin que ce soict chose ferme et stable à toujours, nous avons faict mettre nostre scel à ces d^{ts} présentes. Donné à St Germain en Laye du mois de mars mil cinq cent quatre vingts un de n^{re} règne le septième.

Signées pour le roy
Bruslart de Scillery.

XLIII

De par le Roy,

Et par commandement de Monseigneur le Prince de Condé, duc d'Anguien, pair de France et lieutenant général pour le Roy de Navarre en la protection des églises refformées de ce royaume.

Est très expressément enjoinct et commandé à tous gouverneurs, gentilhommes, cappitaines et gens de guerre et aultres de quelque estat qualité et condition qu'ils soyent estant de l'obéyssance de ce party au présent pays et gouvernement de Languedoc de délivrer et mettre en pleine liberté, sans extorquer aulcune rançon, tous les prisonniers de guerre qu'ils ont entre leurs mains et pouvoir, despuis quelque temps qu'ils puissent avoir été prins et soyent encore détenus et ce dans le premier jour du moys d'apvril prochain, sans attendre aultre plus spéciale jussion ou commandement particulier, à peine de la vie et de répétition sur leurs biens des rançons et despenses de garde et de bouche et aultres qui pourroient avoir esté prises et exigées des prisonniers, ensemble des dommaiges et intérest de leur détention. Dans le quel jour du 1er apvril Monsieur le duc de Montmorency a promis et convenu avec nous de faire délivrer sur mesmes peynes tous les prisonniers de la religion détenus par les catholiques. Sy donnons en mandement aux gouverneurs des diocèzes, baillifs, sénéchaux, leurs lieutenants justiciers, officiers et aux consuls des villes et lieux d'obeyssance de ce d^t party au pays et gouvernenement du Languedoc faire lire et publier nostre présente ordonnance à son de trompe et cry public par tous les lieux de leur commandement, destroicts et jurisdictions, comme besoing sera, contraindre tous ceulx qu'il appartiendra à y obéir et entendre sur les peynes y contenues.

Fait à Montpellier le vingtiesme jour du mois de mars mil cinq cent quatre vingt un.

Henry de Bourbon.

XLIV

Monsʳ de Merle, despuis ma précédante escripte, je me suis advisé de vous renvoyer le sʳ de Molières pour en personne vous solliciter de faire tout ce que je vous ai escript et m'apporter en diligence la somme de huit cent escus du reste des mille escus que vous m'avez promis m'envoyer, affin de ne retarder pour cela le voyage vers le roy de Navarre qui me semble fort nécessaire, s'il ne me survient aultre chose qui me retienne par de ça. Et sur l'asseurance que j'ay que vous croyrez le dᵗ sʳ de Molières comme moy mesme, ainsy que je vous en prie, et que vous ferez en diligence tout ce que je vous ay mandé, m'en remettant sur luy. Je ne vous en feray celle-ci plus longue que pour prier Dieu qu'il vous ait Monsʳ de Merle en sa sᵗᵉ garde me recommandant à vos bonnes grâces.

A Montpellier ce XXIᵉ jour de mars 1581.

Vʳᵉ byen affectionné et meilleur amy
Henry de Bourbon.

XLV

Monsʳ de Merle, j'ay esté bien aise d'entendre par La Huguerie vostre partement (de Nismes) pour retourner en Gévaudan y mettre l'ordre que je vous ay ordonné par vostre réglement, comme je vous prie affectueusement de faire au plus tost et travailler incessamment à la levée des deniers du département du sel, selon que vous m'avez promis et asseuré et en envoyer les deniers à Nismes, pour les faire tenir au lieu que j'ay ordonné audᵗ La Huguerie et à ceulx qui en ont prins la charge le plus diligemment que faire se pourra. Et quant à la somme de mil escus que m'avez promis prester, et dont m'avez déjà fourni deux cents escus à Nismes, je vous prie d'envoyer les huict cent escus de reste aud^t La Huguerie à Nismes pour me les faire tenir quand je lui commanderay. Si pouvez comprendre cette partie là dedans la levée de vos deniers, vous me ferez plaisir que je recognoistray à toutes occasions. Et affin que je puisse rendre compte quand il sera besoing du réglement que je vous ay faict et de la levée des deniers que vous ferez et continuerez en vertu d'icelle, je désire que vous en envoyez un estat au vray aud^t La Huguerie avec l'estat de vos garnisons suivant led^t règlement pour en tenir bon et fidèle controolle à vostre descharge et à mon contentement.

Et pour qu'en cela et autres affaires de vostre gouvernement qui dépendront de mon authorité, je désire que vous adressiez particulièrement à luy selon ce qu'il vous a faict entendre à vostre partement et que par son interposition vous me teniez bien et *secrétement* adverty de toutes choses qui vous sembleront nécessaires à la conservation de vos églises. Je vous prie de lui en donner honneste moyen à l'entretènement du pays près de moy, et tel que vous savez qu'ung tel service le mérite, pour avoir soing de toutes les affaires concernant vostre gouvernement, comme de cent livres par moys que vous prendrez en lad^e levée de deniers et rentes ecclésiastiques, et luy ferez payer pour autant de moys qui sont deubs et sont à lever qui vous sera et à moy un grand soulagement en nos affaires. A quoy m'asseurant que vous ne ferez faulte je ne vous en feray celle-ci plus longue attendant la venue de M. de Clervant par lequel j'apprendray bien parculièrement toutes choses, dont je vous feray part par le moyen dud^t La Huguerie et cependant après m'estre recommandé à vos bonnes grâces je prie Dieu qu'il vous ait Mons. de Merle en sa s^{te} garde.

A Montpellier ce XXIIe jour de mars 1581.

V^{re} by en affectionné et meilleur amy
Henry de Bourbon.

XLVI

Monsr de Merle je voy par vostre lettre que le sr de Molières n'estoit pas encore arrivé près de vous, quand ce porteur en est party, qui est cause que je vous prie de le despescher en diligence avec ce qu'il est allé quérir de vous affin de ne retarder plus mon voyage qui est de tout nécessaire pour l'assemblée de Montauban au XXVIe du prochain, de faire de mesme pour les deniers du sel, ne vous arrestant du tout à les contraindre à venir prendre du sel, mais à payer promptement et puis venir prendre du sel quand ils vouldront ou bien faisant entrer la somme de vostre département du sel dans l'imposition qui a esté faite pour l'entretènement de vos garnisons par le réglement que vous en avez, jusques à ce qu'aultrement vous en soyt ordonné, usant en cela de telle dextérité et diligence que pour cest effect vous n'en tombiez en nécessité de faire aucun acte d'hostilité, et que le tout soyt faict et prest, et les deniers envoyés où je vous ay escript par ledit sr de Molières, avant la publication de la paix, qui a esté accordée en l'assemblée qui est encore en ceste ville, quand on aura receu l'adveu de toutes choses en telles formes qu'on la demande regardant à vous disposer cependant de vostre coté à ce qui en dépendra de vous, et m'asseurant que vous ne ferez faulte à ce que je vous escript;

Je me recommanderay cependant à vostre bonne grâce priant Dieu qu'il vous donne Mons. de Merle bonne vye et longue.

A Montpellier ce dernier de mars 1581.

Vre byen affectionné et meilleur amy
Henry de Bourbon.

XLVII

Capitayne Merle, j'eusse bien désiré, comme vous me mandez, de vous avoir pu voir dernièrement à vostre voyage pour vous asseurer de bouche de l'amitié que je vous ay asseuré vous porter par toutes mes lettres et croyez que c'est pour cela principallement que je vous ay tousjours conseillé ce que je ay mandé pour ce faict de l'excitation de la paix, à la quelle je vous exhorterai encore par la présente, et comme vous appelez par vostre lettre le roy de Navarre v^{re} maytre, que vous sachiez que est l'honneur et le debvoir de serviteur d'obéyr à son maytre, lors principalement que ses commandements sont accompagnés de raison, et espérant que vous en ferez vostre profict, je ne vous la ferai plus longue, que pour après m'estre affectueusement recommandé à vostre bonne grâce, prier Dieu capitayne Merle vous avoir en sa saincte garde.

A Montpellier dernier mars 1581.

V^{re} bien bon et affectionné amy
Turenne.

XLVIII

Monsr de Merle. Je suis marry d'avoir faict estat de ce que m'aviez promys pour mon voyage pour en recepvoir telle response que m'avez faicte par le s^r de Molières, que je renvoie exprès vers vous, comme vous ai offert, ou pour prendre les deniers qui se trouveront levés pour le sel, ou qui se pourront incontinent lever sans prendre solcy, me les apporter affin qu'à faulte de cela je ne sois retardé de me trouver en l'assemblée générale des églises à Montauban le XXVIe jour du présent, où ma présence est de toute nécessité. Regardez donc à me faire tenir en quelque sorte par le s^r de Molières ce que je luy ai commandé, et usant du délai que vous avez, faire si bien les affaires de la levée publique et vous gouverner tellement en l'administration de vostre charge, que je reçoive contentement et satisfaction, ce qui peut servir à l'advancement des églises et sur ce attendant vostre response accompagnée des effects je me recommanderay à vos bonnes grâces, priant Dieu qu'il vous ait Monsr de Merle en sa sainte garde. A Nismes ce 11e jour d'apvril 1581.

V^re bien affectionné amy
Henry de Bourbon.

Je vous recommande affectueusement l'acquit du mandement de 150 écus pour le s^r de Molières, faites délivrer aud^t s^r de Molières une bonne somme pour luy, et par lui icelle ne sera pas mal employée.

XLIX

Capitaine Merle, ayant receu l'adveu général que Messieurs du bas Languedoc demandent, j'estime qu'ils ne feront à présent aucune difficulté de publier la paix et par mesme moyen vous ne différerez de rendre la ville de Mende suyvant le comendement qu'il vous en a esté faict à ceste fin. Monsieur vous envoie le s^r de la Garde, qui vous porte vostre descharge et adveu particulier du Roy. Je vous renvoie aussi le s^r de Lambert qui vous porte le mien, lequel si vous ne trouvez assez ample je vous fairai réformer toutes et quantes fois que vous vouldrez et selon qu'adviserez.

Je vous prie considérer qu'il va en cecy du repos de tout l'Etat, de mon intérest particulier et de ma réputation qui demeure engagée par vostre retardement. Oultre ce que la Guyenne demeure frustrée du fruict qu'elle doyt sentir, ayant de son costé satisfaict, et pour une seule ville vous empeschez la restitution de plusieurs qui m'appartiennent qui faict que plus instamment je vous fais ceste recharge et vous prie, ceste fois pour toutes de satisfaire incontinent à ce qui vous est ordonné. Je vous ay cydevant envoyé le sieur d'Aramont, le s^r Lambert, et le s^r Dyollet, oultre ce que avez peu entendre par les députés du Gévaudan. Led^t Lambert retourne encore pour la dernière fois, me promettant qu'obéyrez puisqu'avez ce que demandez. Aultrement je ne veux point céler que je seray contrainct d'y procéder par toute voye de rigueur et d'apporter à l'effect que dessus les moyens que Dieu m'a donnés. Mon cousin et M. de Turenne vous feront sur ce entendre plus particuliérement mon intention. Sur quoy me remettant pryerai Dieu vous avoir, capitaine Merle, en sa saincte et digne garde.

A Coutras ce XX apvril 1581.

Vostre bon amy
Henry.

Vous estes à moy et de ma maison, regardez de m'obéyr plus tost qu'à d'aultres, Aultrement il n'est point d'amy (1).

L

Capitaine Merle, quant vous me vintes trouver à Nismes, vous me promittes et à l'assemblée des églises réformées du bas païs de Languedoc, laquelle j'avois convoquée pour adviser à l'exécution de l'édict de pacification de remettre la ville de Mende en

---

(1) L'original de cette lettre déjà publiée n'est plus dans les archives de la maison de Lagorce qui sont dans nos mains.

l'estat porté par led^t édict incontinent qu'en auriez le commandement et descharge du roy de Navarre, à quoy sera joincte l'abolition que le Roy vous accorde quant vous aurez obéy. Vous remettrez lad^e ville de Mende ès mains de celui que Monseigneur aura commis à la recevoir des vostres, à ce que le bien de la paix ne soyt retardé par vous et que le roy de Navarre, lesd^es églises et moy puissions recepvoir contentement de vostre prompte obeyssance et sans dellay aucun. Moyennant quoy, je vous tiens pour deschargé et descharge par ceste en tant qu'il est besoing et comme lieutenant-général du roy de Navarre, chef des églises réformés de ce royaume, de la garde et reddition de lad^e ville de Mende; en oultre asseurez-vous que je n'oublierai jamais vos services; surtout je prie Dieu cappitaine Merle qu'il vous tienne en sa s^te garde.

De Montauban ce XXII apvril 1581.

Vostre meilleur amy à jamais
Henry de Bourbon.

LI

Capp^ne Merle, m'ayant le Roy Monseigneur et frère envoyé l'abolition que vous aviez demandée, et le roy de Navarre mon frère résolu de satisfaire à ce qu'il est tenu par les articles de la conférence de Fleix, crois aussy qu'il ne se trouvera plus nulle difficulté de vostre part en la restitution de la ville de Mande, qui nous a plus retardé l'exécution de la paix que tout aultre chose ; Je vous ay fait ceste dépesche par le s^r de Lagarde mon écuyer et à iceluy faict bailler lad^e abolition avec les aultres pièces que vous avoit porté le s^r du Gué à son dernier voyage et dont celuy qui est venu de vostre part m'avoit requis et supplié en vostre nom vous pryant néanmoings ordonnant, suivant aussy ce que le roy de Navarre Monseigneur mon frère vous escript, vous remettiez aux mains du s^r de Frissonnet, selon le pouvoir que je luy ai donné cy devant, la ville de Mande, dont mon frère vous envoie bonne et suffisante descharge, qui vous doit inviter à ce faire sans plus user d'aucunes remises, longueurs ny difficultés ; J'ay pourveu aussy à ce qui est nécessaire pour la publication de la paix au bas Languedoc, qui je m'asseure y sera receu et si aulcuns demeurent en arrière contrevenant cy après aux édicts et articles des conférences, ne se voulant ranger à ce qui est ordonné par yceux et recevoir lad^e paix, croyez qu'ils seront punis et chastiés en criminels de lèze majesté, perturbateurs du repos public, par les peines portées et ordonnées en yceulx. A quoy je tiendray tellement la main de mon costé et Monseig^r le roy de Navarre du sien, que les punitions qui en seront faictes serviront d'exemple à ceulx qui seront si mal advisés d'entrer en tel si désavantageux party, et au contraire tout repos, faveur et protection est promise et très asseurée indifféremment à tous les subjects du Roy Monseigneur et frère qui recepvront et vouldront dorénavant vivre sous la faveur des édicts qui seront gardés entretenus et observés, sans permettre qu'ils soyent enfrains ny corrompus en la moindre partie d'yceulx. A quoy je m'employerai avec aultant de diligence et affection que la très grande importance de ce faict le veult et désire, vous asseurant au reste qu'incontinent la restitution faicte led^t s^r de la Garde vous remettra en mains les abolitions et les brévets que je vous ay accordés selon les promesses qui vous ont esté faictes. Prenant donc cette asseurance que ne vouldriez vous tant oublier de ne satisfaire à ce qui est vostre debvoir et au commandement qui vous est faict, je ne feray la présente plus longue que pour prier Dieu capp^e Merle qu'il vous ayt en sa sainte garde.

A Cotras XXIIe jour d'avril 1581.

V^{re} amy
François.

LII

Capitayne Merle vous verrez par ces despesches que Monsieur et le Roy de Navarre vous font par Mrs de la Garde et de Lambert comme c'est maintenant qu'il faut que vous résolviez à la reddition de Mende, sans plus la remettre en longueur ny chercher aulcuns subterfuges, à cela l'advis des églises de ce pays en est entièrement conforme, ainsi que vous verrez par leurs délibérations et ordonnances qu'ils en ont faictes de vous représenter les inconvénients qui en adviendront et l'intérest qu'en souffrira le général, ce seroyt vous redire ce que souvent vous a esté remonstré sans avoir beaucoup advancé jusqu'icy, vous devez vous résoudre à cela, l'authorité du Roy de Navarre et de Monsieur le Prince vous y convient et vous y donnent loy, et ce conseil de vos amis y intervient, desquels en estant un particulièrement je vous en diray fort privément que vous debvez obéyr et par la promptitude faire cognoistre que ce n'est poinct à regret, mais de franche volonté que vous faictes, ce qu'en fin vous faudra faire de nécessité; Aultrement je ne vois qu'un plein désadveu tomber dessus vous et vous mettre en peyne dont ne sortirez pas aysément, ayant tant et de si fortes parties ; faictes donc paroistre à ce coup vostre prudence et vous en serez d'aultant plus bon qu'elle se sera monstrée en chose de plus grande importance et voulant espérer que vous le ferez, je ne vous la ferai plus longue que pour pryer Dieu, capitayne Merle vous avoir en sa s^te et digne garde.

A Nismes ce XIII may 1581.

Votre bon affectionné amy
Turenne.

Vous ferez promptement publié la paix.

LIII

Monsieur aux jours passés nous avons receu une despesche du roy de Navarre de Coutras du XXI® avril dernier et despuis l'entretien dud^t sieur roy avec Monseigneur le prince de Condé, deux autres despesches l'une de sa majesté, l'autre de S. A. de Bergerac du XXVIII du d^t mois pour la publication de la paix, ensemble copie de l'adveu du Roy jusqu'au XIII de ce mois, comme aussy sommes asseurés pour mesme faict vous en aurez receu le commandement suyvant lesquelles estant convoquées et sommées par monsieur le vicomte de Turennes nous n'avons seu moins faire qu'inclinant au bien de la paix et particulièrement encore après la d° publication de la conférence de Fleix de prendre résolution de la reddition de la ville de Mende, laquelle nous n'avons pu desnier et suyvant la résolution prinse au mois de mars dernier en l'assemblée de Montpellier, estant averty par lettre de sa Majesté que le dict aveu est entre ses mains dont nous en demeurons satisfaicts, nous avons vouleu faire la présente pour vous prier incliner et vous conformer à la d° résolution, et ce faisant rendre la d° ville que n'importe que de bien peu, au respect de ce que sommes en espérance recouvrer pour nostre party après la d° reddition. Sur quoy nous vous exhortons derechef vous en résouldre et éviter par ce moyen l'oraige que nous craignons à faulte de la d° reddition et nous asseurant que vous fairez paroistre par effect le désir qu'avez toujours monstré d'obéyr aux commandements de leurs majestés et excellence vous conformer à la volonté des églises qui pour le bien de la paix ont prins une telle résolution. Ne vous la ferons plus longue que pour prier Dieu, Monsieur, vous maintenir en sa s^{te} garde avec longue et heureuse vie.

De Nismes ce XIII may 1581.

Vos plus qu'affectionnés amys à vous obéyr
Cleran, conseiller. Boulhargues. St-Cosme. Astier, député de Nismes. De Grémyan. Desmasnérian, consul de Nîmes, de Farges, consul de Montpellier. Leques. Armés, député d'Uzès.

LIV

Cappitaine Merle le roy de Navarre ayant convoqué les églises de ce royaume en ceste ville de Montauban pour plus aysément et unanimement faciliter l'exécution de la paix, a esté advisé que bien que de la part des catholiques n'y soit apporté tel devoir en nostre endroict que leur seroit requis, il est neammoings très nécessaire d'y satisfaire de nostre part, suyvant l'édict prescript par la dernière conferance, en tant que nostre debvoir nous y oblige, pour nous excuser du blasme qu'autrement on pourroit mettre sur ceste cause de l'interruption d'un si grand bien, et d'autant que pour accomplir ce qui a esté et est au droict de la promesse dud^t s^{gr} roy de Navarre et des églises, il ne reste que la reddition de la ville de Mande qui empesche que les villes, forts et chasteaux qui appartiennent à sa d^e Majesté qui sont en grand nombre et fort importants ne luy peuvent estre plus tost rendus, qu'ils doibvent estre incontinent après. Bien que nous ne fassions doubte qu'obéyssiez à son commandement, avons bien voleu néammoings faire la présente pour vous y exciter de la part des églises avec asseurance que sad^e Majesté exécutera ce qu'elle a promys, ce que le s^r de Lescure vous fera plus à plain entendre de retraiter pour la seureté et conservation des familles réfugiées aud^t Mende; partant nous vous prions encore ung coup satisfaire au commandement de sad^e Majesté pour la reddition de la d^e ville, considérant que la dettention d'ycelle pourroit estre cause d'ung renouvellement et continuation des misères passées ce que les d^{es} églises volant évyter pour le soulagement et bien du repos n'entendent aprouver les empeschements que pourroient estre donnés à la d^e reddition. Ainsi cela adviendroit ou quelconque auroit contrevenu à l'édict, la d^e assemblée a donné par advis à sa d^e majesté d'y procéder par désadveu et autres remèdes aussy convenables. Tant y a que l'asseurance qu'avons de vostre bonne volonté, zèle et affection au bien et soulagement des d^{os} églises, et de l'obéyssance deue à sa d^e Majesté nous faict aussy espérer que ne manquerez d'effectuer son commandement qui nous gardera de faire plus long que pour prier Dieu

Cappitaine Merle vous maintenir en sa saincte garde.

De Montauban ce XX⁰ may 1581.

Vos bons affectionnés frères et amys et au nom d'iceulx et de leur mandement

De Boux.

LV

Cap^ne Merle vous saurez par ce que le roy de Navarre vous escript la résolution qu'avez à prendre pour la reddition de la ville de Mande à quoy je vous prye vous disposer pour obéir en cela au commandement très exprès du Seigneur Roy d'autant qu'elle ne se peut plus différer sans altérer la paix, aussy que par le commun consentement des députés des églises, il a été arresté et résolu que la d⁰ ville seroyt rendue, de sorte que si vous en faictes reffus ou difficultés quelconques en ayant comme vous avez receu vos adveux et seuretés par les s^rs de la Garde et de Lambert, il ne fault point que vous attendiez d'estre soustenu ni secouru de nous, qui est ce que je vous ay pu dire vous conseillant de satisfaire promptement à ce qu'on vous demande, affin que n'en soyez cy après en peine, dont je seroys infiniment déplaisant. En cest endroict je vous recommanderay ceulx de la religion qui sortiront de la d^e ville pour les faire conduire en lieu de seureté selon les moyens que vous en donne le d^t seigneur Roy, priant sur ce le Créateur qu'il vous ayt Cap^ne Merle en sa saincte garde, à Montauban le XXIe jour de may 1581.

Cap^ne Merle je vous conseille de satisfère à ce que vous mande le roy de Navarre, lequel j'entretiendray dans la bonne volonté qu'il a de vous tenir la promesse qu'il vous a faicte.

V^re bien asseuré et meilleur amy

Henry de Bourbon.

LVI

Cappne Merle, maintenant que la paix est receue et publiée en Languedoc, que l'adveu général a esté mis entre mes mains et qu'on vous a envoyé le vostre ; il ne reste que la reddition de la ville de Mende la quelle j'ay promise et qui ne se peult plus différer sans altérer la paix et le repos général des églises. Ce qu'estant meurement considéré par mon cousin Monseigr le prince et les depputés d'ycelles convoqués en ceste ville. Ils ont tous advisé d'acompaigner la présente de celle qu'ils vous escrivent pour vous faire entendre la résolution qui a esté prinse entre nous, vous renvoyer le sr de Lescure à ceste fin avec la quelle je vous ay bien volu aussy envoyer le sr de la Combe présent porteur pour oultre ce que vous dira le sr de Lambert que j'ay cy-devant renvoyé, quand le sr de la Garde député de la part de Monsieur vous priait Cappne Merle d'obéir au commandement que je vous ay cy devant faict, et que je vous faict encore de rendre la de ville de Mende ès mains de celuy que mon dit Sieur a ordonné pour la recepvoir. Que sy vous ne le faictes, ne fault poinct que vous attendiez d'estre soustenue ny advoué de moy ni des églises. Vous savez ce que je vous ay mandé pour la seureté des pauvres familles réfugiées en la de ville, a quoy je pourvoiray aussy tost qu'il me sera possible et ne manqueray à ma promesse. Cependant, en attendant, j'escrips aux habitants de Marjévols et en oultre ay commandé aux srs de Méausse et de Pourcairès qu'ils ayent à les recepvoir, à ce qu'elles ne soient point exposées aux dangiers de leurs vyes, et à l'injure de leurs ennemys, estant comme je seray tousjours soigneux de leur conservation et remettant le surplus sur ce que vous en diront lesdts srs de Lambert et la Combe. Ne vous feray la présente plus longue, si n'est pour vous asseurer de ma bonne grâce au cas que vous obéissiez et prier Dieu Cappne Merle vous avoyr en sa sainte garde.

A Montauban ce XXIIe may 1581.

Vre bon amy
Henry.

LVII

Extraict des régistres de la cour royalle du Comté de baillaige de Gévaudan.

L'an mil cinq cens quatre vingts et ung et ce dimanche onziesme jour du moys de juing heure de dix heures du matin Messieurs Francoys de la Garde escuyer l'ung des escuyers de service de Monsieur frère unique de sa Majesté et Jehan de Lambert escuyer seigneur des escuyers gentilhomme servant du Roy de Navarre, depputés de la part de son altesse et du d^t sg^r Roy de Navarre pour faire faire la reddition de la ville de Mende, et effectuant l'édict de paciffication au pays de Gévaudan, a esté présent le s^r Pol Albariès docteur ez droits substitut du procureur du Roy en la d^e court du baillage, l'édict de paciffication faict par le Roy contenant confirmation, ampliffication et déclaration tant de précédents édicts faicts par sa d^e Majesté que des articles arrestés à Fleix, ensemble coppie des lettres patentes de sa Majesté portant adveu de tout ce qu'a esté faict tant d'une religion que d'autre en ce bas pays du Languedoc despuis la publication d'iceluy édict faict par Mons^gr le duc de Montmorency, pair de France gouverneur lieutenant-général pour sa Majesté en pays de Languedoc, et aussy ung extraict des lettres patentes d'abolition octroyées par le Roy à ses subjects de la religion prétendue refformée du bas pays de Languedoc, pour ce tout lire et publier en la d^e ville, place publique et carrefour d'ycelle et de la publication en retirer acte. Surquoy le d^t Sieur Albariès substitut susd^t auroit requis Me Francoys Dumas docteur ez droicts plus antien advocat en lad^e court du baillage en l'absence des autres magistrats d'icelle, la publication susdites estre enregistrée èz actes de la d^e court du baillage, suyvant la quelle réquisition le d^t sieur Dumas, et réquisition aussy faicte par le noble Mathieu de Merle, gouverneur au d^t Mende soubs l'authorité dud^t sieur Roi de Navarre et de son conseil ; par led^t s^r Dumas advocat est ordonné le susd^t édict et lettres patentes d'abolition et autres dessus nommés estre leus, publiés en la d° ville place et carrefours d'icelle ce qu'auroit esté faict par Bernard Fabre trompette dud^t sieur de Merle et de la d° publication par le d^t sieur Dumas en auroit esté octroyé acte tant aud^{ts} s^{rs} Albariès que de Merle, et en oultre a ordonné estre enrégistrés ez actes de la d° court pour servir à ce qu'il appartiendra. Faict en présence de Me Bernard Renard lieutenant, Jean Grasset, Claude Arrenc marchands, Robert Bournezan apothicaire, Jean Desta jeune et plusieurs autres habitants de Mende et de nous Vidal Chevalier notaire royal et Francoys Jacques substitut du greffe présent et recepvant le d^t acte soubsigné.

Francoys Jacques.

LVIII

Capp^{ne} Merle n'entendant nulles nouvelles de l'effect pour lequel j'ay ci-devant envoyé Lambert et La Combe vers vous, je doubte que soyez si mal conseillé de n'avoir encore rendu l'obeyssance que je me promettois de vous, et à tant de commandements que je vous ay faicts en ceste occasion, lesquels j'ay bien volu estre accompagnés de ceux de mon cousin M^r le Prince et de tout le général des Eglises, ce qui m'a faict vous envoyer un chevaulcheur de mon escuyerie, m'ayant ces jours envoyé Monsieur un courrier exprès pour me faire entendre que n'aviez encore obéy à ce que debviez pour la restitution de Mende, et pour m'en faire plaincte en se souvenant de la promesse que M. le Prince mon cousin et moy luy en faisoient à son partement, oultre ce qu'il envoie pour faire rendre Réquista, et faire faire justice de ces infractures de paix. Par ainsi vous adviserez de n'estre vous seul en France perturbateur du repos public et seul cause de la détention de mes places et maisons, attendu que la paix est Dieu merci effectuée par tout ce royaume. L'espérance que j'ay, que m'estes asseuré à obéyr fera que je ne vous diray ce que je feroys sy il vous cuydoit à livrer Mende ; ainsi l'effect que je vous fairoys cognoistre de la faulte que vous faictes de retarder tant l'obéissance que vous me debvez et à tout le général des églises, comme au contraire du bien qu'en rapporterez, m'ayant toujours pour amy et conservateur de vostre honneur vie et moyens, Et à tant prie Dieu Cappitaine Merle vous avoyr en sa saincte guarde. De Nérac ce XV juin 1681.

V^{re} *bien bon amy*
Henry.

LIX

Mons. de Merle ceste assemblée ayant entendu la surprinse du lieu de Réquista faicte par les catholiques sur ceulx de la religion, oultre celle du fort de Pervelade que ceulx de dedans n'ont volu remettre en l'estat qu'il estoit auparavant et sachant que les catholiques de ce pays ont encore touttes troupes et compagnies debout les quelles ils font entretenir par contribution sur le peuple, comme ils faisoient en temps de guerre, sans vouloir recepvoir ceulx de la religion qui sont réfugiés parmy nous, en leurs biens et maisons, joinct les advertissements que lad^e assemblée a receu des empeschements que le Roy a donnés à Monseigneur touchant le voyage de Flandres que sa majesté a rompu et la commission qu'elle a donnée à Mr de Mayenne pour assiéger Livron et faire la guerre à nos frères du Dauphiné avec une armée de six mil hommes de pied françois, deux mil suisses, douze cens chevaulx oultre les forces du pays, vingt canons, six couleuvrines et les munitions de guerre nécessaires qui sont jà toutes portées, a trouvé nécessaire vous faire ceste cy pour vous donner advis, comme nous faisons une despesche au roy de Navarre pour en advertir au long sa majesté et vous asseurer, qu'aussy tost que nous aurons receu commandements, vous en serez participant et n'estant la présente à autre effect nous prions Dieu Mons¹ de Merle qu'il vous ait en sa saincte garde.

De Lunel ce XVI juin 1581.

Vos bien affectionnés frères et amis, ceulx de l'assemblée des églises réformées du bas Languedoc

St-Cosme. Lèques. Saint-Martin. Pourcairès. Sainct-Marsal. Sainct-Florans. Charles de Grémyan. Démasnérian, consul de Nismes. Armes pour Uzès. de Ricaud. Gentil, depputé de Montpellier. Vesan. Baudanel, consul du Vigan. Gérindon, depputé de Quissac. Guy Montcassin. Chastanier. Mole, consul d'Anduze. Ricquet consul de. . . . .

(Le reste illisible).

Au dos en postcriptum sur un billet à part :

Ce billet sera l'âme de ce texte pour vous prier et adjurer au nom de Dieu, quelque recharge de commendement que vous ayez, de ne vous haster à rendre la ville qu'avez entre vos mains comme gage de la conservation commune de toutes nos églises qui ne manqueront jamais d'employer courageusement tous leurs moyens pour vous garantir en ce bon office que leurs fairez, joinct aussy qu'il y va de vostre ruine ou salut. Pacientez donques, attendez le temps qui meurira tout, faites nous entendre souvent de vos nouvelles et mesmes par le présent porteur, comme aussy nous fairons à vous à toutes occasions. Donnez nous l'adresse seure.

LX

Capp^ne Merle le long temps que les s^rs de Lambert et de La Combe mettent à me revenir trouver et à me faire entendre l'obéyssance que je me promettois qu'aurez rendue à leurs charges pour le préjudice que ça m'est au recouvrement de mes places, me faict encore vous faire celle-ci que j'estime comme superflue vous en ayant naguère faict une autre par Latour un des chevaulcheurs de mon escuyerie, estimant que l'assemblée qui despuis s'est tenue en Languedoc vous aura enjoinct de vous advancer dans vostre debvoir et obéyssance que vous nous debvez suyvant ce qui fut arresté en nostre dernière assemblée générale de Montauban et aussy comme cy devant je vous ai faict entendre que Monsieur m'ayant despesché pour Réquista, se plaignoit à moy de longueurs, avec l'importunité que j'ay à toute heure par Mr de Bellièvre, sollicité des pauvres citoyens de Mende qui se voyent seuls en France non jouissants du bienfait de la paix six mois après les autres. Tout ce qui m'est fort déplaisant, et sans l'asseurance que j'ay que mettrez sur l'heure attention à m'obéyr, je vous fairai cognoistre que ne debvez faire si peu d'estat de mes commandements lesquels j'ay bien voleu accompaigner de l'advis de nostre cher et bien aymé cousin Monsieur le Prince et de tout le général des églises pour faire voir combien cela estoit utile pour tout le bien public de la paix et nécessaire pour l'advancement de nostre cause, que vous seul avez tenu en suspens jusques icy. Advisez donc de ne me faire changer le désir que j'avois à vostre conservacion en vostre totale ruyne comme je fairay si bien tost je n'entends qu'avez obéy. A tant Capp^ne Merle prie Dieu qu'il vous ayt en sa garde.

A Nérac ce premier juillet 1581.

V^re bien bon amy
Henry.

LXI

Monsʳ de Merle je vous remercie du présent que m'avez envoyé, n'estant besoing d'user d'aulcune raison de m'estre venu trouver; vous dispensant vostre malladie de cela. Aussy je fais tel estat de vous, que je m'asseure que rien que cela ne vous pourra divertir d'accomplir ce à quoy je vous voudroys employer quand il seroyt nécessaire ; mais estant autres choses bien composées Dieu mercy et moy prest de mettre fin à mes affaires à brief dellay pour m'en retourner ; je vous prieray cependant de voulloir envoyer un homme à Mende comme de ma part pour porter les lettres que j'escry au recepveur, ycelles pour estre payé de la somme de LXC. L. que le recepveur général du païs de Languedoc m'a assigné sur luy, affin que je puisse avoir responce au retour de ce mesme laquais, lequel j'envoie vers le sʳ de Vacherolles. Faictes toujours estat de mon amitié et vous asseurez que vous me trouverez prest à m'employer pour vous quand l'occasion s'offrira, d'aussy bon cœur, que je prie Dieu, Monsʳ de Merle vous donner bonne santé et longue vye.

De Nismes ce III janvier 1582.

Vre meilleur amy à jamais
Henry de Bourbon.

LXII

Monsʳ de Merle, j'ay receu vostre lettre et celles qui m'ont été envoyées par ceulx de Mende pour response à celle que je leur avois escript. J'avois bien estimé que j'étois mal assigné de ce costé là, mais ayant veu la responce, je pourrois faire refformer la rescription.

Cependant je vous prie de croire que j'aurai tousjours bonne souvenance de vostre bonne affection et de l'empressement que vous me faictes paroistre, je m'employerai pour vous et feray prévaloir en temps et lieux les moyens pour vous servir d'aussy bon cœur que je prie Dieu, Monsr de Merle qu'il vous donne bonne santé et longue vye.

Escript de Nismes ce XVIIIe jour de janvier 1582.

V^{re} meilleur amy
Henry de Bourbon.

LXIII

Cap^{ne} Merle le païs m'ayant faict don de deux canons qui estoient à Mende et que vous avez à Quésac, j'ay donné charge au s^r de Pourcairès de les faire venir à Maruèges après qu'il les aura prins de vous, de quoy je pense que vous ne vouldrez faire aulcune difficulté comme je vous en prye, et la présente vous servira de descharge suffisante, au reste je vous prye ne failliez de vous accommoder avec mon cousin Monsr de Chastillon et de le satisfaire comme je vous ay mandé, si vous désirez faire chose qui me soit agréable. Priant Dieu cap^{ne} Merle vous avoir en sa s^{te} garde.

A Nérac ce XXVe janvier 1582.

V^{re} bon amy
Henry.

LXIV

Monsieur de Lagorce, vous avez entendu comme j'ay esté prié par lettre de Messieurs de Genève de les aller secourir, je scay aussi qu'ils vous ont escript de mesmes. Maintenant je viens de recepvoir lettres d'eulx du premier de ce mois par les quelles ils me prient de me haster, leurs ennemis estant campés en nombre d'environ quatre mil hommes à deux lieues de la ville, en lieu si propre et commode pour en avoir la raison, que s'ils attendent que nous soyons à eulx et que Messieurs de Genève soyent advertis de sortir pour leur donner à dos à poinct nommé, ils ne peuvent échapper d'estre desfaits, je vous prie donc Monsr de Lagorce de ne laisser couler une minute de temps qui ne soyt employé pour préparer vostre trouppe, affin qu'elle soyt preste pour se joindre dans huit jours, que je feray marcher les forces de ce pays, pour passer la rivière suivant le moyen que j'en ay jà donné, attendant les trouppes du hault Languedoc qui ne tarderont guères après nous, ainsi que mon frère Dandelot qui est sur le lieu pour les mener m'en advertit, et m'asseurant du bon debvoir que vous y ferez je ne m'estendray plus avant que pour me recommander bien affectueusement à vos bonnes prières, priant Dieu Mons. de Lagorce qu'il vous ayt en sa s^{te} garde.

De Montpellier ce V^e aoust 1582.

V^{re} meilleur et plus asseuré amy à jamais
Chastillon.

A. Mr de Lagorce.

LXV

Monsr de Lagorce d'aultant que l'assemblée qui avoit esté par moy convoquée et assignée au XXVe du passé ne put estre tenue à cause de la briesveté du temps de l'assignation, ainsi qu'il eust esté besoing, et que la pluspart des depputés des églises ne se peurent trouver, J'ay advisé d'en faire assigner une de nouveau comme je voys estre très utile voire nécessaire, afin que tant par mes depputés que par ceulx des églises que sont maintenant près de Monsieur de Montmorency, elles puissent estre au vray informées et esclairées de tout ce qui a esté par eulx traicté et accordé jusques icy avec led^t s^r de Montmorency et de ce qui a esté effectué pour l'establissement de la paix et exécution de l'édict, désirant que chascung s'y rende si affectionné et obéyssant aux commissaires exécuteurs d'iceluy, qu'il ne reste plus rien à faire pour vostre regard au temps de lad^e assemblée et qu'elle serve seullement pour affermir et asseurer la paix pour l'advenir avec meilleure union, ordre et intelligence parmi vos églises qu'elle n'a esté par le passé, et sur ce et toutes autres choses qui tendront à ce but pour le repos et seureté d'ycelles, entendre mon advis et recevoir le vostre. A ceste cause je vous prye ne faillir de vous rendre en la ville de Montpellier au XVe du moys de janvier prochain pour les occupations et effects susdicts et pour entendre ce que les s^{rs} de Clairvant et du Puy mon conseiller et secrétaire de mes commandements et finances vous y diront de ma part, lesquels je vous prye croire comme moy-mesme qui sur ce prye Dieu vous tenir Monsr de Lagorce en sa s^{te} garde.

De Nérac ce XXIIIe jour de décembre 1582.

V^{re} *entyèrement bon amy*
Henry.

A Monsr de Lagorce.

LXVI

Henry par la grâce de Dieu roy de France et de Navarre à Tous présents et à venir salut. Les hoirs du feu cappitaine Merle nous ont faict dire et remonstrer qu'il auroit pleu au feu Roy Henry n^{re} très honoré s^{gr} et frère par ses lettres patentes du moys de mars

1581 quiter, remettre et donner et abolyr tous et chacung les actes d'hostilité commis par ledict Cappitaine Merle et ses adhérents en continuation des troubles despuis son édict de pacification et au préjudice des articles couchés et arrestés au lieu de Fleix, comme aussy par nos lettres de déclaration données à Montauban le XXIe de may audict an, avant nostre advenue à la couronne, nous l'aurions advoué de tout ce qu'il auroit faict et commis tant pour raison de la prinse de nostre ville de Mande que aultres lieux. Ensemble les levées et impositions, démolitions, prinses de prisonniers, rançons et entreprinses sur nos places et autres actes par luy commis, plus amplement spécifiés ès dictes lettres, dont le vidimus est icy soubs le contrescel de nostre chancelerie. Lesquelles néantmoins n'auroient esté verifiées, pour estre le dict de Merle prévenu de mort, et ses hoirs demeurés en bas aage, comme ils sont encore à présent, et leur demeureroient lesd^{es} lettres sans effect, à leur grand préjudice, intérest et dommaige, s'il ne leur estoit sur ce pourveu de nos lettres sur ce nécessaire, les quelles, il nous ont très humblement supplié et requis scavoir faisons :

Que nous ayant faict voir en n^{re} conseil lesdictes lettres ; *bien mémoratif du pouvoir par nous octroyé aud^t de Merle et des services qu'ils nous a faicts, Voulant favorablement traicter sesd^{ts} héritiers,* Avons dict, déclaré et ordonné, disons, déclarons et ordonnons, voullons et nous plaist que lesd^{ts} héritiers jouissent et usent plainement et paisiblement desd^{es} lettres d'abolition et adveu octroyées audict feu Cappitaine Merle et dont les vidimus sont cy attachés comme dict est, de poinct en poinct selon leur forme et teneur, sans que pour raison desd^{ts} cas y spéciffiés, ainsy faicts et commis par ycelluy Capp^{ne} Merle, ils en soient ou puissent estre aucunement recherchés, poursuivys ou molestés en quelque sorte et manière que ce soyt et dont nous les avons de n^{re} grace spéciale, plaine puissance et auctorité royale deschargé et déchargeons par ces présentes, et sur ce imposé et imposons silence à nostre procureur général et à tous autres. Si Donnons en mandement à nos amés et féaulx les gens de nos courts de parlement baillis, sénéchaux, prévost, juges ou leurs lieutenants et à tous nos autres justiciers et officiers qu'ils appartiendra, que du contenu cy dessus et des lettres de n^re dict feu s^gr et frère et des nostres que nous leur mandons et enjoignons de vériffier, ils facent, souffrent et laissent les dicts exposans jouir et user plainement et paisiblement, sans leur faire, ni souffrir leur estre faict, mis, ou donné aucun trouble ou empeschement, au contraire lequel si faict, mis où doibvent estre. Si les biens dud^t feu Capp^ne Merle estoient saisis, arrestés ou autrement empeschés, leur en faire plaine remise et remettant le tout à plaine et entière délivrance et au premier estat, car tel est nostre plaisir, nonobstant que lesd^es lettres soient surannées. Que ne voulons aucunement nuire et préjudicier aux susdicts hoirs et dont nous les avons relevé et relevons par ces presentes et affin que ce soit chose ferme et stable à tousjours nous avons à ycelles faict mettre n^re scel sauf en autres choses n^re droict.

Donné à Lyon au mois de septembre l'an de grâce mil cinq cent quatre vingt quinze de n^re règne le septiesme.

Henry.

LXVII (1)

Relation de la prise du Malzieu écrite par Me Chantal notaire

A tous ceulx qui ces présentes verront et ouyront salut. Scavoir faisons et atestons que la nuict du mardy dix septiesme du moys de novembre 1573 à minuict, les gens de la prétendue religion reformée commandant le capitaine Merle entrèrent par escalade en la présente ville du Malzieu du cousté et tout auprès la tour du four de l'alher, estants consuls la dicte année M^e

---

(1) Les lettres et documents qui suivent sont mis à part comme étant étrangers à nos archives et quelques uns ayant été publiés.

Claude Vache, Vidal Albaret et Pierre Falcon et estoient de guarde et corporal la nuict Jehan Bécat bau fils dud^t Vache ouyant par les rues marcher la cavalerie et sonner la trompette, l'on se lève craignant que ce feust aultre capitaine et companie de gens de pied que l'on avoict ung jour par avant refuzé la porte estant catholique et que feust entré par quelque moyen, mais ce feust led^t capitaine Merle le premier tenant le cotellas à la main marcher par les rues la nuict bien accompagné de vingt cinq ou trente d'ung cousté et d'aultre de ville faisoict marcher la cavalerie par les reguas cryant que vive ; Je le vis et entendis par les vérines de ma maison de la place, audevant de la quelle avoient dressé ung grand feu de guarde ou illec ; plusieurs reguas et gens de la septe se retirant les ungs pourtant de pater nostres que avoient prins des maisons où entrent de nuict, les autres de linge de draps ce riant et mocquant disant et que fera la maire de Dieu del Malzieu que pour lors fus bien certain que c'estoient les Hugenaulx. Je me renfoursis dans ma maison et fermis les portes que de toute la nuict personne ne y entra, et jusques le lendemain matin à neuf heures, que led^t cappitaine Merle acompaigné comme dyt est vint hurter à la porte, tenant les espées nues à la main, espérant alors finir mes jours je vays ouvrir la porte, icelle ouverte ledict cappitaine me dict pourquoy je ne ouvroys ma porte, je fis responce que je avoys hobéy et de souldain me commanda le suivre et me admena prisonnier dans la grand tour, et pour me donner plus de frayeur me faisoit passer tout auprès de ceulx que avoient massacrés, mesme au devant la maison de Jacques Brugeyron merchant me fallut passer pardessus Me Jehan Treucalit prebtre massacré estant estandu an travers de la rue ; estant dans ladicte tour, fumes dedans prisonniers vingt deux où demeurés cinq jours et jusques que je pouys pour ma renson quatre vingt sol, l'on me princt mon cheval de l'estable, mes pistoles, led^t Merle se saisit de moy à la borde estant sourti de prison ; monsieur de Chavanhac arriva en la présent ville qui estoict gouverneur des dicts gens, auquel je présentis requeste de vouloir mitiger les sommes ez quelles estoient cothisés par le dict cappitaine Merle sur les autres prisonniers qu'estoient à la Tour pour leur ranson, lequel ordonna que la modération seroit faicte par deux de la religion et appelés aultres deux catholiques et furent nommés pour la religion M⁹ Jausendy dict Lescure et Jean Prieur, sire Pierre Rauzière et moy pour catholiques, ou la modération feust faicte de troys mil livres sellon la pourtée d'ung chascun et par ainsin après chascun donna mouyen de sourtir de prison et pouyer sa ranson. L'on ne feust pas quite avecques cela, car nous faloict nourrir les souldats et ne houzions sourtir et fust durant six mois que j'ay demeuré à leur compagne nourrissant sept ou huict bouches ; mes premiers hôtes estoient Marquou de Marieujols Mʳ Pierre Filhon de Termes lequel Marquou dans lesdᵗˢ six mois feust exécuté, pendu et mis en quatre quartiers par le prévost condampné pour avoir prins par force et abusé une fille appelée Tiercette de la présente ville laquelle en mourut, et le supplice feust veu et faict au devant de ladᵉ porte de ladᵉ fille. Et pour ce que l'on vint au temps de Noué et au cinquiesme janvier 1574 veille des rois au quel jour l'on crie les consuls en la présente ville, ledᵗ seigʳ de Chavanhac gouverneur me manda venir parler à luy estant lougé à M. de Bacon, lequel me dit qu'il avoit esté adverty que ledᵗ jour avoict acoustumé de faire les consuls en la présente ville, ce qu'il voulloit estre faict comme nous avons accoustumé, me commandant à moy comme procureur de le faire avecques le greffier Paulhac mon beaufils et les dits consulz ce que l'on feist ; le rolle et nomination acoustumée faire et suivy les voix particulliéres des habitants suyvant lesquelles furent eslus consulz M. Guillaume Saint Sagier, notaire, Anthoine Asatgier et Pagès cellier, auxquels ledict seigneur Chavanhac gouverneur bailha le serement en ma présence, dudᵗ Rauzière et de plusieurs aultres, mesme dudict cappitaine Merle et furent eslus consuls de la dite ville l'année 1574 et l'année 1575, François Dupeyron, Guillaume Brassac et Jehan Albaret, l'année 1576 Mᵉ Pierre Paulhac mon beaufils, Mᵉ Jehan Boulongier cirurgien et Estienne Anthony mareschal, et l'année 1577 sire Pierre Rauzière, Loys Ollier et Mᵉ Guillaume Aoustet et l'année 1578 nous Bertrand Chantal, Jehan Prevost et Pierre Redond fismes faire trois grandes cloches, de la plus grande feust perrin ledict Chantal, merrine Anne de Thaler femme de Pons Dupeyron seigneur Daseneyres, laquelle cloche feust montée au cluchier de la chapelle nostre Dame; et pour venir commant mon despart feust de ceste ville, ne passant plus de contracts comme notaire, ce feust à la fin du moys de may audict an 1574 que ung souldat de Cévènes estant lougé à ma maison voulust achapter une jounent que l'on luy vouloict vendre à Verdezun, me pria y aler avecque luy et que ledict jour estoict de guarde à la porte ung souldat de son pays que nous lairroict sourtir, de quoy en avoys bonne envie, ce que nous fimes Dieu grâces que personne ne dict rien et tous deux alames à Verdezun, on ne fust point d'accord de lad^e jument et moi extimant men aler plus avant fis tant que acheminis led^t souldat jusque à ma mecterie de Chaullac et illec estant je prins congé dudict souldat, luy monstant lettre que le seigneur de Chaliers m'avoict escripte m'en venir parler à luy, moy bien joyeulx du despart, ledict souldat marry, si que estant retourné au Malzieu, parce que le cappitaine Merle le menasoict pour me avoir sourti, fallut qu'il délogeat et s'en alla à son pays. Au chasteau de Chaliers je demuris trois ou quatre jours et jusque à la veilhe de la feste du corps de Dieu que j'allès à St-Flour où illec dud^t jour et feste du corps de Dieu 1574 demeuris jusques au vingt cinquième juing 1576 à la quelle ville décéda ma femme Antoinette de Pradines, le jeudy quinziesme de septembre heure de midy 1575, enterrée aux claustres du couvant au devant la chapelle nostre-Dame de Pitié. Et pour ce que la paix feust publiée en la dicte ville, et nonobstant ne voulloienct sourtir de la présante ville de Malzieu, je heuz lettre de Mr Dalberet dressante aud^t seigneur de Chavanhac, pour la quelle je lui appourtis audict Malzieu ou demuris sept ou huict jours solicitant led^t seigneur, et avoir responce de la lettre, lequel diféroict sourtir jusqu'à la venue du cappitaine Merle qui estoict à Mareujols, et le quatriesme jour de juillet 1576 Jacques Privat dressoict sa boticque pour faire son estat de teyssier, ung souldat de la religion tira un coup d'arquebusade à l'encontre de la maison dud^t Privat, mais ne sachant qui fust dedans le quel blassa en dangier de mort, de quoy la ville feust esmue et alès remonstrer au dict seigneur Chavanhac que l'on avoict ainsin blassé les gens de ceste ville et que l'on démolissoict de jour en jour les deffenses d'icelle contrevenant à la paix, lequel incontinent alla saisi ledict soldat commandant y faire justice, a quoy je n'avois moyen, voyant que les troupes de la religion estoienct encores dedans la présente ville ignorant ny avoir aulcune paix parce que dans icelle ville n'estoict publiée, requérant audict seigneur la faire publier, ce qu'il fist incontinent où je l'avois en prèce et en sa présence de son commandement assistans lesdicts consuls Paulhac, Boulongier et Anthony, je la publiis et baillis acte audict seigneur gouverneur signée par moy, luy requérant nous rendre la clef de la ville, ce qu'il fist alors et après qu'il heust faict sourtir led^t jour luy dernier, et fismes en sa présence feu de joye à la place, et melheur le lendemain de lestrapade qu'ils avoienct dressé en icelle. Le Dimanche en suyvant M. le Curé Aldebert qu'estoict fugitif à St-Flour vingt célébrer messe à lad^e place où despuis Dieu grasses avons tenu la présent ville et tenons à l'obéyssance du Roy, priant Dieu voulloir préserver et maintenir en sa sainte guarde.

En foy de ce ay faict escripre les présentes par aultruy main et de la myenne propre. *Signé*.

Chantal [1].

---

[1] Archives de la Lozère. Communication due à l'obligeance de Mr André, archiviste.

LXVIII

ENQUESTES ET PROCÈS VERBAUX FAICTS ET DRESSÉS PAR LE SUBDÉLÉGUÉ DU PROCUREUR DU ROY SUR LA PRINSE DE LA VILLE D'AMBERT PAR MERLE ET CHAVAIGNAC CHEFS DE FACTION DE LA RELIGION PRÉTENDUE REFFORMÉE (1).

Lad° ville surprinse nuictament le 15 février 1577 lesd^{es} enquestes et procès verbaux le 15 juillet 1577. Maître Barthélemy Goutte notaire royal habitant de Zob et la Tour-Goyon, âgé de 56 ans ou entour, témoin juré et par nous d'office examiné sur les faicts baillés par lesd^{ts} habitans et manans de la ville et paroisse d'Ambert. Dict, premièrement à raison de la proximité des lieux, conversations et fréquentations qu'il a faict en lad° ville d'Ambert cognoistre lesd^{ts} habitans ou partie d'yceulx et scavoir ce que despuis deux ans leur est advenu par faict des troubles entreprins de ceulx de la religion prétendue refformée des innemis du Roy mesme. Et par exprès que lesd^{ts} habitants de la ville et paroisse d'Ambert se sont tousjours conservés à la dévotion et obéissance de sa majesté et voyant les troubles prévaloir et se renforcer par augm^{ent} de nombre des dicts de la religion et intelligence qu'ils prirent encore aux environs de lad° ville seroient lesd^{ts} habitants entrés volontairement en dépense de l'entretènement et solde d'une garnison de gens de guerre pour la deffense de lad° ville qu'ils auroient entretenue par plusieurs mois à leur grand intérest, ainsi que led^t déposant pour fréquentation qu'il faict ès d^t lieu auroit souvent veu et seu et despuis que le chasteau du Lac par intelligence du seigneur d'ycelui estant venu à la puissance desd^{ts} de la religion et faisant

---

(1) La communication d'une copie du manuscrit est due à l'obligeance de Mr A. Vernière, avocat à Brioude.

Pour éviter les redites, on ne donnera ici que la déposition la plus complète et et la plus importante, celle de Me Goutte, notaire, et le passage de celles de Faye et de Fournial constatant que les personnes massacrées à Ambert le furent dans la première rencontre et dans le feu de l'action.

les gens de guerre qu'il occupoit plusieurs courses et ravaiges au dict païs y appourtant plusieurs domaiges mesmes ès environs de lad° ville, emmenoient le bétaille et faisoient plusieurs pilleries et ransonnemens, lesd^{ts} habitans pour oster et lever un si grand empeschement qui tenoit en subjection tout le dict pays auroient trouvé le moyen de faire venir des forces et y auroient amené tout ce qu'estoit desd^{ts} habitants et les pièces d'artillerie qu'ils avoient et tellement exploité qu'ils auroient contrainct et forcé la garnison du Lac de quitter et abandonner la place, ainsi au grand repos et soulagement de tout le pays et paroisses circonvoisines et de plus de six lieues à la ronde deschargés et deslivrés de telles oppressions par le moyen et aux despens de lad° ville d'Ambert, ce qui toutefois leur auroit esté d'une g^{de} et démesurée despense pour avoir faict et supporté les frais de lad° réduction.

Dict oultre le dit déposant que par telle exécution lad° ville auroit pris l'inimitié et la haine desd^{ts} de la religion mesme dud^t seigneur du Lac, estant de mesme faict et intelligence que lesd^{ts} de la religion auroient comploté de surprendre lad° ville d'Ambert ayant suscité pour cet effect les cappitaines Merle et Chavaignac principaux chefs et conducteurs des forces; et lesquels ayant espié les occasions à eux propices, et que les principaux et les plus advisés des habitans et qui pouvoient mieux pourvoir à la seureté de la ville, obvier et rompre les entreprinses de innemis estoient absents ès foires de Lyon et de Montferrant, au temps des provisions; les innemis se donnant ayde d'une nuict obscure et pluvieuse et venteuse auroient de nuict et au dépourveu surprins lad° ville y estant entré, meurtri, et tué grand nombre d'habitans jusqu'à *vingt cinq de ceulx* qui se présentèrent pour la défense de lad° ville et après s'estant rendus maistres se seroient despartis les maisons desd^{ts} habitans les pillant et butinant en toute forme d'hostilité, les faisant et constituant prisonniers, les mettant à ranson et les faisant et contraignant pour ycelles par toutes rigueurs, n'espargnant les personnes des femmes ni les enfants de ceulx qui étoient absents, s'estant saisi de l'or et l'argent, habillement et de tout ce qui estoit de meilleur et de plus précieux, qu'ils auroient emporté avec eux se retirant en la ville d'Yssoire, où ce qu'ils ne pouvoient emporter l'ayant vendu à leur profict, et estre telle et si grande l'avarice et inhumanité des dicts innemis, qu'ils fossoyèrent au dedans des maisons pour chercher les cachettes desd[ts] habitants et découvrir ce qu'ils pouvoient conserver de leurs biens, oultre qu'ils se faisoient nourir par chacune maison à discrétion, et avec insolence et violence se faisant payer et solder à leur bon plaisir et contraignant lesd[ts] habitants à leur fournir tout ce que bon leur sembloit et à quelque prix que ce fust, ne leur permettant de sortir de la ville que par le rachat de leur personne qu'ils vendoient bien chèrement comme aussi des personnes des femmes et enfants, Ainsi que le dit déposant auroit entendu dire à lui estant certifié pour chose certaine et notoire. Semblablement par mesme impétuosité de lad[e] prinse auroient saccagé l'église du dict Ambert démoli et brisé les hautelles, marbres des chapelles vitres, fondre des orgues de lad[e] église, ainsi que se voit encore, ayant bruslé les titres, enseignements et fondations d'ycelle et tout ce qui estoit ou servoit comme en dépost en lad[e] église appartenant aux habitans et aux prebtres d'ycelle. Dict plus que craignant d'estre assiégé se voulant fortifier et remparer auroient par le dehors de lad[e] ville rasé et abattu toutes les maisons de lad[e] ville qui estoient les faubourgs, granges, jardin, colombiers, coupé les arbres et tout ce qui pouvoit empescher la veu de lad[e] ville, pareillement les moulins à papier estant en grand nombre, estant la principale fabrique et moyen de commerce que lesd[ts] habitans ayent; brisé les instruments de lad[e] manufacture, emporté les ferrements, ruyné et dissipé tout ce qui appartenoit au d[t] mestier ou à la plupart d'yceulx. Le semblable auroit faict aux teinctures de drap et de laine estant hors d'ycelle ville, ayant abattu et ruiné lesd[es] teinctures et tout ce qui appartenoit auxd[ts] habitants, par le moyen desquels violements, pertes, les principaux marchands faisant trafic dud[t] papier et teinctures ont esté réduicts à une extrémité et pauvreté de discontinuer leurs trafics, ce qui revient à l'intérest et dommaiges de lad[e] ville destituée de tels moyens et trafics. Comme aussi dedans lad[e] ville et pour faire lesd^es fortifications auroient lesd^ts innemis abatu et démoli tout ce qui s'approchait et se joignait aux murailles de lad° ville y faisant un long et grand passage tout à l'entour ainsi que se peut voir de présent ce qu'auroit apporté bien g^de incommodité de perte auxd^ts habitants les maisons estant incommodées et retranchées des meilleures et plus de commodités que fust en ycelles, semblablement le siége estant posé devant lad° ville d'Ambert par l'armée des catholiques les dicts habitans auroient été contraincts de faire la manœuvre, fortifications et réparations nécessaires sans y épargner ni hommes ni femmes de quelque qualité qu'ils fussent ; prenant les dicts innemis pour couvrir et réparer la bresche tout ce qu'ils pouvoient trouver de laine et papier et autres meubles et trumeaux appartenant auxd^ts habitans balles de vieux drapeaux et aultres meubles quelconques de g^de et inestimable valeur qui furent et demeurèrent perdus pour lesd^ts habitans. Et par le dehors leur auroient été les métairies brulées et plusieurs villages de lad° paroisse d'Ambert, le bétaille emmené, consommé mesme par les catholiques usant de pareilles violences que lesd^ts innemis et encore plus grandes. Au moyen de quoi lesd^ts habitants auroient non seulement perdu leurs biens, mais n'auroient pu semer les terres occupées par lesd^ts gens de guerre ; à raison de quoy il est évident qu'ils tomberont à défaut et disette de vivres.

Disant finalement le dit déposant qu'à raison desd^es folies et oppressions notoires, despences excessives portées par les d^ts habitants bruslement et démolition de leurs maisons, perte de leurs marchandises et biens meubles ils sont réduicts à une extrême nécessité et pauvreté si grande, qu'ils n'ont moyen de continuer leur grand trafic acoustumé, et par ce moyen la ville n'est plus fréquentée de plusieurs ; pis n'est. Et pourront les dicts habitants de la grâce miséricorde de sa majesté et plus n'est dit et a cigné.

Jean Goutte.

Déposition de Damien Faye

....
.... A la prinse de laquelle ville (d'Ambert) et au premier rencontre tuèrent et meurtrirent plusieurs desd^ts habitans et jusqu'à *trente cinq* des plus remarquables et de ceulx à perte desquels il y avoit plus de dommaige et oultre ce mis le feu à plusieurs édifices à l'entour de la d^e ville y ayant fait tous les maux qu'on pourroit adviser, et par le temps qu'ils auroient occupé se faisant nourir à discrétion par les habitans y faisant g^de dépense pour eux et leur suite, la faisant habiller d'acoutres de velours et d'autres draps précieux aux frais desd^ts habitans et les faisant contribuer la solde des gens de guerre et imposant telle somme de deniers sur ceux que bon leur sembloit sans rien épargner ainsi usant de toute rigueur envers lesd^ts habitans, les expoliant de leurs biens et ravageant yceulx ce qu'ils auroient continué tout le tems qu'ils seroient demeuré les maistres de la d^e ville et environ troys mois et demy qu'ils l'auroient détenue.
....
....

Déposition de Jean Fourniat

....
....
.... Et aussitost qu'ils furent maistres de la d^e ville, lesd^ts innemis ne laissèrent aulcun de travailler pour endommaiger lesd^ts habitans ayant à la prinse d'ycelle massacré et mutilé tous ceulx qui s'estoient opposés à leurs entreprinses et jusqu'à *vingt cinq* ou *trente* des meilleurs et principaux habitants, comme s'estant despartis les maisons de chacung des dicts habitants se seroient saisis des personnes des principaux, d'ycelles de leurs femmes et enfants, biens, meubles et aultres quelconque, mis à ranson chascun d'yceulx et exigeant et faict payer à toute oultrance la d^e ranson. ....
....
....

LXIX

A Monseigneur l'évesque de Mande (1), conseiller du Roy mon seigneur en son conseil privé et chancelier de Monsieur son frère.

Monsieur de Mande vous pouvez bien penser que si j'avois autant de puissance sur ceulx qui ont surprins et commis en y celle les excès et actions dont vous m'écrivez, comme j'ay esté marry et de l'acte et d'en entendre la nouvelle, je n'eusse pas attendu vostre prière à y pourveoir, et vous devez estre asseuré que vous ne me requerrez jamais de chose ou j'aie moïen de vous faire plaisir, dont je ne vous grattiffie tousjours de très bon cœur; ainsi sans attendre vostre requeste ny que la clameur se fut plus avant espandue, je m'y feusse employé par toutes voies justes et équitables, de sorte que toutes les injures et viollences eussent esté réparées et les séditieux et coulpables punis selon leurs démérites au gré et contentement de ceulx qui les ont souffertes, auparavant que d'en estre requis; mais recognoissant que choses si grandes surpassent de trop loing mon petit pouvoir, et que telle authorité ne peut appartenir sinon à la majesté royale, vous m'excuserez bien s'il vous plaist, si pour me contenir modestement dedans les limites de mon debvoir, j'ay defféré celà à sa justice. Toustefois afin de vous faire paroistre combien telles façons me sont odieuses et le désir que j'ay de tesmoigner le déplaisir que j'en ay receu mesme de ce que mon cousin M. de Chastillon a esté induict de se rendre de la partie, je luy en escripts une si bonne lettre que je m'asseure qu'il s'en despartira et que au surplus il fera pour vostre respect tout ce qu'il luy sera possible, comme je l'en prie de bien bon cœur, duquel je prie le Créateur, Monsieur de Mande, après m'estre recommandé affectueusement à vostre bonne grâce vous donner en parfaite santé ce que plus désirez.

Escript à la Fére sur Oyse ce premier jour de janvier 1580.

Vre plus affectionné et meilleur amy
Henry de Bourbon.

(1) L'évêque de Mende était Renaud de Beaune, chancelier de François, duc d'Anjou, il fut peu après nommé archevêque de Bourges.

LXX

A Madame ma belle-mère, Madame la Princesse de Condé (1).

Madame ma belle-mère, quand encore les mérites de Monsieur de Mende et l'amitié que de longtemps je luy porte ne seroienct suffisans à me persuader de luy faire plaisir comme je le désire, si est que vostre recommandation et l'authorité que vous avez sur moy sont de telle efficace, que la requeste seroyt bien difficile, si je faisois tant soict peu de difficulté ou refus de l'accomplir; c'est pourquoy si tost que j'ay receu sa despesche et vostre lettre j'ay consulté les moïens que j'aurois à tenir pour le faire gratiffier, sans me préjudicier en abusant d'une puissance indeue, et ayant considéré que je n'en avois aulcune sur ceulx qui ont surprins sa ville, j'ay pensé que tout ce que je pouvois de plus estoit d'en escrire à mon cousin M. de Chastillon en sa faveur, à ce que devant qu'il en desloge, comme je luy conseille se despartir d'une telle compagnie, il emploie tous ses moïens pour gratifier en tout ce qui luy sera possible ledict sieur de Mande faisant restituer à ses officiers, et restablir en ycelle ce qui se pourra commodément faire. En quoy je m'asseure qu'il y travaillera très volontiers sans aulcunement y rien espargner. Ne voulant au demeurant, Madame, oublier à vous remercier très humblement des bons offices et de la peine que vous prenez pour moy et en mes affaires par delà dont je recognois l'obligation d'autant plus grande, quand plus je suis continuellement adverty de quelle affection vous vous y employez, qui est plus que maternelle, dont je vous supplie ne vous vouloir ennuyer comme de ma part aussy, je ne me lasseray jamais à vous rendre le service de l'obéyssance que je vous ay vouée et en ceste dévotion, après vous avoir très humblement baisé les mains, je prieray le Créateur de vous donner, Madame ma belle-mère, en parfaite santé l'heureux contentement que je vous désire.

Escript à la Fère ce Ier jour de febvrier 1580.

Vostre très humble et très obéyssant à vous faire service
Henry de Bourbon.

(1) Cette lettre et la précédente sont aux Archives de la Lozère et dans Burdin, tom. II.

LXXI

Habitants de la paroisse de Palhiès, ne faictes faulte de me appourter en la présente ville la dixmes de bleds de vostre parroisse que les Messieurs de Marvejols ont arrentée, les quels ils me sont débiteurs et redevables de plus grande somme, la dicte quantité de bled leur sera tenue en compte par moy en déduction de ce qu'ils me doibvent au prix et valleur qui se vandra, lhors que l'apporterez en la présente ville, et à ce ne faictes faulte de le conduire icy dans dix jours et ne le délivrez à aultres que à moy sur peine de repayer.

Faict à Mende le XXII° jour du mois de juillet 1581.

De Merle (1).

LXXII (2)

Gaspard, comte de Colligny, seigneur de Chastillon, conseiller d'estat du Roy, capitaine de cent hommes d'armes de ses ordonnances, gouverneur des villes de Montpellier et Aygues mortes, collonel général des troupes françoises entretenues par sa Majesté ez provinces unies du Pays bas, et général pour les églises refformées de ce royaume au bas Languedoc, Cévennes, Gévaudan et Vivarez au sr de Beauvoir mestre-de-camp salut, sur les advis certains qui nous ont esté donnés que les ennemys du contre party vouloient assiéger sy desjà ne l'ont faict les Vans et Valleyrargues qu'ils tiennent bloquées et oppressées et désirant pourvoir à leur soulagement autant que faire se pourra vous

---

(1) Archives de la Lozère. Communiqué par Mr André, archiviste.

(2) Les documents qui suivent, extraits de nos archives, forment une nouvelle série relative à la prise d'armes du duc de Rohan.

avons commis et ordonné par ces présantes, commettons et ordonnons de faire lever en armes le plus de gens de guerre que pourrez tant de nouvelles troupes que de celles qui sont déjà sur pied des villes et communautés circonvoisines et autres endroicts que jugerez à propos, iceux conduire et mener au meilleur ordre que faire se pourra pour secourir les lieux sus-dicts par attaque ou par investissement ainsi que le cas le requerra et jugerez nécessaire pour le bien et seureté desd^{es} places, mandons à tous capitaines et autres officiers de guerre qu'il appartiendra de vous suivre et obéir au faict de lad^e charge mesmes aux capitaines Fayet, Ginouillac et Chamborigaud, de vous accompagner dans ce dessain avec leurs compagnies et suivant l'ordre que leur donnerez et à tous consuls et communautés des villes et lieux circonvoisins de vous prester main forte, ayde, faveur et assistance tant de gens que de vivres et munitions de guerre nécessaires pour l'effect que dessus. De ce faire, vous avons donné pouvoir, puissance, authorité et mandement spécial.

Faict à Montpellier ce XXII aoust 1621.

Chastillon.

Par Monseigneur,
DUMARNE.

LXXIII

Henry de Rohan pair de France, prince de Léon comte de Porhouet, conseiller du roy en ses conseils, capitaine de cent hommes darmes de ses ordonnances, gouverneur et lieutenant général pour sa majesté ez pays du haut et bas Poitou, chef et général des églises reffromées de ce royaume et provinces du Languedoc et haute Guyenne, à Vous Monsieur de Beauvoir salut: Ayant esté jugé nécessaire pour la conservation des églises establyes auxd^{es} provinces de mettre promptement sur pied nombre suffisant de gens de guerre pour s'opposer aux dessaings des ennemys du Roy et desd^es églises et repoussant leur violence, conserver en tant qu'il nous est authorisé de sad^e Majesté et de ses édicts la liberté de nos consciences, sauver nos vies ; à ces Causes en vertu du pouvoir à nous donné par l'assemblée générale desd^es eglises tenant à la Rochelle, estant bien informé de vostre suffizance, valleur et expériance au faict des armes, mesmes de vostre entière et singulière affection à l'advancement de la gloire de Dieu et service desd^es églises, vous avons commys, establys et constitué mestre-de-camp dung régiment de cinq compagnies de gens de guerre à pied, chacune d'elles composée de cent hommes et cappitaine, pour les lever et mettre sur pied au plus tost des meilleurs et plus aguerris soldats que pourrez choisir, pour iceux conduire et exploiter, ainsy qu'il vous sera par nous ordonné pour le service desd^es églises et desd^es provinces, les faysant vivre modestement avec police et discipline, suyvant les ordonnances militaires du royaume et réglements faicts par lad^e assemblée générale. De ce faire vous avons donné et donnons tout pouvoir, authorité et mandement spécial, Mandons à tous, gouverneurs, officiers et à qui il appartiendra de vous assister, tenir main forte à l'exécution des présentes, les quelles nous avons signées de nostre main, à icelles faict apposer le cachet de nos armes, contresignées par n^ro secrétaire ordinaire. Faict à Nismes le 17 mars 1622.

Henry de Rohan.

Par Monseigneur
    DULHESNAY.

A Monsr de Beauvoir.

LXXIV

A Messieurs les consuls et consistoire de la ville de Barjac. Messieurs je vous fay cette depesche pour vous asseurer qu'après de très grandes difficultés qui se sont rencontrées, le Roy nous a octroyé la paix générale en son royaume, et remys un chacun en ses biens et prétentions, ayant entière créance que soubs le bénéfice d'icelle nous trouverons la liberté de nos consciences et la seureté de nos vies, vous scaurez dans peu de jours toutes les particularités de cette affaire, par le moyen de la déclaration que sa majesté fait vériffier dans les parlements, et qui viendra bien tost entre les mains d'un chacun. En un mot l'édict de Nantes est restably en tous ses poincts et articles. Dont je vous ay bien voulu donner advis, affin que vous empeschiez que de vostre communauté il ne se fasse aucune action d'hostilité, dont vous seriez blasmables et subjets à désadveu, vous priant de croire qu'en tout ce qui regardera le général d'icelle et vous tous en particulier vous me trouverez toujours en volonté de vous témoigner que je suis

Messieurs

Vostre très affectionué amy à vous servir
Henry de Rohan.

Montpellier ce 26 octobre 1622.

LXXV

Extraict des actes de l'assemblée mixte des églises refformées de la province de Vivarez tenue à Privas en décembre mil six cents vingt sept.

Du Lundi vingtiesme jour du moys de décembre. Attendu que l'église de St Martin d'Arc préjudicie à la seureté de la garnison establie au pont d'Arc et que les ennemys sy pourroient loger, la compagnie a enjoinct à ceux qui commandent aud^t pont d'Arc de faire abattre et desmollir de fonds en comble la d^e église et y faire travailler avec la plus grande dilligence que faire se pourra.

Collationné
TAVERNOL.

LXXVI

Henry duc de Rohan, prince de Léon etc. chef et général des églises refformées de ce royaume et provinces du Languedoc et Guyenne, Sévennes, Gévaudan et Vivarais à Tous qu'il appartiendra salut : sur ce qui nous a esté représenté en nostre conseil par le s^r de Pasanan et capitaine Pesco, que par nostre ordre et commandement, ils avoient avec certain nombre de gens de guerre saisy le Pont d'Arc, pour la seureté du passage d'ardèche en Vivarez au service des d^{es} églises le quatorziesme jour d'octobre de l'année dernière mil six cent vingt sept, requérant qu'il nous plaise les mettre à couvert de toute recherche à l'advenir en les munissant de nostre adveu sur ce nécessaire ; A ces causes, de l'advis de nostre conseil, avons advoué et advouons par ces présentes lesd^{ts} s^{rs} de Pasanan et capitaine Pesco de l'exécution et saisie par eux faicts avec ceux qui les ont assisté led^t jour quatorziesme d'octobre dernier aud^t lieu et Pont d'Arc, ensemble de tout ce qui s'en est suivy par voye d'hostilité de nostre ordre et commandement exprès, pour le bien et service des d^{es} églises. Prions tous magistrats et officiers du Roy et tous autres qu'il appartiendra ne faire, ny souffrir estre faict pour raison de ce dessus aucune recherche ou poursuite, ains les faire jouir plainement et paisiblement et tous ceux qui les ont assistés, ores et pour l'advenir de nos présentes lettres d'adveu et descharge, les quelles en témoin de ce, nous avons signées de nostre main, faict apposer le cachet de nos armes et contresignées par nostre secrétaire. Donné à Nismes le dernier jour de janvier 1628.

Henry de Rohan.

Par Monseigneur
Factet.

LXXVII

De par Monseigneur le duc de Rohan, pair de France, prince de Léon etc. chef et général des églises refformées de ce royaume ez provinces du Languedoc et Guyenne, Sevennes, Gévaudan et Vivarez.

Il est ordonné au s^r de Pazenan de fortifier au plus tost..... palissades nécessaires sa maison de Méjanes dans le diocèze d'Uzès pour la garde et conservation de laquelle durant un mois commençant le premier aoust prochain, à l'effect defavoriser la récolte des blez, sera entretenu garnison du nombre de cinquante soldats soubs le commandement dud^t s^r de Pazenan, un lieutenant et un sergent, laquelle despance sera fournie et payée par les habitans papistes des lieux de Taraux, Rochegude, Ribieire et Boissaux (ceux de la religion demeurant exempts et deschargés), aux paiements des cottités et portions de laquelle, suivant le despartement qui en sera faict devant les consuls de Barjac, tous refusants seront contraincts par toutes voyes de rigueur, prinses, saisies et ventes de leurs biens, meubles, grains et bestails, avec gast, garnisons et par corps..... de ce faire donnons tout pouvoir, commission et adveu, mandons à tous chefs et gens de guerre, magistrats, consuls et soldats de nos gardes et tous autres, prester ayde et main forte à ce dessus et aux présentes fins faire les exploits nécessaires, à peyne de désobéissance. Donné à Uzès le trentiesme jour du mois de juillet 1628.

Henry de Rohan.

Par Mons^{gr}
Factet.

LXXVIII

De par Monseigneur le duc de Rohan, pair de France, prince de Léon etc. chef et général des églises refformées de ce royaume ez provinces de Languedoc et Guyenne, Sévennes, Gévaudan et Vivarez.

Il est ordonné aux consuls et habitants du lieu des Vans payer au sʳ de Beauvoir, gouverneur de la place de Jalès, pour partie de l'entretènement de la garnison par nous establie au dᵗ Jalès tout et chacune les sommes auxquelles pourront revenir les impositions faictes sur eux dans la province du Bas Languedoc, aux paiements portés par l'estat des dᵒˢ impositions à peyne d'estre contraincts par toutes rigueurs et par toutes voyes et actes d'hostilité, de ce faire avons donné et donnons au dᵗ sʳ de Beauvoir plein pouvoir, adveu et mandement spécial par ces présentes. Donné à Anduze ce vingt cinquiesme jour du moys d'aout 1628.

Henry de Rohan.

Par Monseigneur
FACTET.

LXXIX

De par Monseigneur le duc de Rohan, pair de France etc etc.

Il est ordonné et très expressément enjoint aux consuls habitants et biens tenants des lieux de Méjanes-le-Clap de payer et remettre incontinent sans délai ez mains et pouvoir du sʳ de Pazanan commandant la garnison du pont d'Arc, sur la rivière d'Ardèche, tout et chacunes les sommes qu'ils doibvent des impositions faictes de nostre authorité sur la province du bas Languedoc et haut Uzaige, lesquelles nous avons accordées et ordonnées au d^t s^r de Pasenan pour le desdomager et récompenser des frais et despenses extraordinaires qu'il lui a convenu faire pour l'entretènement du renfort de la garnison du d^t pont d'Arc, pendant que l'armée ennemie advenue dans le Vivarèz et à son voisinage, à quoy tous refusans seront contraincts par toutes voyes et rigueurs, prinses, saisies et ventes de leurs biens, meubles, grains et bestails, avec gast et garnison et par corps, mesme par bruslement de maison et autres voyes d'hostilités, moyennant lequel paiement iceux consuls et habitants de Méjanes-le-Clap demeureront valablement deschargés de leur cottité des d^es impositions, tant qu'il appartiendra, ores et pour l'advenir mandons à tous chefs et gens de guerre, magistrats, consuls, soldats de nos gardes et tous autres, prester ayde et main forte à ce dessus à peyne de désobéissance.

Donné à Anduze ce vingt cinquiesme jour d'aoust mil six cent vingt huit.

Henry de Rohan.

Par Monseigneur
    Factet.

LXXX

Monsieur, j'ai cru qu'il estoit nécessaire vous faire scavoir au vray ce quy s'est passé en l'affaire de Gallargues pour prévenir les jugements que les ignorans ou les malicieux en pourroyent faire au préjudice de la vérité ; je vous diray donc quayant logé dans led^t lieu de Gallargues party des troupes de secours qui estoyent venues au bas Languedoc après la prise d'Aymargues, soubs la conduitte des s^rs de Valescure et de la Roque Ils s'y accommodèrent par mon ordre pour favoriser les convois que je faisois passer de Nismes à Aymargues et les mettre à couvert des courses que pouvoyent faire les garnisons de Sommières et de

Lunel et là de jour à autre je leur faisois porter de Nismes le pain de munition pour leur entretien, ceste poste n'estoit nécessaire que pour quelque temps, en attendant de voir quel seroyt le dessein de M. de Montmorency, mais ces Messieurs s'y accomodèrent avec tant de dilligence et si bien à leur gré, qu'ils crurent qu'il falloyt un juste siège pour les en tirer, et se résolurent, quoiqu'on leur sceut dire, de voir venir l'armée et le canon, croyant qu'en tout événement, ils auroyent le moyen d'en sortir par une composition honorable, ou de s'en tirer en forçant quelque cartier de l'armée ennemie, de sorte que vendredi au soir 12ᵉ du présent moys, ayant aperceu que l'armée de Mʳ de Montmorency se ramassoit au pont de Lunel et que le canon y estoit advancé, ils s'opiniastrèrent à l'attendre, je montay à cheval le lendemain matin et appris qu'ils estoient investis, je receu un extrême desplaisir que contre mon advis et nonobstant ce que leur en avoyt dict le sʳ de Lèques quelques jours auparavant, de se retirer à la vue de l'armée, ils eussent prins une si dangereuse résolution. Je crus néantmoings que le soir, après que le canon eust tiré quelques volées, ils feroyent effort pour se retirer et en tout cas je me préparay à faire tout ce qui me seroyt possible pour les tirer de ce mauvais pas, pour cet effect je donnay ordre à mes troupes, qui estoyent aux environs d'Uzès, de se rendre à Nismes dimanche au soir à six heures, elles s'y rendirent un peu plus tard, avec elles et ce que je pus tirer de Nismes, je me rendis à cinq heures du matin lundi passé au dessus de Boissières, où me vinrent joindre six cents hommes de la garnison d'Aymargues et la compagnie de chevaux-légers du sʳ de la Cassagne. Là ayant eu advis que les régiments de Normandie et de Picardie, avec deux compagnies de chevaux-légers devoient ce jour là joindre M. de Montmorency, j'envoyai diverses personnes pour se jeter dans le lieu, et obliger les assiégés à faire effort pour sortir et se rendre au lieu ou je seroys en bataille pour favoriser leur sortie. J'allay moi-mesme recognoistre les lieux et me campay au bois de Calvisson, attendant la nuit, à huit heures du soir un messager vint à moi de leur part qui ne demanda autre chose que du pain et un peu après un second, je les renvoyois tous deux, avec charge expresse de leur dire de sortir ceste nuit, par un endroict que je leur marquay, en mesme temps que je ferois donner l'allarme par un autre costé avec mousquetade, trompettes et tambours. L'endroict que je leur désignois pour leur sortie estoit favorisé par des oliviers fort épais, à l'issue des quels je logeay cinq cents hommes choisis pour les recevoir, le reste de mes troupes demeurant en bataille plus reculées, le tout de quoy je leur donnay advis exactement, l'ung de ceux que j'avois envoyés y entra heureusement et leur premier messager tout de mesme. Je leur manday aussy que sy leur messager entroit, et que feussent en résolution de sortir, qu'ils fissent un signal avec du feu, s'ils n'étoient point en ceste résolution qu'ils me donnassent advis de nouveau. Les assiégés firent le signal que je leur avoys marqué, mais quoyque j'attendisse jusqu'au jour et que l'alarme eust été donnée, néantmoins ils s'opiniastrèrent à ne sortir point, j'en eus une extrème peyne, apréhandant bien le malheur quy leur pourroit arriver et ne pouvant, sans hazarder le tout, faire le plus long séjour, à cause que leurs troupes s'estoient de beaucoup grossies et les miennes affoiblies de tout ce qui estoit sorty d'Aymargues, et que j'y avois renvoyé sur le soir du mardy dixiesme, deux gros canons estant venus et ayant esté mis en batterie, ceux de dedans s'effrayèrent et demandèrent composition, on leur dict que se rendant à discrétion on leur promettoit la vie, de sorte que là dessus ayant faict sortir quelques uns des leurs pour capituler, Mr de Montmorency leur bailla un escript qui porte, qu'ils se rendent à discrétion et qu'il leur remet la vie, moyennant qu'ils fassent randre la place d'Aymargues, les pauvres gens effrayés sortirent sur cest escript et se mirent entre leurs mains et ont envoyé à ceste ville les s^{rs} de Valescure et de..... pour m'en advertir. Voilà au vray l'histoire de ce malheureux accident que je regrette bien fort ; mais à tout cella il n'y avoit point d'autre remède que de ne s'engager point comme ils firent, ayant eu tout le loisir qu'ils pouvoient désirer pour considérer l'armée et faire seurement leur retraitte, ou de sortir l'espée à la main, me voyant si près d'eulx pour asseurer leur sortye, c'est une affliction que

Dieu nous a voulu donner pour tempérer les contentements que nous avons receu de sa main, soit aux advantages qu'il nous a donnés en la prise heureuse de plusieurs places sur nos ennemys et à la nouvelle que nous avons receue de l'autre costé de l'arrivée de cent soixante voilles angloyses devant La Rochelle, de quoy nous avons receu advis asseuré de toutes parts. Pour la conduite de ceste capitulation elle est trop deshonneste et absurde pour croire que les ennemis mesmes ne s'en mocquent et qu'ils estiment que nous en fassions estat. La place grâce à Dieu est aujourd'hui en tels termes qu'il faudra bien qu'ils fassent de plus grands efforts pour l'emporter. C'est tout ce que je vous puys dire pour le présent, sur ce je prye Dieu qu'il vous tienne en sa s^{te} garde étant Monsieur,

Vostre affectionné à vous faire service
Henry de Rohan.

Puisque ceux des Vans nous traictent et nous tiennent comme ennemys et qu'ils contribuent aux armements de M. de Montmorency et des Portes, ils sont contre nous, je suys d'advis que nous rompions tout commerce et communication avec eux. J'en ay dressé mon ordonnance que je vous envoie, pour l'exécution je vous prye d'y tenir exactement la main et me donner de vos nouvelles.

Nous découvrons tous les jours peu à peu la méchanceté que quelques-uns des leurs ont faicte en l'affaire de Gallargues, une partie des soldats et mesme des capitaynes, lieutenants et enseignes estant sortys viennent à nous quy asseurent qu'on leur avoit promis la vie; mais on avoit creu frapper quelque grand coup en faisant esclater cette action soubs une condition sy extravagante. 13 octobre 1628.

A Mr de Beauvoir (1).

---

(1) Cette lettre n'est plus en original dans nos archives.

LXXXI

Henry duc de Rohan, pair de France, etc..... A tous qu'il appartiendra salut. Sur ce quy nous a esté représanté en nostre conseil que les habitants des Vans quoy qu'ils fassent profession de la religion refformée, désertant le party des églises hantent et fréquentent ordinairement avec les ennemys, leur favorisent et prestent toute ayde, faveur et assistance, soubs prétexte du support qu'ils recoivent d'un claustre à costé, et quy ont mesme contribué aux armements en dernier lieu faicts par Messieurs de Montmorency et marquis de Portes et d'autant que telles façons de faire sont grandement préjudiciables et pernicieuses tendantes à révolte. Afin qu'à l'advenir chacun soit averti de tels déportements, de l'advis de nostre conseil, déclarons les habitants des Vans déserteurs de l'union des d^{es} églises, ordonnons au s^r de Beauvoir, gouverneur de Jalès, de rompre la communication et commerce avec eux, courre sur leurs biens et personnes et les traicter comme ennemys ouverts, De ce fayre luy donnons et à tous ceux qui l'assisteront à ce dessus tout pouvoir, permission et adveu, mandons à tous chefs et gens de guerre, magistrats, consuls et autres, prester ayde et main forte à peyne de désobéissance, en tesmoin de quoy nous avons signé les présentes de nostre main, à icelle faict apposer le cachet de nos armes et contresigner par nostre secrétaire ordinaire. Le treiziesme jour du mois d'octobre 1628.

Henry de Rohan.

Factet (1).

(1) Cet ordre n'est plus en original dans nos archives.

LXXXII

De par Monseigneur le duc de Rohan etc... Il est ordonné, aux consuls et habitants des villes et lieux du St Esprit, Baignols, Bouissones, Rochegude, Taraux, Goudargues et Verfeuil de payer chacun mois au s^r de Pasanan la somme de six cents livres, tant pour son entretènement, que d'un lieutenant et cinquante soldats, tenant garnison au lieu de Méjanes, depuis le douziesme du présent mois, pour la garde et conservation d'iceluy au service des d^{es} églises. Comme aussy les habitants du d^t lieu de Méjanes paieront au s^r de Pasanan par mois l'entretènement de cinq soldats, à raison de dix livres chacun, et à ce seront tous refusans contraincts par toutes voyes et rigueurs, à la charge que les d^{ts} lieux n'ayent esté par nous cy devant baillés pour l'entretènement des garnisons de St Ambroix, Barjac et Jalez. De ce faire donnons tous pouvoirs, commissions et adveu mandons à tous autres, prester ayde et main forte à ce dessus, et au premier huissier ou sergent faire les exploits nécessaires. Donné à Alez le dernier jour d'octobre 1628.

Henry de Rohan.

Par Monseigneur
FACTET.

LXXXIII

Louis par la grâce de Dieu roy de France et de Navarre à Tous présents et à venir salut. Depuis la réduction de nostre ville de la Rochelle en nostre obéissance, nous n'avons rien obmis de ce qui estoit à faire de nostre part, pour rapeler à nous et remettre en debvoir tous ceux de nos subjects de la religion prétendue reffomée, qui estoient demeurés dans la rébellion avec le duc de Rohan, leur ayant par nos lettres de déclaration donné du temps pour se recognoistre et ranger à l'obéissance que naturellement ils nous doibvent, leur malice a néantmoings esté si grande que ceste nostre bonne intention est demeurée quasy sans effect, pour s'estre peu d'entr'eux recongneu, et bien que leur opiniastreté les rende indignes de pardon, nous avons toutefois ung si grand désir de conserver nos peuples, que sans avoir esgard à leur désobéissance passée, nous aurons tousjours les bras ouverts pour les recevoir lorsque rentrés en eux mesmes ils se rangeront à leur debvoir, c'est pourquoy sur la supplication très humble qui nous a esté faicte par les habitants de nostre ville de Barjac qui font profession de la religion prétendue réformée leur voulons pardonner leur faulte sur les asseurances qu'ils nous ont données de se remettre en leur debvoir, encore que le temps que nous leur avions accordé par nos dictes lettres de déclaration soit expiré, nous sommes touteffois résolu de les recevoir, et oubliant le passé, les remettre en nos bonnes grâces et d'en donner toutes asseurances pour l'advenir aux habitants de nostre dicte ville qui se remettront en nostre obéissance. Nous pour ces causes et aultres à ce nous mouvans, avons de nos grâce spécialle, plaine puissance et auctorité deschargé et deschargeons tous les habitans de nostre ville de Barjac qui se rangeront à leur debvoir, voudront se servir de notre présente grâce, et en feront leur déclaration par devant nos officiers à ce ordonnés. Ensemble les sieurs de Beauvoir et de Pazenan son fils de tout ce qui a esté par eulx faict pendant leur rébellion et à l'occasion d'ycelle contre nostre auctorité et service et le repos de nos bons et fidelles subjects et le tout, encore qu'il ne soit y par le menu spéciffié, avons déclaré, esteint, supprimé et aboly, esteignons, supprimons, et abolissons par ces présentes signées de nostre main, sans que pour quelque cause ou occasion que ce soit la mémoire en puisse estre renouvelée ny faict aucune poursuite contre eulx pour ce regard, imposant sur ce silance à nos procureur général, ses substituts et tous aultres, yceulx remis et restitués, remettons et restituons en la pleine jouissance de tous leurs biens, meubles, immeubles et offices...... nonobstant..... les dons que nous en pourrions avoir faicts à quelques personnes et pour quelque cause que ce soit, lesquels nous avons recocgnés et recocgnons par ces présentes (touteffois non compris ceulx qui se trouveront avoir esté dans Privas, ou forts des environs pendant le siège auxquels nous n'entendons donner aucun pardon) *leur accordant en outre l'exercice libre de leur religion sans qu'ils y puissent estre troublés en quelque sorte que ce soit tant qu'ils nous obéiront comme tous nos fidelles subjects.* Raseront dans le plus bref temps que faire se pourra toutes les fortiffications, flancs et murs de leur ville, excepté ce qui sert à leurs maisons, et combleront les fossés, à peine de nullité des présentes. Ci donnons en mandement à nos amés et féaux gens tenans notre court de parlement et chambre de l'édict establie à Béziers, que ces présentes ils ayent à faire lire et régistrer, et du contenu en icelle jouir les d^{ts} habitans de Barjac, les sieurs de Beauvoir et de Pazénan, pleinement et paisiblement aux conditions que dessus, cessant et faisant cesser tout trouble et empeschement au contraire, car tel est nostre plaisir. Et afin que ce soit chose certaine et stable à tousjours, nous avons faict mettre nostre scel à ces présentes, sauf en aultres choses nostre droit et l'autrui en toutes. Donné au camp de Privas au moys de mai l'an de grâce 1629 et de nostre règne le vingtiesme.

Louis.

Par le roi
BOUTHILLIER.

Les dictes lettres d'abolition ont été régistrées à la d^e chambre de l'édict de Languedoc suivant l'arrest d'icelle de ce jourd'hui 30 juin 1629.

CAZARÈDES.

LXXXIV

Relation du combat de Vagnas (1)

Nous n'entrons dans l'année 1703 que pour voir bien de sujet de désolation dans nostre voisinage causée par des esprits de rebellion qui se croyant capables de rétablir la liberté de la religion accordée par les édits s'excitoient avec émulation dans leurs pensées et par une opinion de leur vertu, sans connoiscence et sans construction, s'imaginoient davoir les principes dune science infuse, et non contant de sabuzer eux-memes, ils abusoient les autres et se vouloient distinguer par des entousiasmes, sans considérer (comme en effect ils en étoint incapables par leur ignorance) qu'ils se rendoint conformes aux sibilles décrites par les poètes payens ; cependant la plus grande partie de ces mutins se servoient de l'occasion de se venger de leurs animosités particulières contre les préceptes du sauveur et de son Evangile. Ils portoient le fer et le feu par tout et prenant pour excuse ce qui étoit ordonné en certain cas soubs la rigueur de la loy, ils s'eloignoient de ce que le Sauveur leur a enseigné ce divin auteur de la paix et qui la portée au monde soubs le règne de la grâce.

Ces scélérats qui déshonoroient ainsi la religion mesme dans laquelle ils étoient nés, après le meurtre comis au pont de Montvert en la personne de l'abbé du Chaila qui a la vérité ne gardoit pas toutes les mesures nécessaires pour réduire les esprits ; après avoir aussi tué ce p^{tre} de Fragières, ce qui arriva la veille de la feste de la Magdeleine 22e juillet de lad^e année 1702, ne cessèrent de bruler, tuer et piller et quelle cruauté n'exercèrent ils chez le s^r de la Devèze, de Lachamp, j'aurrois trop d'horreur d'en faire le récit parmy ces mémoires de famille, ne pouvant pourtant obmettre ce qui s'est passé soubs nos yeux et contre nos plus proches voisins. Le 25e janvier de cette année ils passèrent vers nous la rivière de Sèze, tuèrent plusieurs personnes près du lieu de St Jean-de-Maruéjolz, furent bruler et saccager plusieurs

---

(1) Extrait du manuscrit de Jacques de Beauvoir (nos archives).

maisons dud lieu, tuer des bons habitans, brulèrent l'églize et venant au lieu d'Avéjan ils brulèrent l'églize et une partie de la maison claustrale, ils firent chemin vers Cabiac brulent la chapelle de Cavènes et quelques maisons à Russargues, passèrent à St Privat où ils brulèrent aussy l'église ce fut le 29e dud mois d^{te} année, et suivant les bois, ils furent à la Bastide-de-Virac et surprenant les habitans et le seigneur M^r de St Florens qui eut à peine le tems de se retirer dans son chasteau pour se deffendre et y brulèrent les greniers à foin, passant au village ils contraignirent quelques bons habitans, ils les contraignirent dentrer dans l'église, où ils les brulèrent comme l'église, après ce saccagement ils passèrent à Sampson, pillèrent et brulèrent le chasteau de la Bastide-de-Sampson, suivirent vers la maison du s^r de Sorbière et quelle instance que son épouse fit contre le brulement des papiers considérables et nottes receues par ses devanciers, où plusieurs pour finir des procès avoient souvent recours, mais sur tous de la belle bibliothèque et manuscrits les plus curieux que le père dud^t de Sorbière et fameux en science y avoit laissés, ils pillèrent et saccagèrent cette maison et allèrent en suitte au lieu de Groupières et exercèrent contre plusieurs particuliers des barbaries et des cruautés les plus horribles, ils suivirent le haut des costaux et revenant sur notre pleine au lieu de St Jean ils y firent de nouveaux meurtres, revinrent à Avéjan achever de bruler la maison claustrale, ils entrèrent dans les bois de Montclus qui leur servirent quelques jours de retraitte, et venant souvent sur le grand chemin de ce lieu à St Esprit ils furent le 9e de ce mois à nos portes, et n'osant nous attaquer en nos fauxbourgs, ils suivirent les détours des chemins et furent séjourner une nuit à Vagnas où ils brulèrent l'église et la maison de Monsr de la Croix, et le matin 10 aud^t lieu sur le chemin de Salavas ayant malheureusement, je le dis avec douleur par nos pertes, rencontré Mr de Jauviac avec trois compagnies qui venoint vers nous accompagnés de quelques gentishomes, les rebelles étant de beaucoup supérieurs en nombre les attaquèrent et M^r le baron de la Gorce qui se pressoit de s'avencer voyant bruler la maison de Mr de la Croix fut tué par ces scélérats, mon cher neveu de Belluge que ces maudis n'épargnèrent pas, il avoit échapé à plusieurs combats dans le long service qu'il avoit esté capitaine au régiment du Roy, avec distinction de mérites et de l'acquit, son esprit l'ayant fait profiter de ce qu'il y avoit de meilleur dans les sciences et ne manquant pas de tout ce qu'on peut s'en proposer d'un bon cœur.

Mon aisné estoit parti depuis peu de jours pour aller rejoindre sa compagnie à Briençon et avoit meiné nostre Montrieu. Pendant que le chevalier séjournoit aux Vans et Chambonas, pour une recreue, revenant à la suite du combat des fanatiques, nous étions attendant Monsr de Julien avec des troupes, lorsqu'arrivant led^t jour 9e janv^r un peu plus tard qu'il n'auroit esté nécessaire, il aprit de nous que la trouppe rebelle estoit à Vagnas ; à peine se donna-t-il le tems de diner avec M^r le comte du Roure et de raisonner avec ce seigneur sur la conduite de cette trouppe rebelle. Celle que meinoit Monsr de Julien estoit composée d'un bataillon de Haynaut, Monsr de Marsilly colonel estoit avec luy et quantité d'officiers ; M^r le comte de Florac, qui n'estoit arrivé que depuis un jour, fut empressé à estre de cette partie avec M^r le marquis de Vaugüé, M^{rs} de St Vincens, de Chanvert, de Monteils, mon fils le chevailler, Mr de la Croix conduisant par avance une compagnie de Bourgeoisie. Les rebelles furent trouvés, et cherchant retraitte dans nos bois, ils furent attaqués sur le chemin de Vagnas à la Bastide, et au pied de Montgourdon, et chargés par les grenadiers de Haynaut, soutenus par le bataillon et trouppe des nostres assez à propos pour leur défaite, tous leurs chevaux ayant été pris et un gros nombre de leurs hommes tués et leur défaite eut esté complette, s'il fut arrivé, comme Mr de Julien l'attendoit, que les troupes, qu'il avoit demandées, fussent arrivées au jour marqué pour empécher les fuiards de repasser la rivière de Sèze, des prisonniers furent faits en assez bon nombre ; le débris gaigna les bois de Fons et Navacelles, Mr de Julien fut avec ses troupes coucher à la Bastide, revint le lendemain dimanche diner avec M^r le comte du Roure et partit de ce lieu le même jour.

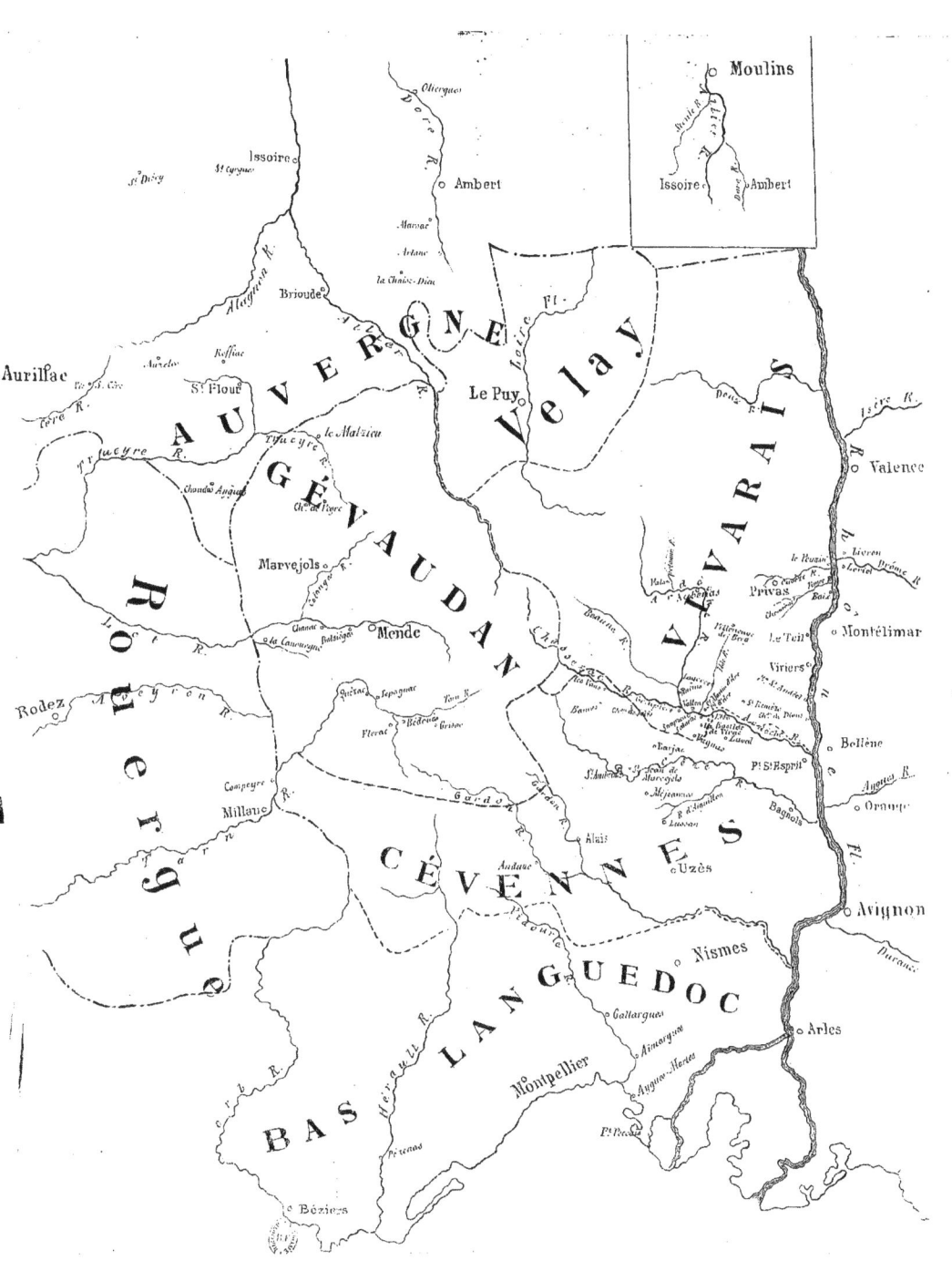

www.ingramcontent.com/pod-product-compliance
Lightning Source LLC
Chambersburg PA
CBHW071601170426
43196CB00033B/1518